성경주의 구원론
# 지옥에 가는 크리스천들?
**3**

성 경 주 의 · 구 원 론

# 지옥에 가는 크리스천들?３

이화영 지음

크리스챤서적

| 시작하는 말 |

하나님의 큰 은혜로《지옥에 가는 크리스천들?》1권을 서점에 보급한 지 약 1년 만에 이 시리즈의 마지막인 3권을 서점에 보급하게 되었습니다.

본서에는 성경의 구원론 난해 구절들 일부와 성경의 구원론 난해 구절들을 깨달은 후에 새로 정립한 기독교의 구원론 교리가 수록되어 있습니다.

《지옥에 가는 크리스천들?》 1-2권을 읽지 않으신 분들은 반드시 그 책들을 읽으신 후에 본서를 읽으시기 바랍니다. 그렇게 하지 않으면 본서를 이해하는 것이 매우 어렵기 때문입니다.

《지옥에 가는 크리스천들?》 1-2권의 출판비를 후원하신 집사님께서 본서의 출판비 역시 후원해 주셨습니다. 그분은 이번에도 본인의 이름을 밝히는 것을 사양하셨습니다. 하나님께서 갚아 주시기를 기도합니다.

본서가 구원의 확신이 없어서 고통을 받는 분들에게 도움이 되기를 간구합니다. 성령으로 중생한 분들은《지옥에 가는 크리스천들?》 1, 2, 3권을 세밀하게 읽으면 반드시 구원의 확신을 가질 수 있을 것입니다.

《지옥에 가는 크리스천들?》의 핵심 내용을 기독교 방송국을 통하여 전파할 수 있는 날이 올 수 있도록 기도해 주시면 감사하겠습니다.

2018년 8월 30일
대전광역시 유성구 화암동에서
이화영

| 차례 |

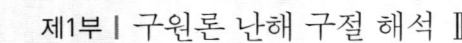
♥ 시작하는 말 • 4

## 제1부 | 구원론 난해 구절 해석 Ⅱ

01장 • 중생한 신자도 주일을 지키지 않으면 지옥에 간다? • 10

02장 • 생명의 성령의 법이란 무엇인가? • 31

03장 • 중생한 신자도 자살을 하면 지옥에 간다? • 47

04장 • 사람은 어떤 원리로 구원을 받는가? • 85

05장 • 구원의 서정(序程)을 어떻게 정해야 할까? • 107

06장 • 마음, 육신(몸)이란 무엇인가? • 118

07장 • 영혼 구원이란 말을 사용해도 될까? • 129

08장 • 구약시대의 사람들은 어떻게 영혼 구원을 받았을까? • 137

09장 • 성도의 타락 원인은 무엇인가? • 152

10장 • 구원받은 증거는 무엇인가? • 167

11장 • 본서 출간 에피소드(episode) • 177

## 제2부 | 구원론 6대 교리

01장 • 제1교리 – 창세 전 예정 • 190

02장 • 제2교리 – 무조건적 선택 • 213

03장 • 제3교리 – 전적 타락 • 223

04장 • 제4교리 – 제한적 속죄 • 232

05장 • 제5교리 – 불가항력적 은혜 • 254

06장 • 제6교리 – 단회적 구원 • 259

07장 • 맺는 말 • 262

# 01

구원론 난해 구절 해석 Ⅱ

1장

# 중생한 신자도 주일을 지키지 않으면 지옥에 간다?

어떤 성도들은 "중생한 신자도 주일을 지키지 않으면 지옥에 간다"고 주장한다.[1] 안식교인들은 "중생한 신자도 안식일을 지키지 않으면 지옥에 간다"고 주장한다. 이 주장들의 진위(眞僞) 여부를 판단하려면 성경이 가르치는 율법을 바르게 깨달아야 한다.

율법은 세 종류가 있다. 도덕법, 의식법, 재판법이 그것이다.

도덕법은 '하나님을 사랑하라'는 명령과 '이웃을 사랑하라'는 명령이 핵심이다.

의식법에는 제사 의식과 절기 의식과 정결 의식이 있다.

재판법은 범죄자를 처벌하는 것을 규정한 것이다.

일반적인 지적 능력을 가진 성도들은 누구나 다 도덕법이 만고불변(萬古不變)의 법인 것을 알고 있다. 하나님과 이웃을 사랑하는 것은 모든 사람이 반드시 실천해야 할 도덕법이기 때문이다. 구체적으로 예를 들면 '하나님 외에 다른 신을 두지 말라', '우상을 만들지 말

---

1) 변승우, 《지옥에 가는 크리스천들》, 은혜출판사, 2006년, 서문 중에서.

고, 그것에 절하지 말라', '부모를 공경하라', '살인하지 말라', '간음하지 말라' 등의 도덕법은 사람이 땅에 살아 있는 동안에 반드시 지켜야 할 율법이다.

신약시대의 성도들은 누구나 다 구약성경의 재판법을 지키지 않는다. 목회자들 중 아무도 "중생한 신자도 구약성경의 재판법을 지켜야 한다"고 주장하지 않는다. 재판법은 구약 이스라엘 나라의 통치법으로 주어진 것이고, 신약시대의 성도들에게 재판법이 폐지된 것을 믿기 때문이다. 그러므로 재판법은 더 이상 설명하지 않아도 될 것이다.

문제는 의식법이다. 일반 성도들은 물론 목회자들 중 많은 이들도 신약시대의 성도들이 의식법을 지키는 문제로 갑론을박하기 때문이다. 예를 들면 신약시대의 성도들이 돼지고기를 먹는 문제와 안식일을 지키는 문제와 십일조를 드리는 문제로 설왕설래하는 것이다.

의식법 중에서 신약시대의 성도들이 돼지고기를 먹는 문제는 대부분의 성도들이 돼지고기를 먹거나, 돼지고기를 먹는 것을 죄악시하지 않기 때문에 큰 문제가 없다. 그리고 이 문제는 안식일을 지키는 문제와 십일조를 드리는 문제가 해결되면 저절로 해결된다.

가장 큰 문제는 신약시대의 성도들이 안식일을 지키는 문제와 십일조를 드리는 문제다. 이 문제가 심각한 이유는 안식교인들이 "안식일을 지키지 않으면 지옥에 간다"고 주장하는 것에 반하여 많은 개신교인들이 "안식일이 주일로 바뀌었으므로 주일을 지키지 않으면 지옥에 간다"고 주장하기 때문이다. 또한 여호와의증인파가 "신약시대에는 십일조가 폐지되었다"고 주장하는 것에 반하여 많은 개신교인들이 "신약시대에도 십일조가 폐지되지 않았다"고 주장하기 때문이다. 이에 필자는 신약시대의 성도들이 안식일과 주일을 지키는 문제에 관하여 설명하려고 한다.

오늘날 안식일에 관한 네 가지의 주장이 대립하고 있다.

- 첫 번째 주장: 안식일은 구약시대의 이스라엘 백성에게 해당하는 율법이기 때문에 신약시대의 성도들은 안식일을 지키지 않아도 된다.

- 두 번째 주장: 이스라엘 백성이 토요일을 안식일로 지켰기 때문에 신약시대의 성도들도 토요일을 안식일로 지켜야 한다.

- 세 번째 주장: 주일은 로마인들이 태양신을 섬기기 위하여 제정한 날이기 때문에 주일을 폐지해야 한다.

- 네 번째 주장: 안식일이 주일로 바뀌었기 때문에 신약시대의 성도들은 주일을 안식일로 지켜야 한다.

과연 성경의 가르침은 무엇일까? 안식일은 어떤 날일까? 안식일과 주일은 어떤 관계가 있을까?

안식일은 하나님이 천지를 창조하신 후에 하루를 쉬시면서 제정하신 날이다.

(창 2:2-3) 하나님이 그가 하시던 일을 일곱째 날에 마치시니 그가 하시던 모든 일을 그치고 일곱째 날에 안식하시니라 하나님이 그 일곱째 날을 복되게 하사 거룩하게 하셨으니 이는 하나님이 그 창조하시며 만드시던 모든 일을 마치시고 그날에 안식하셨음이니라

(출 31:16-17) 이같이 이스라엘 자손이 안식일을 지켜서 그것으로 대대로 영원한 언약을 삼을 것이니 이는 나와 이스라엘 자손 사이에 영원한 표징이며 나 여호와가 엿새 동안에 천지를 창조하고 일곱째 날에 일을 마치고 쉬었음이니라 하라

이것을 볼 때 안식일법이 천지창조 때부터 만들어진 율법인 것을 알 수 있다.

성경에는 하나님이 이스라엘 백성에게 시내산 율법을 주시기 전에도 이스라엘 백성이 안식일을 지킨 기록이 있다.

(출 16:26) 엿새 동안은 너희가 그것을 거두되 일곱째 날은 안식일인즉 그날에는 없으리라 하였으나

본문은 출애굽기 20장에 기록된 시내산 율법(안식일법 포함)이 주어지기 전에 이스라엘 백성이 안식일을 지킨 사실을 기록한 것이다. 이것을 통해 아담과 하와 시대부터 성도들이 지켜온 안식일을 모세 시대의 이스라엘 백성도 지켰음을 추정할 수 있다.

안식일을 지키는 문제를 하나님의 뜻대로 해결하려면 안식일이 도덕법과 의식법 중에서 어느 법에 해당하는지를 알아야 한다. 안식일이 도덕법이면 당연히 신약시대의 성도들도 안식일을 지켜야 한다. 도덕법은 만고불변의 율법이기 때문이다. 안식일이 의식법이면 신약시대의 성도들은 안식일을 지키지 않아도 된다. 잠시 후에 자세히 설명하겠지만 신약시대의 성도들에게는 의식법이 폐지되었기 때문이다. 과연 안식일은 어느 율법에 해당할까?

십계명에 안식일이 있는 것 때문에 많은 성도들이 안식일을 도덕법으로 오해한다. 그러나 안식일은 십계명에 있어도 이스라엘 백성이 지키던 절기 중의 하나이므로 의식법이다.

(레 23:1-6) 여호와께서 모세에게 말씀하여 이르시되 이스라엘 자손에게 말하여 이르라 이것이 나의 절기들이니 너희가 성회로 공포할 여호와의 절기들이니라 엿새 동안은 일할 것이요 일곱째 날은 쉴 안식일이니 성회의 날이라 너희는 아무 일도 하지 말라 이는 너희가 거주하는 각처에서 지킬 여호와의 안식일이니라 이것이 너희가 그 정한 때에 성회로 공포할 여호와의 절기들이니라 첫째 달 열나흗날 저녁은 여호와의 유월절이요 이 달 열닷샛날은 여호와의 무교절이니 이레 동안 너희는 무교병을 먹을 것이요

본문에서 보는 것처럼 안식일은 유월절, 무교절과 같은 절기 중의 하나다. 물론 안식일은 모든 절기 중에서 가장 중요한 절기다. 성경에 안식일이 첫 번째 절기로 소개된 것과 하나님이 모든 절기 중에서 안식일을 지킬 것을 가장 많이 명령하신 것과 안식일을 지키지 않는 사람을 돌로 쳐 죽인 것이 증거다. 그러나 안식일이 모든 절기 중에서 가장 중요한 절기라고 하더라도 도덕법이 아니라 의식법이다.

안식일이 모든 절기 중에서 가장 중요한 절기라도 예수님이 의식법을 폐지하셨기 때문에 신약시대의 성도들은 더 이상 안식일을 지킬 의무가 없다.

(골 2:14-16) 우리를 거스르고 불리하게 하는 법조문으로 쓴 증서를 지우시고 제하여 버리사 십자가에 못 박으시고 통치자들과 권세들을 무력화하여 드러내어 구경거리로 삼으시고 십자가로 그들을 이기셨느니라 그러므로 먹고 마시는 것과 절기나 초하루나 안식일을 이유로 누구든지 너희를 비판하지 못하게 하라

본문은 "우리를 거스르고 불리하게 하는 법조문으로 쓴 증서를 지우시고 제하여 버리사 십자가에 못 박으셨다"고 선언한 후에 "그러므로 먹고 마시는 것과 절기나 초하루나 안식일을 이유로 누구든지 너희를 비판하지 못하게 하라"고 명령한다.

디럭스바이블 헬라어사전을 보면 본문의 '법조문'에 해당하는 헬라어가 '도그마신(δογμασιν)'인 것을 알 수 있고, '도그마신(δογμασιν)'이 '복수명사'인 것을 알 수 있다. 또한 '예수님이 지우시고 제하신 법조문들(예수님이 십자가에 못 박은 율법들)'중에 '절기들'이 있는 것을 알 수 있고, 절기들 중에 '안식일'이 있는 것을 알 수 있다.

디럭스바이블 헬라어사전을 보면 본문의 '지우시고'에 해당하는 헬라어가 '없애다', '지우다'를 의미하는 완료형 동사 '엑살레입사스-εξαλειψας'인 것을 알 수 있고, '제하여'의 헬라어는 '치워버리다', '옮기다'를 의미하는 완료형 동사 '헤르켄-ηρκεν'인 것을 알 수 있다.

이것을 볼 때 신약시대의 성도들에게 안식일이 폐지된 것을 알 수 있다. 이 때문에 바울 사도가 골로새교회 성도들에게 "예수님이 안식일을 폐지하셨으므로 아무도 너희가 안식일을 지키지 않는 것을 비판하지 못하게 하라"고 명령한 것이다. 그러므로 안식교인들이 "신약시대의 성도들도 안식일을 지켜야 한다"고 주장하는 것과 "중생한 신자도 안식일을 지키지 않으면 지옥에 간다"는 주장이 오류일 수밖에 없다!

바울 사도가 말한 '먹고 마시는 것'은 '정결의식법에 속한 것(돼지고기를 먹지 않는 것 등)'을 의미한다. 이처럼 예수님은 정결의식법과 절기의식법을 동일하게 십자가로 폐지하셨다. 이것을 볼 때 안식교인들이 "신약시대의 성도들도 구약성경의 정결의식법을 지켜야 한다"고 주장하는 것이 오류임을 알 수 있다!

아래의 성경말씀도 신약시대의 성도들에게 안식일이 폐지된 것을 가르치는 말씀이다.

> (히 10:8-10) 위에 말씀하시기를 주께서는 제사와 예물과 번제와 속죄제는 원하지도 아니하고 기뻐하지도 아니하신다 하셨고 (이는 다 율법을 따라 드리는 것이라) 그 후에 말씀하시기를 보시옵소서 내가 하나님의 뜻을 행하러 왔나이다 하셨으니 그 첫째 것을 폐하심은 둘째 것을 세우려 하심이라 이 뜻을 따라 예수 그리스도의 몸을 단번에 드리심으로 말미암아 우리가 거룩함을 얻었노라

본문의 '첫째 것을 폐하심'은 '제사와 예물과 번제와 속죄제 같은 의식법을 폐지하셨다'는 뜻이다. 의식법 중에는 안식일법도 있다. 이처럼 예수님이 의식법을 폐지하셨기 때문에 신약시대의 성도들은 의식법을 지킬 의무가 없다. 이 때문에 우리가 속죄제, 번제 등을 드리지 않는 것이고, 안식일, 유월절, 초막절, 나팔절 등을 지키지 않는 것이고, 정결의식을 행하지 않는 것이다. 그러므로 안식교인들이 "중생한 신자도 안식일을 지키지 않으면 지옥에 간다"고 주장하는 것과 "신약시대의 성도들도 구약성경이 금지한 음식을 먹으면 안 된다"고 주장하는 것이 오류일 수밖에 없다.

중생한 신자가 안식일을 지키지 않으면 지옥에 가는 것이 사실이면 매우 심각한 문제들이 발생한다.

첫째, 위의 주장이 사실이면 바울 사도가 사람들을 미혹한 것일 수밖에 없다.

바울 사도는 "예수님이 안식일을 폐지하셨다"고 선포했고, "아무도 너희가 안식일을 지키지 않는 것을 비판하지 못하게 하라"고 명령했다. 중생한 신자도 안식일을 지키지 않으면 지옥에 가는 것이 사실이면 바울 사도의 주장은 신약시대의 성도들을 모두 지옥에 보내기 위하여 궤계를 부린 것일 수밖에 없다. 이렇게 되면 신약성경은 믿을 수 없는 책이 될 수밖에 없고, 기독교가 뿌리째 흔들릴 수밖에 없다. 그러므로 안식교인들의 "중생한 신자도 안식일을 지키지 않으면 지옥에 간다"는 주장이 거짓일 수밖에 없다.

둘째, 중생한 신자도 안식일을 지키지 않으면 지옥에 가는 것이 사실이면 예수님은 신약시대의 성도들을 모두 지옥에 보내기로 작정하신 분일 수밖에 없다.

예수님은 단 한번도 "안식일을 지켜야 천국에 간다"고 선포하신 적이 없고, "인자는 안식일의 주인이라"고 주장하시면서 안식일에 병을 고치는 일을 하셨다. 신약시대의 성도들은 예수님의 가르침과 주님의 사역을 근거로 안식일을 지키지 않는다. 따라서 신약시대의 성도들은 모두 지옥에 갈 수밖에 없다. 이렇게 되면 예수님을 믿을 이유가 없고, 기독교가 뿌리째 흔들릴 수밖에 없다. 그러므로 안식교인들의 "중생한 신자도 안식일을 지키지 않으면 지옥에 간다"는 주장이 거짓일 수밖에 없다.

셋째, 중생한 신자도 안식일을 지키지 않으면 지옥에 가는 것이 사실이면 예수님은 사기꾼이 될 수밖에 없다.

예수님은 "믿음으로 구원을 받는다"고 선포하셨다. "믿음으로 구원을 받는다"는 주장과 "안식일을 지켜야 구원을 받는다"는 주장은 상호 배치된다. 안식일을 지켜야 구원을 받는 것이 사실이면 예수님은 꼼짝 없이 사기꾼이 될 수밖에 없고, 기독교는 뿌리째 흔들릴 수밖에 없다. 그러므로 안식교인들의 "중생한 신자도 안식일을 지키지 않으면 지옥에 간다"는 주장이 거짓일 수밖에 없다.

넷째, 중생한 신자도 안식일을 지키지 않으면 지옥에 가는 것이 사실이면 요한 사도는 신약시대의 성도들을 모두 지옥에 보내기로 작정한 사람일 수밖에 없다.

요한 사도는 "사람은 예수님을 믿으면 영생(구원)을 얻는다"고 선포했다. "사람은 예수님을 믿으면 영생(구원)을 얻는다"는 주장은 "사람은 안식일을 지켜야 영생(구원)을 얻는다"는 주장과 배치된다. 이렇게 되면 성경은 믿을 수 없는 책이 되고, 기독교는 믿을 수 없는 종교일 수밖에 없다. 그러므로 안식교인들의 "중생한 신자도 안식일을 지키지 않으면 지옥에 간다"는 주장이 거짓일 수밖에 없다.

다시 강조하겠다. 신약시대의 성도들은 더 이상 의식법과 재판법을 지킬 의무가 없다. 이 때문에 성경 기자들이 아래와 같이 선포한 것이다.

> (골 2:14-16) 우리를 거스르고 불리하게 하는 법조문으로 쓴 증서를 지우시고 제하여 버리사 십자가에 못 박으시고 통치자들과 권세들을 무력화하여 드러내어 구경거리로 삼으시고 십자가로 그들을 이기셨느니라 그러므로 먹고 마시는 것과 절기나 초하루나 안식일을 이유로 누구든지 너희를 비판하지 못하게 하라
>
> (갈 5:1-2) 그리스도께서 우리를 자유롭게 하려고 자유를 주셨으니 그러므로 굳건하게 서서 다시는 종의 멍에를 메지 말라 보라 나 바울은 너희에게 말하노니 너희가 만일 할례를 받으면 그리스도께서 너희에게 아무 유익이 없으리라

(갈 4:10-11) 너희가 날과 달과 절기와 해를 삼가 지키니 내가 너희를 위하여 수고한 것이 헛될까 두려워하노라

(골 2:16) 그러므로 먹고 마시는 것과 절기나 초하루나 안식일을 이유로 누구든지 너희를 비판하지 못하게 하라

(롬 14:1-5) 믿음이 연약한 자를 너희가 받되 그의 의견을 비판하지 말라 어떤 사람은 모든 것을 먹을 만한 믿음이 있고 믿음이 연약한 자는 채소만 먹느니라 먹는 자는 먹지 않는 자를 업신여기지 말고 먹지 않는 자는 먹는 자를 비판하지 말라 이는 하나님이 그를 받으셨음이라 남의 하인을 비판하는 너는 누구냐 그가 서 있는 것이나 넘어지는 것이 자기 주인에게 있으매 그가 세움을 받으리니 이는 그를 세우시는 권능이 주께 있음이라 어떤 사람은 이 날을 저 날보다 낫게 여기고 어떤 사람은 모든 날을 같게 여기나니 각각 자기 마음으로 확정할지니라

하나님이 신약시대의 성도들을 의식법과 재판법에서 해방하신 이유 중의 하나는 신약시대의 신앙생활 환경이 구약시대의 신앙생활 환경과 전혀 다른 데 있다.

구약시대의 이스라엘 사람들은 국가교회에 소속하여 신앙생활을 했다. 그들은 어릴 때부터 안식일을 지키는 훈련을 받았다. 이 때문에 모든 사람들이 자연스럽게 안식일을 지킬 수 있었다. 그래서 하나님이 "모든 이스라엘 백성은 안식일을 거룩하게 지키라"고 명령하신 것이고, "안식일을 거룩하게 지키지 않는 사람을 돌로 쳐 죽이라"고 명령하신 것이다(민 15:32-35).

신약시대의 성도들은 어른이 되어서 신앙생활을 하는 경우가 많다. 이런 사람들에게 신앙생활을 시작할 때부터 안식일을 지킬 것을

강요하면 십중팔구 신앙생활을 포기한다. 또한 신약시대의 성도들에게 안식일법을 적용하면 수많은 성도들을 돌로 쳐 죽이는 불상사가 일어난다. 이 때문에 하나님이 신약시대의 성도들을 의식법과 재판법에서 자유롭게 하신 것이다.

이제 개신교의 많은 목회자들이 "안식일이 주일로 바뀌었다"고 주장하면서 "중생한 신자도 주일을 지키지 않으면 지옥에 간다"고 주장하는 것을 검토하여 보자.

정말로 안식일이 주일로 바뀐 것일까? 진정으로 중생한 신자도 주일을 지키지 않으면 지옥에 가는 것일까?

결론부터 말하면 "안식일이 주일로 바뀌었다"는 주장과 "중생한 신자도 주일을 지키지 않으면 지옥에 간다"는 주장은 성경이 전혀 가르치지 않는 주장이다. 성경에 "안식일이 주일로 바뀌었다"는 가르침은 물론 "중생한 신자도 주일을 지키지 않으면 지옥에 간다"는 가르침이 전혀 없기 때문이다.

첫째, 안식일이 주일로 바뀐 것이 사실이고, 주일을 지키지 않으면 지옥에 가는 것이 사실이면 예수님은 반드시 "안식일이 주일로 바뀌었으니까 안식일법대로 주일을 거룩하게 지키라"고 명령하셨을 것이고, 틀림없이 "안식일법대로 주일을 거룩하게 지키지 않으면 지옥에 간다"고 가르치셨을 것이다.

안식일이 주일로 바뀐 것이 사실인데도 예수님이 "안식일이 주일로 바뀌었으니까 안식일법대로 주일을 거룩하게 지키라"고 명령하시지 않고, "안식일법대로 주일을 거룩하게 지키지 않으면 지옥에 간다"고 가르치시지 않은 것이 사실이면 예수님은 신약시대의 성도들 모두를 지옥에 보내기로 작정하신 분일 수밖에 없다. 예수님이 안식일을 제대로 가르치시지 않은 것 때문에 신약시대의 모든 성도들이 안식일법대로 주일을 지키지 않아서 지옥에 가기 때문이다. 그러므로 "안식일이 주일로 바뀌었다"는 주장과 "주일을 지키지 않으면 지옥에 간다"는 주장이 오류일 수밖에 없다.

둘째, 안식일이 주일로 바뀐 것이 사실이고, 주일을 지키지 않으면 지옥에 가는 것이 사실이면 예수님은 "하나님을 믿어야 천국에 간다"고 가르치지 않으셨을 것이다(요 5:24).

"하나님을 믿어야 천국에 간다"는 주장과 "주일을 지켜야 천국에 간다"는 주장은 모순이다. 모순은 거짓이다. 이런 거짓을 가르치신 예수님을 어떻게 구주로 믿을 수 있겠는가? 그러므로 "안식일이 주일로 바뀌었다"는 주장과 "주일을 지키지 않으면 지옥에 간다"는 주장이 오류일 수밖에 없다.

셋째, 안식일이 주일로 바뀐 것이 사실이고, 안식일을 지키지 않으면 지옥에 가는 것이 사실이면 사도들은 반드시 "안식일이 주일로 바뀌었으니까 안식일을 거룩하게 지키라"고 명령했을 것이고, "주일을 지키지 않으면 지옥에 간다"고 가르쳤을 것이다.

안식일이 주일로 바뀐 것이 사실인데도 사도들이 "안식일이 주일로 바뀌었으니까 안식일을 거룩하게 지키라"고 명령하지 않고, "주일을 지키지 않으면 지옥에 간다"고 가르치지 않은 것이 사실이면 사도들은 신약시대의 성도들 모두를 지옥에 보내기로 작정한 사람들일 수밖에 없다. 사도들이 주일을 제대로 가르치지 않은 것 때문에 신약시대의 모든 성도들이 안식일법대로 주일을 지키지 않아서 지옥에 가기 때문이다. 그러므로 "안식일이 주일로 바뀌었다"는 주장과 "주일을 지키지 않으면 지옥에 간다"는 주장이 오류일 수밖에 없다.

넷째, 안식일이 주일로 바뀐 것이 사실이고, 안식일을 지키지 않으면 지옥에 가는 것이 사실이면 사도들은 사기꾼일 수밖에 없다.

"예수님을 믿어야 천국에 간다"는 주장과 "주일을 지켜야 천국에 간다"는 주장은 모순이고, 모순은 거짓이다. 이런 거짓을 가르친 사도들이 전한 복음을 어떻게 믿을 수 있겠는가? 그러므로 "안식일이 주일로 바뀌었다"는 주장과 "주일을 지키지 않으면 지옥에 간다"는 주장이 오류일 수밖에 없다.

예수님이 "안식일을 거룩하게 지키라"고 명령하신 적은 단 한 번도 없다. 사도들이 그런 명령을 한 적도 전혀 없다. 오히려 예수님은 유대인들이 안식일을 지키는 것을 폐지하려고 애쓰셨고, 사도들은 '어리석은 성도들이 안식일을 지키는 것'을 금지하려고 안간힘을 썼다. 그러므로 "안식일이 주일로 바뀌었다"고 주장하거나, "주일을 지키지 않으면 지옥에 간다"고 주장하면 안 된다.

예수님이 오셔서 안식일을 성취하셨기 때문에 신약시대의 성도들은 안식일을 지킬 의무가 없다. 그런데도 많은 성도들이 주일을 안식일로 지킨다. 이것은 아무런 문제가 없는 것일까?

결론부터 말하겠다. 신약시대의 성도들이 자원하여 주일을 안식일로 지키는 것은 전혀 문제가 없다. 하지만 강제로 주일을 지키는 것은 큰 문제가 있다.

바울 사도가 하나님의 영광과 이웃의 유익과 자신의 상급을 위해서 자원하여 한 일들을 살펴보면, 우리가 자원하여 주일을 안식일로 지키는 것이 현명한 것임을 알 수 있다.

(고전 8:13) 그러므로 만일 음식이 내 형제를 실족하게 한다면 나는 영원히 고기를 먹지 아니하여 내 형제를 실족하지 않게 하리라

(고전 9:20) 유대인들에게 내가 유대인과 같이 된 것은 유대인들을 얻고자 함이요 율법 아래에 있는 자들에게는 내가 율법 아래에 있지 아니하나 율법 아래에 있는 자같이 된 것은 율법 아래에 있는 자들을 얻고자 함이요

(행 16:3) 바울이 그를 데리고 떠나고자 할새 그 지역에 있는 유대인으로 말미암아 그를 데려다가 할례를 행하니 이는 그 사람들이 그의 아버지는 헬라인인 줄 다 앎이러라

(살전 2:8) 우리가 이같이 너희를 사모하여 하나님의 복음뿐 아니라 우리의 목숨까지도 너희에게 주기를 기뻐함은 너희가 우리의 사랑하는 자 됨이라

이처럼 바울 사도는 자신이 의식법에서 벗어났음에도 불구하고 하나님의 영광과 이웃의 유익을 위해서 자원하여 일부 의식법을 지켰다. 심지어 그는 자신의 목숨까지 이웃의 유익을 위하여 희생할 각오를 했다. 이런 정신으로 신앙생활을 하는 성도는 얼마든지 즐겁게 자원하여 주일을 지킬 수 있는 것이다.

반면 어떤 사람이(그가 성도라도) 주일을 지킬 마음이 전혀 없는데도 타인에 의해 강제로 주일을 지키는 것은 부작용이 생길 가능성이 매우 크다. 예를 들면 매주 주일을 지킬 마음이 없는 어떤 새신자가 자신이 다니는 회사 사장의 압력으로 강제로 매주 주일예배에 참석하면(사장이 그 새신자에게 아무런 보상도 해주지 않은 채로 매주 그를

강제로 주일예배에 참석시키면) 십중팔구 그는 사장을 증오하게 되고, 결국에는 기독교를 혐오하게 된다. 이슬람과 공산주의가 생긴 가장 큰 원인이, 기독교인들이 약한 사람들을 착취하면서 그들을 강제로 신앙생활을 시킨 데 있다. 그러므로 자원하여 주일을 지키는 것이 좋은 일이라도 믿음이 없는 사람을 강제로 주일을 지키게 하면 안 된다. 더 나아가서 주일을 성수하지 않는 성도를 지옥에 갈 사람으로 취급하면 안 된다.

신약교회의 성도들은 어떻게 해서 주일을 지키게 되었을까?

성경을 보면 초기 예루살렘교회의 성도들이 매일 모여서 예배를 드린 것을 알 수 있다.

(행 2:46) 날마다 마음을 같이하여 성전에 모이기를 힘쓰고 집에서 떡을 떼며 기쁨과 순전한 마음으로 음식을 먹고

이처럼 초대교회의 성도들은 날마다 모여서 예배를 드렸다. 하지만 시간이 갈수록 매일 모여서 예배를 드리는 것이 불가능하게 되면서 결국 성도들은 일주일 중에서 한 날을 선택하여 모이게 되었다. 그날을 주일로 정했다.

(행 20:7) 그 주간의 첫날에 우리가 떡을 떼려 하여 모였더니 바울이 이튿날 떠나고자 하여 그들에게 강론할새 말을 밤중까지 계속하매

개역 한글성경은 본문의 '그 주간의 첫날'을 '안식 후 첫날'로 번역했다. 이 날은 '주일'을 의미한다. 본문을 볼 때 초대교회의 성도들이 주일에 함께 모여서 성찬식을 거행하고, 성경공부를 한 것을 알 수 있다.

(고전 16:2) 매주 첫날에 너희 각 사람이 수입에 따라 모아 두어서 내가 갈 때에 연보를 하지 않게 하라

본문에서 보는 것처럼 초대교회의 성도들은 매주 첫날(주일)에 함께 모여서 예배를 드렸고, 헌금도 드렸다.

요한 사도는 '예수님이 부활하신 날(로마력의 일요일)'을 '주의 날'로 불렀다.

(계 1:10) 주의 날에 내가 성령에 감동되어 내 뒤에서 나는 나팔 소리 같은 큰 음성을 들으니

본문의 '주의 날'은 '주일'을 의미한다. 이것을 볼 때 초대교회 때부터 성도들이 주일을 특별한 날로 인식한 것을 알 수 있다.

A.D. 165년에 순교한 유스티누스의 글에도 주일에 예배를 드린 기록이 있다.

"하나님의 아들이신 예수 그리스도와 성령을 통해서 만물의 창조주를 기립니다. 태양에 따라 이름을 붙인 날(일요일)에 도시들이나 바깥 여러 지역에 사는 사람들이 모두 모여 공동체 모임을 가집니다. 우선 시간이 허락하는 대로 사도들의 회고록들과 예언자들의 책들을 읽습니다. 독서가 끝나면 장상은 말로 훈계하고 이러한 훌륭한 행위들을 본받을 것을 권합니다. 그러고서 우리는 모두 함께 일어서서 우리의 기도를 바칩니다. 기도가 끝나면 위에서 이미 말한 바와 같이 빵과 포도주와 물이 봉헌되며 장상은 정성을 다하여 기도와 감사를 드리고 백성은 '아멘' 하면서 동의를 표합니다. 성찬의 음식은 모든 사람에게 나누어지고 부제들은 그것을 참석하지 않은 사람들

에게 날라 줍니다…… 우리 모두는 일요일에 공동체 모임을 가집니다. 그 까닭인즉, 일요일은 하나님께서 어둠과 물질을 변화시켜 세상을 창조하신 첫날이기 때문이요, 아울러 우리 구원자이신 예수 그리스도께서 죽은 이들로부터 같은 날 부활하셨기 때문입니다. 즉, 유다인들은 토요일 전날에 그리스도를 십자가에 못 박았으며, 그분은 토요일 다음 날, 즉 일요일에 당신의 사도들과 제자들에게 나타나셨으며, 우리가 여러분에게 숙고하도록 전해준 것을 그들에게 가르치셨습니다."[2)]

유대인들이 안식일로 지킨 날이 로마력으로 토요일(토성의 날)인 것처럼 기독교인들이 안식일로 지킨 날(주일)이 로마력으로 일요일(태양의 날)이다. 유대인들과 토요일이 아무 관계가 없는 것처럼 기독교인들과 일요일도 아무 관계가 없다. 안식교인들이 "초기의 기독교인들이 태양신 숭배를 하기 위해서 일요일을 안식일로 지켰다"고 주장하는 것은 기독교인들을 빼가기 위한 교묘한 술책일 뿐이다.

기독교인들이 자원하여 주일(일요일)을 지킨 지 약 300여 년이 지난 후에 기독교인 로마황제 콘스탄티누스가 일요일을 공휴일로 선포했다. 이때부터 기독교인들은 자유롭게 주일을 지킬 수 있었다. 다시 말해서 300여 년 동안 불편하게, 혹은 박해를 받으면서 주일을 지키던 성도들이 로마황제가 일요일을 공휴일로 선포한 때부터 자유롭게 주일을 지키게 된 것이다. 이처럼 초대교회가 주일을 지킨 것과 로마제국의 태양신 숭배는 아무런 관계가 없다. 기독교가 주일을 지키는 것에 대해 기독교가 태양신을 섬기는 것으로 정죄하는 것은 기독교

2) 유스티누스, 첫째 호교서, 유충희 옮김, 우리신학연구소, 1999년, pp. 152-158.

를 무너뜨리기 위한 안식교인들의 악한 공작일 뿐이다.

초대교회가 주일을 지킨 이유를 정리하여 보자.

첫째, 신약시대의 성도들은 토요일을 안식일로 지킬 의무가 없기 때문에 초대교회가 주일을 지킨 것이다.

둘째, 주일이 예수님이 부활하신 날이라서 가장 의미가 깊은 날이기 때문에 초대교회가 주일을 지킨 것이다.

셋째, 초대교회가 주일을 지키면서 300여 년이 지난 다음에 로마 제국이 주일을 공휴일로 지정했기 때문에 기독교회가 주일을 지키는 전통이 지금까지 내려오고 있는 것이다.

한편, 오랫동안 신앙생활을 한 성도들 중에서도 어떤 이들은 주일을 거룩하게 지키는 것을 부담스러워하기도 한다. 가난한 성도들은 주일에 돈을 벌고 싶어서 주일을 거룩하게 지키는 것을 부담스러워하고, 부자 성도들은 주일에 향락을 즐기고 싶어서 주일을 거룩하게 지키는 것을 부담스러워한다. 자원하여 주일을 거룩하게 지키면 하나님의 큰 은혜를 받는 것을 알지 못하고 그런 마음을 갖는 것이 안타깝다.

구약시대는 땅의 복이 명확하게 계시되었다. 하나님은 "성도가 율법을 지킨 만큼 복을 주겠다"는 약속을 많이 하셨다. 신명기 28장이 대표적인 말씀이다. 이 때문에 구약성경에는 절기 중에서 가장 중요한 절기인 안식일을 지키는 사람들에게 하나님의 큰 복이 주어지는 사실이 많이 기록되어 있다. 그중의 하나만 소개하겠다.

(사 58:13-14) 만일 안식일에 네 발을 금하여 내 성일에 오락을 행하지 아니하고 안식일을 일컬어 즐거운 날이라, 여호와의 성일을 존귀한 날이라 하여 이를 존귀하게 여기고 네 길로 행하지 아니하며 네 오락을 구하지 아니하며 사사로운 말을 하지 아니하면 네가 여호와 안에서 즐거움을 얻을 것이라 내가 너를 땅의 높은 곳에 올리고 네 조상 야곱의 기업으로 기르리라 여호와의 입의 말씀이니라

구약시대에는 하나님이 땅의 복만 계시하셨다. 주님을 위하여 목숨을 잃으면 땅의 복을 잃는다. 이 때문에 하나님의 특별한 은혜로 하늘의 상을 깨달은 성도들(히 11:24-26의 모세) 외에는 하늘의 상을 받기 위하여 목숨을 버리지 않았다. 대부분의 성도들이 땅의 복을 받기 위하여 애썼고, 땅에서 장수하는 데에 힘썼다. 그래서 하나님이 구약시대의 성도들에게 "목숨을 다하여 하나님을 사랑하라"고 말씀하지 않으신 것이다.

반면 신약시대에는 하나님이 하늘의 상을 계시하셨다. 주님을 위하여 목숨을 잃으면 큰 상을 받는다. 이 때문에 하나님이 신약시대의 성도들에게 "목숨을 다하여 하나님을 사랑하라"고 말씀하신 것이다.

물론 신약시대의 성도들은 안식일법대로 주일을 지킬 자유도 있고, 안식일법을 지키지 않으면서 주일을 지킬 자유도 있다. 예를 들면 신약시대의 성도들은 "안식일에 불을 피우지 말라"는 율법을 지킬 자유도 있고, 그 율법을 지키지 않을 자유도 있다. 신약시대의 성도들은 "안식일에 물건을 사고팔지 말라"는 율법을 지킬 자유도 있고, 그 율법을 지키지 않을 자유도 있다. 각자 믿음의 분량대로 행동하면 된다. 그러므로 주일에 물건을 사고파는 성도를 욕해서도 안 되고,

주일에 물건을 사고팔지 않는 성도를 흉봐서도 안 된다.

안식일과 주일에 관한 논의를 정리하겠다.

신약시대의 성도들은 의식법과 재판법에서 해방되었다. 신약시대의 성도들은 안식일을 지킬 의무가 없다. 주일은 안식일이 아니다. 그러므로 신약시대의 성도들에게는 주일성수를 할 의무가 없다.

천주교의 사제들과 개신교의 목회자들이 성경적 근거도 없이 "안식일이 주일로 바뀌었다"고 우기니까 안식교인들이 구약성경을 근거로 "신약시대의 성도들도 안식일을 지켜야 한다"고 우기는 것이고, 안상홍 증인들이 구약성경을 근거로 "신약시대의 성도들도 유월절을 지켜야 한다"고 우기는 것이다. 우리가 신약성경의 가르침대로 "주일은 안식일이 아니라"고 선언하고, "주일을 지키는 것은 자유"라고 선포할 때 안식교인들이 구약성경을 근거로 "신약시대의 성도들도 안식일을 지켜야 한다"고 우기지 못할 것이고, 안상홍 증인들이 구약성경을 근거로 "신약시대의 성도들도 유월절을 지켜야 한다"고 우기지 못할 것이다.

주일이 안식일이 아님에도 불구하고 신약시대의 성도들은 자원해서 주일을 성수하여 하나님께 영광을 돌리고, 교회를 부흥시키는 것이 좋다. 성도는 하나님께 영광을 돌리고, 교회를 부흥시키는 것을 위해서는 목숨도 아까워하지 않는 사람이기 때문이다.

신약시대에 할례가 폐지되었지만 바울 사도가 하나님의 일을 위하여 디모데에게 할례를 받게 한 것처럼(행 16:1-3), 우리도 자원하여 주일을 지켜서 하나님의 일을 하는 것이 좋다.

(히 10:24-25) 서로 돌아보아 사랑과 선행을 격려하며 모이기를 폐하는 어떤 사람들의 습관과 같이 하지 말고 오직 권하여 그 날이 가까움을 볼수록 더욱 그리하자

(갈 5:13) 형제들아 너희가 자유를 위하여 부르심을 입었으나 그러나 그 자유로 육체의 기회를 삼지 말고 오직 사랑으로 서로 종 노릇 하라

(벧전 2:16) 너희는 자유가 있으나 그 자유로 악을 가리는 데 쓰지 말고 오직 하나님의 종과 같이 하라

목회자들이 "안식일이 주일로 바뀌었다", "중생한 신자도 주일을 지키지 않으면 지옥에 간다"고 주장하면 목회하기는 편할 것이다. 하지만(결과론이지만) 기독교의 목회자들이 성경의 근거도 없이 "안식일이 주일로 바뀌었다", "중생한 신자도 주일을 지키지 않으면 지옥에 간다"고 주장하지 않았으면 아마도 안식교가 생기지 않았을 것이다. 기독교의 목회자들이 성경의 가르침대로 "안식일이 주일로 바뀐 것이 아니다", "중생한 신자는 주일을 지키지 않아도 지옥에 가지 않는다"고 주장했으면 안식교인들이 "중생한 신자도 안식일을 지켜야 한다"는 주장을 하지 못했을 것이기 때문이고, "중생한 신자도 안식일을 지키지 않으면 지옥에 간다"는 주장은 더욱 하기 힘들었을 것이기 때문이다. 목회자들이 성경의 근거도 없이 "안식일이 주일로 바뀌었다", "중생한 신자도 주일을 지키지 않으면 지옥에 간다"고 주장한 것 때문에 안식교가 생겼고, 그 결과 수많은 성도들이 안식교에 빠진 것이다. 필자도 주일 문제를 바르게 깨닫기 전에는 "안식일이 주일로 바뀌었다"고 주장했기 때문에 부끄럽고 송구하기 이를 데 없다.

2장

# 생명의 성령의 법이란 무엇인가?

로마서 8장 1-2절도 구원론 난해 구절이다. 이 때문에 본문을 오해하는 경우가 많다.

> **(롬 8:1-2)** 그러므로 이제 그리스도 예수 안에 있는 자에게는 결코 정죄함이 없나니 이는 그리스도 예수 안에 있는 생명의 성령의 법이 죄와 사망의 법에서 너를 해방하였음이라

본문에 '생명의 성령의 법'과 '죄와 사망의 법'이 있다. '생명의 성령의 법'은 무엇을 뜻할까? '죄와 사망의 법'은 무엇을 의미할까? '생명의 성령의 법이 죄와 사망의 법에서 너를 해방했다'는 말씀은 무슨 뜻일까? '결코 정죄함이 없나니'는 무슨 뜻일까? 이것을 바르게 깨달으려면 로마서 8장 1-2절의 문맥과 원문을 세밀하게 살펴야 한다. 이것에 부주의하면 본문을 오해하기 십상이기 때문이다. 잠시 후에 자세히 설명하겠지만 L 목사가 본문을 근거로 아래와 같이 주장하는 것이 본문을 오해한 대표적인 경우일 것이다.

"나는 오랜 방황 끝에 로마서 8장 2절의 '생명의 성령의 법이 죄와 사

망의 법에서 너를 해방했다'는 말씀을 통하여 새로운 복음을 깨달았다. 생명의 성령의 법은 천국 복음이다. '생명의 성령의 법이 죄와 사망의 법에서 너를 해방했다'는 것은 '천국 복음을 깨달은 만큼 죄를 짓지 않는다'는 뜻이다. 실제로 나는 천국 복음을 깨달은 후부터 죄를 짓지 않게 되었다. 천국 복음을 깨달으면 누구나 다 죄를 짓지 않을 수 있다."

L 목사가 "누구나 다 천국 복음을 깨달은 만큼 성령님의 도움을 받아서 죄를 짓지 않을 수 있다"고 주장하므로 죄를 짓는 것 때문에 고민하는 수많은 목회자들과 일반 성도들이 그로부터 천국 복음을 배우기 위하여 열심히 그의 세미나에 참석하고 있다. 과연 L 목사의 주장이 성경의 가르침일까?

로마서 8장 1-2절의 본뜻을 알기 위하여 본문의 문맥부터 살펴보자.

먼저 로마서는 두 부분으로 되어 있다.

로마서 1-11장은 '사람이 어떻게 영혼 구원을 받는가'를 다루고 있다. 물론 이 가운데 '영혼 구원을 받은 성도가 어떻게 살아야 하는가'를 가르치는 부분이 조금 있지만(롬 8:12-13) 로마서 1-11장의 대부분은 '사람이 어떻게 영혼 구원을 받는가'를 다루고 있다.

다음으로 로마서 12-16장은 '영혼 구원을 받은 성도가 어떤 삶을 살아야 하는가'를 다루고 있다.

바울 사도는 로마서 1-11장을 통하여 "절대로 사람의 행위로 영혼 구원을 받는 것이 아니다", "오직 하나님이 주시는 믿음으로(오직 하나님의 은혜로) 영혼 구원을 받는다"고 증언한다.

(롬 4:1-3) 그런즉 육신으로 우리 조상인 아브라함이 무엇을 얻었다 하리요 만일 아브라함이 행위로써 의롭다 하심을 받았으면 자랑할 것이 있으려니와 하나님 앞에서는 없느니라 성경이 무엇을 말하느냐 아브라함이 하나님을 믿으매 그것이 그에게 의로 여겨진 바 되었느니라

(롬 5:1) 그러므로 우리가 믿음으로 의롭다 하심을 받았으니 우리 주 예수 그리스도로 말미암아 하나님과 화평을 누리자

그런데 바울 사도는 믿음으로 영혼 구원을 받은 자신의 육신(몸)이 자꾸 죄를 짓는 것 때문에 고민했다.

'나의 영혼(속사람)은 죄를 짓지 않지만 나의 육신(몸)이 자꾸 죄를 짓는다. 그래도 나의 영혼은 안전할까?'

바울 사도는 성경을 묵상한 결과(혹은 성령의 계시로) 아래와 같은 해답을 얻었다.

'나의 육신(몸)은 죄를 짓지만 나의 영혼(영, 속사람)은 절대로 죄를 짓지 않는다. 그러므로 나의 영혼은 절대로 정죄함을 받지 않고, 어떤 경우에도 구원을 잃지 않는다. 나의 영혼은 영원히 안전하다.'

바울 사도는 이 사실을 아래와 같이 천명했다.

(롬 7:22-25) 내 속사람으로는 하나님의 법을 즐거워하되 내 지체 속에서 한 다른 법이 내 마음의 법과 싸워 내 지체 속에 있는 죄의 법으로 나를 사로잡는 것을 보는도다 오호라 나는 곤고한 사람이로다 이 사망의 몸에서 누가 나를 건져내랴 우리 주 예수 그리스도로 말미암아 하나님께 감사하리로다 그런즉 내 자신이 마음으로는 하나님의 법을 육신으로는 죄의 법을 섬기노라

(롬 8:1-2) 그러므로 이제 그리스도 예수 안에 있는 자에게는 결코 정죄함이 없나니 이는 그리스도 예수 안에 있는 생명의 성령의 법이 죄와 사망의 법에서 너를 해방하였음이라

(롬 8:33) 누가 능히 하나님께서 택하신 자들을 고발하리요 의롭다 하신 이는 하나님이시니

(롬 11:5-7) 그런즉 이와 같이 지금도 은혜로 택하심을 따라 남은 자가 있느니라 만일 은혜로 된 것이면 행위로 말미암지 않음이니 그렇지 않으면 은혜가 은혜 되지 못하느니라 그런즉 어떠하냐 이스라엘이 구하는 그것을 얻지 못하고 오직 택하심을 입은 자가 얻었고 그 남은 자들은 우둔하여졌느니라

이처럼 로마서 1-11장은 하나님의 은혜에 의한 영혼 구원 문제를 주로 다루고 있다.

바울 사도는 로마서 12-16장에서 '하나님의 은혜로 영혼 구원을 받은 성도가 어떻게 살아야 하는가'를 다뤘다.

(롬 12:1-2) 그러므로 형제들아 내가 하나님의 모든 자비하심으로 너희를 권하노니 너희 몸을 하나님이 기뻐하시는 거룩한 산 제물로 드리라 이는 너희가 드릴 영적 예배니라 너희는 이 세대를 본받지 말고 오직 마음을 새롭게 함으로 변화를 받아 하나님의 선하시고 기뻐하시고 온전하신 뜻이 무엇인지 분별하도록 하라

로마서 12장 1절은 '그러므로(ουν-운)'라는 단어로 시작되었다. 이 단어는 앞에서 언급한 내용의 결론을 내릴 때 사용하는 단어다. 따라서 로마서 1-11장의 결론인 것을 알 수 있다. '너희가 오직 믿음으로(오직 은혜로) 영혼 구원을 받았으므로 너희의 몸(육신)을 하나님께 산 제물로 드리라'는 뜻이다. 하나님의 은혜로 영혼 구원을 받은

성도가 자신의 몸을 하나님께 산 제물로 바치는 것이 당연하기 때문이다. '몸을 산 제물로 드리는 것'은 '거룩하게 살면서 몸으로 하나님께 충성하는 것'을 의미한다.

몸을 산 제물로 하나님께 드리는 것은 결코 쉬운 일이 아니다. 복음을 깨닫는 것만으로는 오랜 시간 동안 몸을 산 제물로 하나님께 드리는 것이 불가능하기 때문이다. 다시 말해서 성령세례를 받은 후에 성령이 충만해질 때까지 경건생활을 힘써야만 오랜 시간 동안 몸을 산 제물로 하나님께 드릴 수 있기 때문이다. 그래서 바울 사도가 아래와 같이 말한 것이다.

> (롬 8:12-13) 그러므로 형제들아 우리가 빚진 자로되 육신에게 져서 육신대로 살 것이 아니니라 너희가 육신대로 살면 반드시 죽을 것이로되 영으로써 몸의 행실을 죽이면 살리니

사도들은 성령세례를 받기 전에는 자신의 몸을 산 제물로 하나님께 드리는 것이 매우 어려웠다. 그들은 10일 동안 오로지 기도에 힘써서 오순절에 성령세례를 받은 후에야 쉽게 몸을 산 제물로 주님께 드릴 수 있었다(행 1:14). 그때부터 성령님이 제자들에게 내주하셔서 제자들이 그들의 몸의 행실을 죽이도록 도와주셨기 때문이다.

사도들은 성령세례를 받은 후에도 항상 자신의 몸을 산 제물로 하나님께 드릴 수는 없었다. 성령세례를 받은 후에도 경건생활에 힘쓰지 않으면 성령의 능력이 약화되어서 몸을 산 제물로 드리기 힘들었기 때문이다. 그들은 성령의 능력이 약화되면 다시 경건생활을 힘써서 성령의 권능(성령충만)을 받았다. 그제야 그들은 보다 쉽게 몸을 산 제물로 드릴 수 있었다(행 4:23-31 참조).

사도들은 성령세례를 받은 후에도 성령의 능력이 지나치게 약화되면 죄를 짓기조차 했다. 베드로 사도와 바나바 사도가 유대인 신자들이 무서워서 외식을 하다가 바울 사도의 책망을 받은 것이 대표적인 경우다(갈 2:11-14).

바울 사도는 사도가 된 후에도 자신의 육신이 죄를 짓는 것 때문에 고민했다(롬 7:14-25). '하나님의 마음에 합한 사람'으로 칭함을 받던 다윗은 자신의 육신을 제압하지 못해서 간음죄와 살인죄를 지었다. 솔로몬은 엄청난 하나님의 은혜를 받고도 경건생활을 게을리하다가 우상숭배를 허용하는 죄를 지었다. 기드온 역시 엄청난 하나님의 은혜를 받고도 자신의 육신을 산 제물로 드리지 못해서 우상숭배를 허용하는 죄를 지었다. 이처럼 구원받은 성도들도 경건생활에 힘쓰지 않으면 자신의 몸으로 죄를 지을 수밖에 없다.

심지어 성육신하신 예수님도 자신의 육신을 쳐서 하나님께 복종시키기 위하여 힘쓰고 애쓰셨다.

(눅 22:44) 예수께서 힘쓰고 애써 더욱 간절히 기도하시니 땀이 땅에 떨어지는 핏방울같이 되더라

예수님이 얼마나 힘쓰고 애써서 기도하셨으면 땀이 핏방울처럼 흘러내렸겠는가? 이것은 우리가 힘쓰고 애써서 경건생활을 해야만 우리의 몸을 산 제물로 하나님께 바칠 수 있는 것을 증명한다.

영혼 구원을 받은 성도가 육신을 죽이는 일에 힘써야 한다는 것을 가르치는 성경말씀들을 보자.

(행 1:12-14) 제자들이 감람원이라 하는 산으로부터 예루살렘에 돌아오니 이

산은 예루살렘에서 가까워 안식일에 가기 알맞은 길이라 들어가 그들이 유하는 다락방으로 올라가니 베드로, 요한, 야고보, 안드레와 빌립, 도마와 바돌로매, 마태와 및 알패오의 아들 야고보, 셀롯인 시몬, 야고보의 아들 유다가 다 거기 있어 여자들과 예수의 어머니 마리아와 예수의 아우들과 더불어 마음을 같이하여 오로지 기도에 힘쓰더라

(롬 12:11-13) 부지런하여 게으르지 말고 열심을 품고 주를 섬기라 소망 중에 즐거워하며 환난 중에 참으며 기도에 항상 힘쓰며 성도들의 쓸 것을 공급하며 손 대접하기를 힘쓰라

(벧후 1:10) 그러므로 형제들아 더욱 힘써 너희 부르심과 택하심을 굳게 하라 너희가 이것을 행한즉 언제든지 실족하지 아니하리라

(계 3:19) 무릇 내가 사랑하는 자를 책망하여 징계하노니 그러므로 네가 열심을 내라 회개하라

이처럼 성경은 성도가 복음을 깨달은 후에도 힘쓰고 애써서 경건 생활을 해야만 성령님의 도움을 받아서 거룩하게 살 수 있는 것을 가르친다.

물론 처음에 복음을 깨달은 사람에게는 성령님의 도움으로 어느 정도 죄를 짓지 않을 수 있는 힘이 생긴다. 그러나 시간이 가면 그 힘이 약해진다. 그럴 때는 경건생활에 힘써서 성령세례를 받아야 하고, 성령충만을 받아야 한다. 마음의 상처가 있으면 치유를 받아야 한다. 그렇게 할 때 다시 죄를 짓지 않을 수 있는 힘이 생긴다. 그러므로 L목사가 "성도는 천국복음을 깨닫기만 하면 성령님의 도움으로 죄를 짓지 않을 수 있는 힘이 저절로 생긴다"고 주장하는 것이 오류일 수밖에 없다.

이제부터 로마서 8장 1-2절의 문맥과 원문을 살펴서 본문을 해석하겠다.

본문은 '그러므로(αρα-아라)'라는 단어로 시작되었다. 이 단어는 앞에서 언급한 내용의 결론을 내릴 때 사용하는 것이다.[3] 따라서 본문은 로마서 7장을 검토해야 바르게 해석할 수 있다.

> **(롬 7:9-11)** 전에 율법을 깨닫지 못했을 때에는 내가 살았더니 계명이 이르매 죄는 살아나고 나는 죽었도다 생명에 이르게 할 그 계명이 내게 대하여 도리어 사망에 이르게 하는 것이 되었도다 죄가 기회를 타서 계명으로 말미암아 나를 속이고 그것으로 나를 죽였는지라
>
> **(롬 7:23)** 내 지체 속에서 한 다른 법이 내 마음의 법과 싸워 내 지체 속에 있는 죄의 법으로 나를 사로잡는 것을 보는도다
>
> **(롬 8:1-2)** 그러므로 이제 그리스도 예수 안에 있는 자에게는 결코 정죄함이 없나니 이는 그리스도 예수 안에 있는 생명의 성령의 법이 죄와 사망의 법에서 너를 해방하였음이라

본문의 '계명'은 '율법'을 의미한다. 본문에 율법의 역할이 소개되어 있다. 율법은 사람을 정죄하고, 죽이는 일을 한다(율법은 궁극적으로 죄인을 영원히 죽이는 일을 한다). 이 때문에 바울 사도가 '율법'을 '사망의 법', 또는 '죄의 법'으로 표현한 것이다.

'생명의 성령의 법'은 '죄와 사망의 법(율법)'의 반대 개념이다. 바울

---

3) 아라(αρα): 다소 결정적인 추론을 지시하는 불변사; 우연히(인간의) 방법으로, 의문의 여지없이, 아마도, 그러므로, 그리하여, 진실로, 그러면. 가끔 다른 불변사와 연합하여 사용. 특히 1065, 3767, 또는 1487과 관계하여 이따금 사용. 역시 687과 비교⟨롬 5:18; 7:3⟩ 불변, then; 1)그러므로, 그러므로 그때에, 그렇기 때문에. 디럭스바이블2005, 헬라어사전, '미션소프트'.

사도는 '죄와 사망의 법(율법)'의 반대 개념을 표현할 때 '복음'이란 단어를 사용했다.

> **(롬 1:16)** 내가 복음을 부끄러워하지 아니하노니 이 복음은 모든 믿는 자에게 구원을 주시는 하나님의 능력이 됨이라 먼저는 유대인에게요 그리고 헬라인에게로다

복음이 사람의 영을 살리는(구원하는) 일을 하기 때문에 바울 사도가 "복음은 모든 믿는 자에게 구원을 주는 하나님의 능력"이라고 선포한 것이다.

'생명의 성령의 법'도 '죄와 사망의 법'에서 사람을 살리는 일을 한다. 이 때문에 바울 사도가 "생명의 성령의 법이 죄와 사망의 법에서 너를 구원했다"고 선포한 것이다. 이것을 볼 때 '생명의 성령의 법'이 '복음'을 의미하는 것을 알 수 있다.

복음(생명의 성령의 법)을 더욱 깊이 깨닫기 위하여 로마서 8장 1-2절을 다시 보자.

> **(롬 8:1-2)** 그러므로 이제 그리스도 예수 안에 있는 자에게는 결코 정죄함이 없나니 이는 그리스도 예수 안에 있는 생명의 성령의 법이 죄와 사망의 법에서 너를 해방하였음이라

'그리스도 예수 안에 있는 자에게는 결코 정죄함이 없다'는 말씀의 헬라어 원문은 '그리스도 예수 안에 있는 남자들(토이스-τοις)은 결코 정죄함이 없다'로 되어 있다. 본문을 근거로 "그리스도 안에 있는 여자들은 정죄함이 있다"고 주장하면 안 된다. 디럭스바이블 헬라어 사전을 보면 '토이스(τοις)'가 남성 관사지만 주로 '이것', '저것'이란 뜻으로 사용되기 때문이다.[4] 따라서 본문을 일반적인 헬라어 용법대

로 번역하면 '그리스도 예수 안에 있는 것들에게는 결코 정죄함이 없다'가 된다.

과연 '그리스도 예수 안에 있는 것들'은 무엇을 의미할까? 본문의 헬라어 원문의 문맥을 면밀하게 살펴보면 쉽게 답을 찾을 수 있다.

바울 사도는 아래와 같이 말한 후에 '그리스도 예수 안에 있는 것들에게는 결코 정죄함이 없다'고 선언했다.

> **(롬 7:21-25)** 그러므로 내가 한 법을 깨달았노니 곧 선을 행하기 원하는 나에게 악이 함께 있는 것이로다 내 속사람으로는 하나님의 법을 즐거워하되 내 지체 속에서 한 다른 법이 내 마음의 법과 싸워 내 지체 속에 있는 죄의 법으로 나를 사로잡는 것을 보는도다 오호라 나는 곤고한 사람이로다 이 사망의 몸에서 누가 나를 건져 내랴 우리 주 예수 그리스도로 말미암아 하나님께 감사하리로다 그런즉 내 자신이 마음으로는 하나님의 법을 육신으로는 죄의 법을 섬기노라

본문은 바울 사도의 고백이다. 그는 자신의 속사람(마음)은 하나님의 법을 섬기는 반면, 자신의 육신(몸)은 죄의 법을 섬기는 것 때문에 고민했다. 그가 말한 '속사람(마음)'은 '예수님을 믿을 때 구원을 받은 영'을 의미한다. 그가 말한 '육신(몸)'은 '예수님을 믿을 때 구원을 받지 못한 육'을 뜻한다. 예수님은 사람이 예수님을 믿을 때 영만 거듭나는(구원받는) 것을 천명하셨다(요 3:6). 이것을 볼 때 '그리스도 예수 안에 있는 것들'이 '예수님을 믿어서 구원을 받은 영들인 것'을 알 수 있다.

로마서 8장 1절의 '결코… 없나니'에 사용된 헬라어는 '우덴(ουδεν)'이다. 이 단어의 기본형은 '우데이스(ουδεις)'다. 이 단어는 절대부

---

4) 토이스-τοις: 정관사; 그, 이, 저, 것, 그이, 그녀, 그것 등〈마 9:8; 눅 22:19〉 관사, the; 1)이것, 저것, 이것들. 디럭스바이블2005, 헬라어사전, 미션소프트.

정부사 '우(ου)'에서 파생된 단어다.[5] 따라서 로마서 8장 1절이 '예수님을 구주로 믿어서 구원을 받은 영들은 절대로(영원히) 정죄함을 받지 않는다'는 뜻임을 알 수 있다.

바울 사도가 '그리스도 예수 안에 있는 영들에게는 결코(절대로) 정죄함이 없다'고 선언한 이유는 생명의 성령의 법(복음)이 죄와 사망의 법에서 영원히 그 영들을 해방했기 때문이다.

지금까지 설명한 것처럼 로마서 8장 1-2절은 '그리스도 예수 안에 있는 영들에게는 결코 정죄함이 없다'고 가르친다. 그러므로 L 목사가 로마서 8장 1-2절을 근거로 "천국 복음을 깨달은 성도는 성령님의 도움으로 죄를 짓지 않는다"고 주장하려면 "천국 복음을 깨달은 성도는 성령님의 도움으로 절대로(영원히) 죄를 짓지 않는다"고 주장해야 한다. 하지만 이것이 불가능한 것을 L 목사 자신이 잘 알 것이다. 그가 아무리 천국 복음을 확실하게 깨닫고 있어도 자신이 육신(몸)으로 죄를 짓는 것을 알 것이기 때문이다. 천하의 바울과 베드로도 육신(몸)으로 죄를 짓고 살았으므로 L 목사는 자신이 육신(몸)으로 죄를 짓고 사는 것을 부인할 수 없을 것이다. 그러므로 L 목사가 로마서 8장 1-2절을 근거로 "성도는 누구나 다 천국 복음을 깨닫기만 하면 성령님의 도움으로 죄를 짓지 않고 살 수 있다"고 주장하는 것이 오류일 수밖에 없다.

한편, 바울 사도는 '사람의 영이 구원을 받는 방법'을 설명할 때, 어떤 때는 "복음이 사람의 영을 구원한다"고 했고, 어떤 때는 "생명

---

5) 우데이스-ουδεις: 3761과 1520에서 유래; 하나도 아닌(남자, 여자 혹은 사물), 즉 아무도 아닌, 어떤 것도 아닌 〈요 7:4〉 부대. no one, nothing; 1) 아무도 아닌, 아무것도 아닌. 디럭스바이블2005, 헬라어사전, 미션소프트.

의 성령의 법이 사람의 영을 구원한다"고 했다.

> **(롬 1:16)** 내가 복음을 부끄러워하지 아니하노니 이 복음은 모든 믿는 자에게 구원을 주시는 하나님의 능력이 됨이라 먼저는 유대인에게요 그리고 헬라인에게로다

> **(롬 8:1-2)** 그러므로 이제 그리스도 예수 안에 있는 자에게는 결코 정죄함이 없나니 이는 그리스도 예수 안에 있는 생명의 성령의 법이 죄와 사망의 법에서 너를 해방하였음이라

이처럼 바울 사도는 '복음'과 '생명의 성령의 법'을 똑같은 뜻으로 사용했다. 이것을 볼 때 '생명의 성령의 법'이 '복음'인 것을 알 수 있다. 더 나아가서 '생명의 성령의 법이 죄와 사망의 법에서 너를 해방했다'는 말씀이 '복음이 죄에서 너의 영을 해방했다'는 뜻임을 알 수 있고, 복음이 죄에서 성도의 육을 해방한 것이 아님을 알 수 있다. 이것을 볼 때도 L 목사가 "복음을 깨닫기만 하면 영혼은 물론 육신도 성령님의 도움을 받아서 저절로 거룩하게 살 수 있다"고 주장하는 것이 오류일 수밖에 없다.

L 목사의 주장처럼 성령님이 복음을 깨달은 성도의 육신에게 저절로 거룩하게 살 수 있는 힘을 주시는 것이 사실이면 바울 사도가 아래와 같이 말한 것은 어리석은 말일 수밖에 없다.

> **(고전 9:24-27)** 운동장에서 달음질하는 자들이 다 달릴지라도 오직 상을 받는 사람은 한 사람인 줄을 너희가 알지 못하느냐 너희도 상을 받도록 이와 같이 달음질하라 이기기를 다투는 자마다 모든 일에 절제하나니 그들은 썩을 승리자의 관을 얻고자 하되 우리는 썩지 아니할 것을 얻고자 하노라 그러므로 나는 달음질하기를 향방 없는 것같이 아니하고 싸우기를 허공을 치는 것같이 아니하며

내가 내 몸을 쳐 복종하게 함은 내가 남에게 전파한 후에 자신이 도리어 버림을 당할까 두려워함이로다

위에서 보는 것처럼 바울 사도는 사도의 직분을 받은 후에도 상을 받기 위하여 자신의 몸을 쳐서 하나님께 복종하는 일에 힘썼다. 그렇게 하지 않으면 그가 남들에게 "하나님께 충성하여 상을 받으라"고 전파한 후에 자신의 몸이 게으름을 피워서 상을 못 받기 때문이었다. 바울 사도가 복음을 깨달으면 성도의 몸이 저절로 거룩하게 살게 되는 것을 몰라서 자신의 몸을 쳐서 복종시키는 노력을 했을까? 그가 복음을 적게 깨달아서 그랬을까? 전혀 아니다. 아무리 복음을 많이 깨달아도 자신의 몸을 쳐서 하나님께 복종하지 않으면 몸이 죄를 짓기 때문에 열심히 자신의 몸을 쳐서 주님께 복종하는 일을 한 것이다.

L 목사의 주장처럼 천국 복음을 깨달은 성도의 육신에 성령님이 저절로 거룩하게 살 수 있는 힘을 주시는 것이 사실이면, 120명의 제자들이 성령세례를 받기 위하여 오로지 기도에 힘썼던 것은 어리석은 일을 한 것일 수밖에 없다. L 목사의 주장이 옳으면 그들은 천국 복음을 깨닫기 위하여 성경공부를 해야 했기 때문이다.

L 목사는 "나는 천국 복음을 깨달았기 때문에 성령님의 도움을 받아서 죄를 짓지 않고 살고 있다"고 주장한다. 실제로 그는 남달리 거룩하게 살 것이다. 그가 남달리 거룩하게 사는 이유가 남달리 천국 복음을 깨달아서 거룩하게 살 수 있는 힘이 생겼기 때문일까? 전혀 아니다. 천국 복음을 만들어내고, 그것을 전파하기 위하여 남달리 경건생활에 힘쓰기 때문에 성령님의 도움을 받아서 남달리 거룩하게 사는 것이다. 그가 아무리 복음을 많이 깨달았어도 한 달 정도만 경

건생활을 게을리하고, 많은 시간 동안 TV를 시청하면 그가 자주 언급하는 것처럼 '오 마담 생각이 날 것'이다. 그렇게 성령충만하던 다윗이 경건생활을 게을리하다가(낮잠을 즐기다가 일어난 후에) 간음죄와 살인죄를 짓지 않았는가? 솔로몬은 기브온 산당에서 1천 번제를 드릴 정도로 경건생활을 열심히 할 때는 천하제일의 지혜를 얻었지만 경건생활을 게을리하다가 여성 편력과 우상숭배에 빠지고 말았다. 베드로가 외식을 한 것도 경건생활을 게을리했기 때문이다. 바울 사도가 육신으로 죄를 지은 것도 마찬가지다. 그래서 바울 사도가 아래와 같이 말한 것이다.

(롬 12:1) 그러므로 형제들아 내가 하나님의 모든 자비하심으로 너희를 권하노니 너희 몸을 하나님이 기뻐하시는 거룩한 산 제물로 드리라 이는 너희가 드릴 영적 예배니라

'몸을 산 제물로 드리는 것'은 '몸을 쳐서 하나님께 복종하는 것'을 의미한다. 몸을 쳐서 하나님께 복종하려면 예수님이 겟세마네에서 기도하실 때처럼, 사도들이 성령세례를 받을 때처럼 힘쓰고 애써서 경건생활을 해야 한다. 힘쓰고 애쓰지 않고서는(천국 복음을 깨닫기 위한 성경공부만으로는) 충분히 몸을 산 제물로 드릴 수 없다. 천국 복음을 깨닫는다고 해서 언제나 성령님의 도움을 받아서 저절로 몸이 산 제물로 드려지는 것은 아니기 때문이다.

다시 강조하거니와 천국 복음을 깨달으면 성령님의 도움을 받아서 영은 저절로 산 제물로 드려진다. 반면에 육은 처음 복음을 깨달을 때 어느 정도만 성령님의 도움을 받아서 산 제물로 드릴 수 있는 힘이 있다. 시간이 가면 육은 다시 약해지고, 그것을 방치하면 죄를 짓는다.

이 때문에 몇 년 동안 L 목사를 따라 다니면서 천국 복음을 배운 어떤 목사가 "나는 몇 년 동안 L 목사에게 천국 복음을 배웠는데도 어째서 저절로 거룩하게 살지 못하느냐"고 탄식한 것이고, 사도들조차도 죄를 짓고 산 것이다. 그가 천국 복음을 깨닫기 위하여 세미나에 참석하는 시간에 기도와 금식을 힘썼으면 천국 복음을 배울 때보다 훨씬 더 성령의 도움을 많이 받아서 더욱더 거룩하게 살았을 것이다.

그리고 천국 복음을 배워서 죄를 짓지 않고 사는 일이 L 목사가 가르치는 것처럼 그렇게 어려운 것이면 대체 몇 명이나 천국 복음을 배워서 거룩하게 살 수 있겠는가? 다시 강조하거니와 천국 복음을 배우기 위하여 세미나에 참석하는 시간에 성경을 읽고, 기도를 하고, 전인치유를 받고, 전인치유를 공부하는 등의 경건생활에 힘쓰면 천국 복음을 배우기 위하여 세미나에 참석하는 것보다 훨씬 더 성령님의 도움을 많이 받아서 거룩하게 살 수 있다.

지금까지 설명한 것처럼 L 목사의 결정적 오류는 하나님의 은혜로 영혼이 구원을 받은 후에 그 영혼이 절대로 죄를 짓지 않고 사는 것을 가르치는 성경말씀을 성도의 육신에 적용한 것이다. 그의 로마서 8장 1-2절 해석이 대표적인 경우다. "성도는 천국 복음을 깨닫기만 하면 성령님의 도움을 받아서 저절로 거룩하게 살 수 있다"고 그가 주장할 때 제시하는 성경구절들은 모두 하나님이 사람에게 복음을 깨닫게 하셔서 영혼을 구원해 주시는 것을 가르치는 말씀이다. 이것은 성경을 근본적으로 잘못 해석하는 것이다. 참으로 안타까운 일이다.

▶성경이 가르치는 회개

성경이 가르치는 회개는 크게 두 종류로 구분된다.

첫째, 영혼의 죄를 용서받기 위한 회개가 있다.

이것은 전적으로 성령님의 능력으로 하는 일이고, 순간적으로 이루어지는 일이기 때문에 회개하기가 쉽다. 이것은 예수님과 함께 십자가에서 죽은 한 편 강도가 성령님의 도움으로 쉽게 회개하고, 쉽게 죄를 용서받아서 그날 천국에 간 것으로 증명된다. 영혼의 죄를 용서받기 위한 회개는 예수님을 믿을 때 단번으로 끝난다.

둘째, 육신의 죄를 용서받기 위한 회개가 있다.

이것은 성령님과 성도가 연합하여 하는 일이다. 죄를 완전히 끊는 것이 회개다. 성도의 육신은 연약하기 때문에 성도는 작은 죄는 쉽게 회개할 수 있지만 큰 죄는 쉽게 회개하기 힘들다. 또한 작은 죄는 쉽게 용서를 받을 수 있지만, 큰 죄를 범했을 경우에는 용서를 받기가 어렵다. 하나님이 회개의 진정성을 인정하여 주실 때까지 거듭거듭 회개해야 하기 때문이다.

예레미야 선지자가 자기 민족의 죄를 반복하여 회개한 것을 기록한 성경말씀을 보자.

(렘 14:7) 여호와여 우리의 죄악이 우리에게 대하여 증언할지라도 주는 주의 이름을 위하여 일하소서 우리의 타락함이 많으니이다 우리가 주께 범죄하였나이다

(렘 14:20) 여호와여 우리의 악과 우리 조상의 죄악을 인정하나이다 우리가 주께 범죄하였나이다

조상의 죄를 반복해서 회개하는 것의 중요성에 관한 자세한 설명은 필자의 저서 《이것이 전인치유다》를 참고하기 바란다.

3장

# 중생한 신자도 자살을 하면 지옥에 간다?

> 본 장에는 《지옥에 가는 크리스천들?》의 1-2권을 읽지 않으면 오해할 수도 있는 내용이 있습니다. 1-2권을 읽지 않은 독자는 반드시 《지옥에 가는 크리스천들?》 1-2권을 읽은 후에 본 장을 읽으시기 바랍니다.

어떤 목회자들은 "중생한 신자도 자살을 하면 지옥에 간다"고 주장하고, 어떤 목회자들은 "진짜 중생한 신자는 절대로 자살을 하지 않는다"고 주장한다. 이 때문에 대부분의 성도들은 자살을 하면 지옥에 간다고 믿는다. 그런데도 많은 개신교인들이 자살을 한다. 매스컴을 통하여 들려오는 소식을 보면 개신교인 연예인들이 유독 자살을 많이 하는 것을 알 수 있다. 천주교인들은 상대적으로 자살을 하는 사람들이 적다. 자살을 하면 지옥에 가는 것으로 믿는 개신교인들이 어째서 자살을 많이 하는 것일까? 어째서 천주교인들은 자살을 하는 사람들이 적은 것일까?

대부분의 목회자들은 "자살을 하면 회개할 기회가 없기 때문에 지옥에 간다"고 주장한다. 이 때문에 대부분의 개신교인들은 자살하는 성도가 생기면 그가 지옥에 간 것으로 여긴다. 심지어 어떤 목회자들은 자살한 성도의 장례식을 집례하는 것을 거부하기도 한다. 그들은 "지옥에 간 사람의 장례식을 거행하는 것은 하나님의 뜻이 아니다"라고 주장한다.

한편, 개신교의 어떤 신학자들은 "중생한 신자는 시험에 들어서 자살을 할지라도 지옥에 가지 않고, 자살죄를 지은 만큼 상급을 잃는다"고 주장한다.

미국의 크리스천 유니버시티 학장 J. Wall 박사는 자살을 하는 진짜 신자의 구원에 관하여 아래와 같이 말했다.

"자살과 같은 죄를 포함하여 우리의 모든 죄는 십자가에서 그 대가가 모두 치러졌다. 그러므로 그리스도인이라면 자살할지라도 지옥에 가지는 않는다. 그러나 그는 그 죄에 대한 부끄러움을 안고서 베마(심판대)를 대할 것이고, 틀림없이 그리스도께 엄한 책망을 듣고, 자기 인생을 마친 사람들에게 돌아가는 상급을 잃게 될 것이다."[6]

한국의 보수교단 신학자들 중에도 '중생한 신자도 자살을 하면 지옥에 간다'는 주장에 반대하는 이들이 있다. 아래에 소개한 글은 인터넷신문 [크리스챤투데이]의 기사 내용이다.

"한국 교회는 자살에 상당히 부정적인 입장을 취한다. 흔히 사용하는 '자살하면 지옥 간다'는 말도 이러한 분위기를 단적으로 드러낸다. 그러나 성경 어디서도 이 같은 말은 찾을 수 없다. 뿐만 아니라 성경은 자살에 대해 판단할 만한 뚜렷한 언급도 하지 않는다.

---

[6] J. L. 월 저, 김원주 역, 《그리스도인의 상급》, 생명의말씀사, 1994년, p.71.

11일 서울 대치동 예장합동(총회장 최병남 목사) 총회회관에서 이 문제와 관련해 공청회가 열렸다. 합동총회가 자살에 대한 입장을 논의하기 위해 마련한 자리였다. 논문을 발표한 이상원 교수(총신대원 기독교윤리학), 이한수 교수(총신대원 신약신학), 박혜근 교수(칼빈대 조직신학)는 자살에 대해 조금씩 다른 주장을 폈지만, 자살이 '살인하지 말라'는 십계명의 여섯 번째 계명을 어겼으므로 정당화될 수 없다는 점, '자살하면 지옥 간다'는 단정적 태도는 지양해야 한다는 점에서는 의견을 같이했다."[7]

이처럼 장로교 합동총회 신학자들 중의 일부는 "중생한 신자도 자살을 하면 지옥에 간다는 단정적 태도를 가지면 안 된다"고 선언했다.

과연 중생한 신자도 자살을 하면 지옥에 가는 것일까? 진짜로 중생한 신자는 절대로 자살을 하지 않는 것일까? 자살을 하는 신자는 모두 가짜 신자일까? 자살을 하면 회개할 기회가 없기 때문에 중생한 신자도 자살을 하면 지옥에 가는 것일까? 진짜로 중생한 신자도 자살을 할 수 있는 것일까? 중생한 신자는 자살을 해도 절대로 지옥에 가지 않는 것일까? 이에 관한 바른 해답을 얻기 위하여 성경을 통해 기독교 양대 구원론자들의 주장을 검증하여 보겠다.

**1) 알미니안주의자들의 "중생한 신자도 자살을 하면 지옥에 간다"는 주장**

결론부터 말하면 "중생한 신자도 자살을 하면 지옥에 간다"는 주장은 명백하게 성경의 가르침을 위반하는 주장이다. 《지옥에 가는 크리

---

7) 미래한국 인용. http://www.futurekorea.co.kr/ 2009년 2월 24일

스천들?》 1-2권을 읽은 독자는 그 이유를 쉽게 알 수 있을 것이다.

《지옥에 가는 크리스천들?》 1권에서 설명한 것처럼 사람은 영혼이 천국에 가면 육신은 예수님의 재림 때 자동으로 천국에 간다. 또한 중생한 신자는 영원한 구원을 얻은 사람이다. 그러므로 중생한 신자가 얻은 영혼 구원을 정확하게 깨달으면 중생한 신자는 시험에 들어서 자살을 해도 절대로 지옥에 가지 않는 것을 알 수 있다. 수많은 목회자들이 중생한 신자가 얻은 영혼 구원을 정확하게 깨닫지 못하기 때문에 "중생한 신자도 자살을 하면 지옥에 간다"고 주장하는 것이다.

《지옥에 가는 크리스천들?》 1권에서 중생한 신자의 영혼의 상태를 설명한 바 있지만 그것을 요약하여 다시 소개하겠다. 그래야만 중생한 신자는 시험에 들어서 자살을 해도 절대로 지옥에 가지 않는 것을 충분히 증명할 수 있기 때문이다.

(1) 중생한 신자의 영이 절대로 죄를 짓지 않기 때문에 중생한 신자는 자살을 해도 절대로 지옥에 가지 않는다.

> (요일 5:18) 하나님께로부터 난 자는 다 범죄하지 아니하는 줄을 우리가 아노라 하나님께로부터 나신 자가 그를 지키시매 악한 자가 그를 만지지도 못하느니라

《지옥에 가는 크리스천들?》 1권에서 충분히 설명한 것처럼 본문의 '하나님께로부터 난 자'는 '성령으로 거듭난 영(영혼)'을 의미하고, '하나님께로부터 난 자는 다 범죄하지 아니하나니'는 '중생한 신자의 영은 절대로 죄를 짓지 않는다'는 뜻이다. 본문은 중생한 신자가 자살을

할 경우에 그는 육신만 시험에 들어서 자살죄를 지을 뿐, 영혼은 절대로 자살죄를 짓지 않는 것을 증명한다.

바울 사도는 중생한 신자의 영이 그의 육신과 다르게 활동하는 것을 아래와 같이 설명했다.

> **(롬 7:14-25)** 우리가 율법은 신령한 줄 알거니와 나는 육신에 속하여 죄 아래에 팔렸도다 내가 행하는 것을 내가 알지 못하노니 곧 내가 원하는 것은 행하지 아니하고 도리어 미워하는 것을 행함이라……내 속 곧 내 육신에 선한 것이 거하지 아니하는 줄을 아노니 원함은 내게 있으나 선을 행하는 것은 없노라 내가 원하는 바 선은 행하지 아니하고 도리어 원하지 아니하는 바 악을 행하는도다……내 속사람으로는 하나님의 법을 즐거워하되 내 지체 속에서 한 다른 법이 내 마음의 법과 싸워 내 지체 속에 있는 죄의 법으로 나를 사로잡는 것을 보는도다 오호라 나는 곤고한 사람이로다 이 사망의 몸에서 누가 나를 건져 내랴 우리 주 예수 그리스도로 말미암아 하나님께 감사하리로다 그런즉 내 자신이 마음으로는 하나님의 법을 육신으로는 죄의 법을 섬기노라

바울 사도는 로마서 7장 22절에서 "내 속사람으로는 하나님의 법을 즐거워한다"고 했고, 로마서 7장 25절에서 "내 자신이 마음으로는 하나님의 법을 섬긴다"고 했다. 이것을 볼 때 바울 사도가 '속사람'이란 단어와 '마음'이란 단어를 같은 뜻으로 사용한 것을 알 수 있다. 이어서 바울 사도는 자신의 육신이 죄의 법을 섬기는 것을 고백했다. 다시 말해서 바울 사도는 자신의 영혼(속사람, 마음)이 하나님의 법을 섬기는 것에 반하여 자신의 육체(육신, 몸, 지체)가 죄의 법을 섬기는 것 때문에 괴로워했다. 이것을 볼 때 중생한 신자의 영혼과 육체가 각각 다르게 행동하는 것을 알 수 있다. 이것은 중생한 신자의 영은 절대로 자살죄를 짓지 않고, 육체만 자살죄를 짓는 것을 증명하

여 준다. 이 때문에 중생한 신자의 육체가 죗값으로 죽을 때 죄를 짓지 않은 그의 영이 즉시 천국에 가는 것이다. 자살하는 신자도 마찬가지다.

중생한 신자의 영이 절대로 죄를 짓지 않는 것은 우리의 체험으로도 알 수 있다. 우리가 육신이 약해서 죄를 지을 때 우리의 마음속에 '신자가 이러면 안 된다'는 마음이 있는 것을 안다. 그때 육신의 행동을 거부하는 마음이 우리의 영혼이다. 이처럼 중생한 신자의 영혼과 육체는 각각 다르게 행동한다. 이 때문에 하나님이 중생한 신자의 범죄한 육체만 처벌하시는 것이다. 그러므로 중생한 신자는 시험에 들어서 자살을 해도 절대로 지옥에 가지 않는다.

중생한 신자의 몸속에 영혼이 있는 것 때문에 우리가 '신자의 몸이 죄를 지을 때 신자의 영혼도 함께 죄를 짓는다'고 오해하지 않도록 조심해야 한다. 신자의 몸속에 있는 신자의 영혼은 몸에 의하여 강제로 죄에 동참하여 더러워질 뿐, 절대로 자원하여 죄를 짓는 법이 없다.

바울 사도는 자신의 거듭난 영혼이 100퍼센트 자신의 육신에 의하여 억지로 죄에 동참하는 사실을 아래와 같이 증언했다.

> (롬 7:21-23) 그러므로 내가 한 법을 깨달았노니 곧 선을 행하기 원하는 나에게 악이 함께 있는 것이로다 내 속사람으로는 하나님의 법을 즐거워하되 내 지체 속에서 한 다른 법이 내 마음의 법과 싸워 내 지체 속에 있는 죄의 법으로 나를 사로잡는 것을 보는도다

본문의 '사로잡는(아이크말티존타–$\alpha\iota\chi\mu\alpha\lambda\omega\tau\iota\zeta o\nu\tau\alpha$)'의 헬라어는 '포로로 하다, 사로잡아 데려가다, 포로로 데려오다'를 의미한다.[8] 따

라서 바울 사도의 말이 아래와 같은 뜻인 것을 알 수 있다.

"나의 영은 거룩하게 살기를 힘쓰는데, 나의 육신이 나의 영을 포로로 만들어서 죄로 더러워지게 한다!"

중생한 신자의 육체가 시험에 들어서 살인죄를 저질러도 그의 영은 절대로 살인죄를 짓지 않는다. 이와 같이 중생한 신자는 비록 육체가 시험에 들어서 자살을 해도 그의 영은 절대로 자살죄를 짓지 않는다. 이 때문에 중생한 신자의 영이 절대로 지옥에 가지 않는 것이다.

(2) 중생한 신자의 영이 영원히 온전하게 되었기 때문에 중생한 신자는 자살을 해도 절대로 지옥에 가지 않는다.

(히 10:14) 그가 거룩하게 된 자들을 한 번의 제사로 영원히 온전하게 하셨느니라

본문은 '그가 거룩하게 된 자들을 영원히 온전케 하셨다'고 말한다. 본문은 '영원히'라는 형용사와 '하셨느니라'라는 완료형 동사로 되어 있는데, '하나님이 신자의 영혼(엄밀하게 따지면 영)을 영원히 온전하게 하여 주셨다'는 뜻이다.

중생한 신자의 육체가 온전하지 않아서 죄를 짓는 것은 상식적으로 쉽게 알 수 있는 사실이다. 중생한 신자의 영혼은 영원히 죄를 짓지 않는 존재가 되었지만, 중생한 신자의 육신은 여전히 연약하기 때문에 육신으로 죄를 지을 수밖에 없다. 다시 말해서 중생한 신자의 육신은 시험에 들어서 사기죄, 간음죄, 살인죄를 지을 수 있고, 자살

---

8) 아이크말로티조(αιχμαλωτιζω): 포로로 하다, 사로잡아 데려가다, 포로로 데려오다 〈롬 7:23〉. 디럭스바이블 2005, 헬라어사전, 미션소프트.

죄도 지을 수 있다.

감사하게도 하나님은 중생한 신자의 영혼이 절대로 죄를 짓지 않게 하여 주셨다. 또한 하나님은 중생한 신자의 영혼을 영원히 온전하게 하여 주셨다. 그러므로 중생한 신자는 그의 육체가 우울증에 걸려서 자살죄를 지어도 그것은 육신만 자살죄를 짓는 것이기 때문에 그의 영혼이 절대로 지옥에 가지 않는다.

(3) 중생한 신자의 영이 천국에 있기 때문에 중생한 신자는 자살을 해도 절대로 지옥에 가지 않는다.

> (엡 2:4-6) 긍휼이 풍성하신 하나님이 우리를 사랑하신 그 큰 사랑을 인하여 허물로 죽은 우리를 그리스도와 함께 살리셨고(너희는 은혜로 구원을 받은 것이라) 또 함께 일으키사 그리스도 예수 안에서 함께 하늘에 앉히시니

《지옥에 가는 크리스천들?》 1권에서 소개한 개혁파 신학자 마이어 목사의 본문 해석을 다시 소개하겠다.

> "하나님의 뜻에 의해 우리들은 죄의 무덤에서 부활하여 하나님께 받아들여져 승리의 보좌에 부활하신 주와 함께 앉아 있는 것이다. …… 다만 유감스러운 것은 우리들이 이것을 믿지 않고, 그러한 자로서 행동하지 않는 것이다."[9]

생각하여 보라! 중생한 신자의 영이 예수님과 일체가 되어서 이미 천국에 있는데, 어떻게 천국에 있는 중생한 신자의 영이 자살죄를 지어서 지옥에 갈 수 있겠는가? 중생한 신자의 영이 자살죄를 지어서 지옥에 갈 수 있으면 천국도 죄를 짓는 곳이 된다. 이렇게 되면 성경

---

9) 디럭스바이블 2005, 마이어주석, 에베소서, 미션소프트.

이 엉망이 되고 만다. 더 나아가서 우리가 천국에 간 후에도 안심할 수 없게 된다. 천국에 간 후에 다시 죄를 지으면 지옥에 떨어질 수밖에 없기 때문이다. 다시 강조하거니와 중생한 신자는 자살을 해도 육신만 자살 죄를 짓는다. 그러므로 중생한 신자는 육신으로 자살을 해도 그의 영은 절대로 지옥에 가지 않는다.

(4) 중생한 신자의 영이 죄와 싸워서 항상 이기기 때문에 중생한 신자는 자살을 해도 절대로 지옥에 가지 않는다.

> (고후 2:14) 항상 우리를 그리스도 안에서 이기게 하시고 우리로 말미암아 각처에서 그리스도를 아는 냄새를 나타내시는 하나님께 감사하노라

본문에서 바울 사도는 "나와 나의 동역자들은 죄와 싸워서 항상 이긴다"고 선언했다. 본문의 '항상'은 '언제나, 항상, 끊임없이'를 뜻한다.[10] 바울 사도의 말은 '우리는 가끔씩 이기는 것이 아니라, 항상 이긴다'는 뜻이고, '우리는 죄와 싸워서 한 번도 진 적이 없다'는 뜻이고, '우리는 죄와 싸워서 100퍼센트 이긴다'는 뜻이다.

이뿐만 아니라 바울 사도는 "모든 성도들도 넉넉히 이긴다"고 선포했다.

> (롬 8:37) 그러나 이 모든 일에 우리를 사랑하시는 이로 말미암아 우리가 넉넉히 이기느니라

어떻게 이런 일이 가능한 것인가? 성령님이 중생한 신자의 영을 완벽하게 보호하여 주시기 때문에 가능하다! 그러므로 중생한 신자의 영은 절대로 자살죄를 지을 수 없고, 절대로 지옥에 갈 수도 없다.

---

10) 디럭스바이블 2005, 헬라어사전, 미션소프트.

(5) 중생한 신자의 영(영혼)이 예수님을 믿을 때 영생을 얻었기 때문에 중생한 신자는 시험에 들어서 자살을 해도 절대로 지옥에 가지 않는다.

《지옥에 가는 크리스천들?》 1권에서 충분히 설명한 것처럼 사람은 예수님을 구주로 믿을 때 영혼이 영생을 얻는다(요 3:16). 중생한 신자는 예수님을 믿을 때부터 영생을 가지고 있다(요 6:47). '영생'은 '영원히, 절대로 지옥에 가지 않는 생명'이다(요 10:28). 중생한 신자가 자살을 하면 지옥에 가는 것이 사실이면 하나님(혹은 예수님)은 중생한 신자에게 지옥에 갈 수도 있는 임시 생명을 주신 후에 "내가 너에게 영원히(절대로) 지옥에 가지 않는 생명(영생)을 주었다"고 사기를 치신 것일 수밖에 없다. 그러므로 "중생한 신자도 자살을 하면 지옥에 간다"고 주장하는 사람들은 하나님(혹은 예수님)을 사기꾼으로 대우하는 죄를 짓는 것일 수밖에 없다. 그러므로 중생한 신자는 자살을 해도 절대로 지옥에 가지 않는다.

중생한 신자도 자살을 하면 지옥에 가는 것이 사실이면 하나님(혹은 예수님)은 최소한 궤변가가 될 수밖에 없다. '영생을 얻은 사람은 영원히, 절대로 지옥에 가지 않는다'는 말과 '영생을 얻은 사람도 지옥에 갈 수 있다'는 말은 모순이고, 모순은 궤변이기 때문이다. 그러므로 "중생한 신자도 자살을 하면 지옥에 간다"고 주장하는 사람들은 최소한 하나님(혹은 예수님)을 궤변가로 대우하는 죄를 짓는 것일 수밖에 없다!

(6) 자살한 성도를 지옥에 가게 하면 하나님이 불공평한 신(神)이 되기 때문에 "중생한 신자도 자살하면 지옥에 간다"는 주장이 오류일 수밖에 없다.

중생한 신자가 자살을 하는 이유는 두 가지다.

첫째, 어떤 성도들은 사는 것이 너무 힘들어서 자살을 한다.

둘째, 어떤 성도들은 정신질환(우울증)에 걸려서 자살을 한다.

두 경우 모두 참으로 불쌍한 사람이다.

《지옥에 가는 크리스천들?》 2권에서 설명한 것처럼 기드온은 우상숭배를 조장하는 죄를 회개하지 않은 채로 죽은 것 때문에 그의 가문이 멸망을 당했지만 천국에 갔다.

> (삿 8:27) 기드온이 그 금으로 에봇 하나를 만들어 자기의 성읍 오브라에 두었더니 온 이스라엘이 그것을 음란하게 위하므로 그것이 기드온과 그의 집에 올무가 되니라

> (히 11:32) 내가 무슨 말을 더 하리요 기드온, 바락, 삼손, 입다, 다윗 및 사무엘과 선지자들의 일을 말하려면 내게 시간이 부족하리로다

아버지의 아내와 동거생활을 하는 죄를 회개하지 않은 성도 역시 천국에 갔다.

> (고전 5:1) 너희 중에 심지어 음행이 있다 함을 들으니 그런 음행은 이방인 중에서도 없는 것이라 누가 그 아버지의 아내를 취하였다 하는도다

> (고전 5:5) 이런 자를 사탄에게 내주었으니 이는 육신은 멸하고 영은 주 예수의 날에 구원을 받게 하려 함이라

상식적으로 생각하여 보자. 우상숭배를 조장하는 죄를 회개하지 않은 기드온의 죄와 정신질환에 걸려서 자살한 성도의 죄 중에서 어떤 죄가 더 클까? 아버지의 아내와 동거생활을 하는 죄를 회개하지 않은 성도의 죄와 삶이 힘들어서 자살한 성도의 죄 중에서 어떤 죄가

더 클까? 당연히 우상숭배를 조장한 기드온의 죄와 아버지의 아내와 동거생활을 한 성도의 죄가 더 크다. 그러므로 우상숭배를 조장한 기드온과 아버지의 아내와 동거생활을 한 성도를 천국에 보내신 하나님이 우울증 때문에 자살한 성도를 지옥에 보내시면 주님은 불공평한 신이실 수밖에 없지 않겠는가? 이것을 볼 때도 "중생한 신자도 자살하면 지옥에 간다"는 주장이 오류일 수밖에 없다.

(7) "중생한 신자도 자살을 하면 지옥에 간다"는 주장은 하나님을 사람만도 못한 신(神)으로 대우하는 것이기 때문에 오류일 수밖에 없다.

상식적으로 생각하여 보라. 양식(良識)이 있는 부모는 자녀가 큰 죄(혹은 많은 죄)를 지어도 절대로 그를 버리지 않는다. 자녀가 흉악한 살인범이 되어도 그를 버리지 않는다. 양식이 있는 부모가 삶이 힘들거나, 정신질환에 걸려서 자살한 자녀를 버리겠는가? 그럴 리가 없지 않겠는가? 하물며 무한히 사랑이 많은 하나님이 사는 것이 너무 힘들거나, 정신질환에 걸려서 자살한 성도를 지옥에 보내시겠는가? 절대로 그러실 리가 없지 않겠는가?

탕자 비유를 생각하여 보자. 탕자는 아버지의 재산을 모두 탕진한 후에 집에 돌아왔다. 그런데도 아버지는 그를 아들로 대우하여 주었다. 탕자가 재산을 모두 탕진한 후에 자살을 했으면 아버지가 그를 어떻게 대했을까? 아버지가 그를 남처럼 대했을까? 아니면 여전히 그를 아들로 대했을까? 당연히 아버지는 그를 아들로 대했을 것이다.

하나님도 마찬가지다. 하나님은 중생한 신자가 방탕한 생활을 하면 매로 때리시고, 그가 절망하여 자살(이것도 하나님의 징계임)을 해도 여전히 아들로 대하신다.

여러분의 아들이 시험에 들어 유산을 미리 받아서 모두 탕진한 후에 자신의 삶에 절망하여 자살을 하면 그를 남으로 대할 것인가? 아니면 여전히 아들로 대할 것인가? 여러분이 악한 부모가 아니면 여전히 아들로 대할 것이 아니겠는가? 하나님은 여러분보다 훨씬 더 사랑이 많은 분이 아니신가?

하나님이 호세아 선지자가 창녀 고멜을 끝까지 사랑하게 하신 것을 보면 하나님의 사랑이 무한한 것을 알 수 있지 않은가? 이처럼 사랑이 많은 하나님이 사는 게 힘들어서 자살한 성도와 우울증에 걸려서 자살한 성도를 지옥에 보내시겠는가? 당연히 사는 게 힘들어서 자살한 성도와 우울증에 걸려서 자살한 성도를 천국에 보내시지 않겠는가? 그러므로 "중생한 신자도 자살을 하면 지옥에 간다"는 주장이 오류일 수밖에 없다.

한편, 천주교인들 대부분은 "나는 최소한 연옥에는 갈 수 있을 것이라"고 믿는다. 이 때문에 천주교인들은 개신교인들에 비하여 자살을 하는 이들이 적은 것이다. 일종의 위약효과를 보는 셈이다. 반면에 개신교 목회자들은 아무런 대책도 없이 "중생한 신자도 자살하면 지옥에 간다"고 주장하거나 "자살하는 신자는 모두 가짜 신자"라고 주장한다. 안타까운 일이 아닐 수 없다.

### 2) 칼빈주의자들의 "진짜로 중생한 신자는 절대로 자살을 하지 않는다"는 주장

대부분의 칼빈주의자들은 '중생한 신자는 절대로 큰 죄를 짓지 않는다'고 믿는다. 또한 그들은 '자살은 큰 죄'라고 믿는다. 이 때문에 그들은 "진짜로 중생한 신자는 절대로 자살을 하지 않는다"고 주장한다. 과연 그럴까?

칼빈주의자들의 주장이 바른지를 알려면 진짜로 중생한 신자가 살인죄를 지을 수 있는지를 알아보면 될 것이다. 살인죄는 자살죄보다 훨씬 더 큰 죄이기 때문이다.

자기의 물건을 망가뜨리는 것보다 남의 물건을 망가뜨리는 것이 훨씬 더 큰 죄다. 이것을 볼 때 자기의 목숨을 빼앗는 것보다 남의 목숨을 빼앗는 것이 훨씬 더 큰 죄인 것을 알 수 있다. 그러므로 진짜 신자가 살인죄를 지을 수 있으면 자살죄를 지을 수 있을 것이고, 진짜 신자가 절대로 살인죄를 짓지 않으면 절대로 자살죄를 짓지 않을 것이다.

"진짜 신자는 절대로 살인죄를 짓지 않는가?"

이 질문에 대한 해답은 성경에서 쉽게 찾을 수 있다.

"진짜 신자도 살인죄를 짓는다!"

성경에는 진짜 신자가 살인죄를 지은 경우가 기록되어 있다. 다윗이 대표적인 경우다. 다윗은 하나님이 "내 마음에 합한 사람"이라고 평가하실 정도로 대단한 믿음을 가진 사람이었다(행 13:22-23). 그는 진짜 신자였다(히 11:32). 그런데도 그는 시험에 들어서 간음죄를 지은 것은 물론, 살인죄까지 저질렀다. 그는 매우 충성스러운 부하를 아주 교활한 방법으로 죽였다(삼하 11:14-17). 하나님은 다윗의 살인죄를 막지 않으셨다. 이것만 보아도 진짜 신자가 살인죄를 지을 수 있음을 알 수 있다.

성경에는 진짜 신자가 큰 죄를 지은 예가 많이 기록되어 있다. 기드온이 우상숭배를 조장하는 죄를 짓다가 회개하지 않은 채로 죽은 것, 솔로몬이 말년에 우상숭배를 조장하다가 회개하지 않고 죽은 것, 고린도교회의 어느 신자가 아버지의 아내와 동거생활을 하는 죄를 회개하지 않고 그의 육신이 사탄에게 맡겨져서 죽임을 당한 것 등을 들 수 있다. 이처럼 진짜 신자도 시험에 들어서 큰 죄를 지을 수 있다. 이것을 볼 때 진짜 신자도 시험에 들어서 자살을 할 수 있는 것을 알 수 있다. 일부 칼빈주의자들의 "진짜 중생한 신자는 절대로 자살을 하지 않는다"는 주장은 전혀 성경의 가르침이 아니다.

진짜 신자는 시험에 들어서 큰 죄를 지어도 반드시 천국에 가고, 큰 죄를 회개하지 못하고 죽어도 반드시 천국에 간다. 그러므로 "진짜 신자는 절대로 자살하지 않는다", "자살을 하는 신자는 모두 가짜 신자다", "자살한 신자는 반드시 지옥에 간다"고 주장하여 마음에는 원이로되 육신이 약하여(사탄의 시험에 들어서, 혹은 정신질환에 걸려서) 자살을 한 성도를 지옥에 떨어진 사람으로 대우하고 그의 가족들을 더욱 비통하게 하는 우를 범하면 안 될 것이다.

자살죄는 우울증에 걸린 사람이 짓는 죄다. 마음에 큰 상처가 있는 사람은 우울증이 심해지면 불면증에 시달리고, 일할 의욕을 잃고, 다른 사람들을 괴롭힌다. 이런 사람은 원망, 불평, 미움, 분쟁, 게으름 등의 죄를 짓는다. 그리고 이런 사람은 사람들의 미움을 받게 마련이다. 이 때문에 우울증에 걸린 사람은 더욱더 심한 살인충동과 자살충동에 시달리게 된다. 결국 그 충동을 참지 못하는 사람은 다른 사람을 살해하거나, 자살을 감행한다. 이런 일은 불신자들에게만 일어나는 것이 아니라, 성도들에게도 일어난다.

우울증은 정신질환이다. 일반인들은 정신질환에 걸려서 짓는 죄를 큰 죄로 여기지 않는다. 이 때문에 정부가 정신질환에 걸린 사람이 살인죄를 지으면 그를 일반감옥에 보내서 처벌하지 않고, 치료감호소에 보내서 치료하여 주는 것이다. 그런데도 대부분의 기독교인들은 우울증 때문에 자살한 사람을 큰 죄인으로 여긴다. 이것은 명백한 오류다. 그러므로 우리는 자살한 신자를 중죄인으로 여겨서 그의 가족들을 더욱 비참하게 하는 오류를 반드시 시정해야 한다.

**3) 양대 구원론자들의 "자살을 하면 회개할 기회가 없기 때문에 지옥에 간다"는 주장을 성경으로 검증하여 보자.**

필자가 《지옥에 가는 크리스천들?》 2권에서 충분히 설명한 것처럼 하나님이 인정하시는 회개란 죄를 완전히 끊어 버리는 것이다.

살인죄를 회개하는 것을 예로 들어보자. 살인죄를 회개하려면 살인하지 않아야 한다. 살인이 무엇인가? 다른 사람을 죽이는 것은 물론, 자신을 죽이는 것도 살인이다. 그리고 직접적으로 죽이는 것은 물론, 간접적으로 죽이는 것도 살인이다. 다시 말해서 직접 사람을 살해하는 것은 물론, 이웃을 미워하고, 욕하고, 무시하여 간접적으로 살인하는 것과 매연을 뿜고, 세제로 물을 오염시키고, 화학제품으로 땅을 오염시켜서 간접적으로 사람을 죽이는 것이 모두 살인죄에 해당한다.

중생한 신자가 '살인하지 말라'는 계명을 지켜서 천국에 가거나,

살인죄를 회개해서 천국에 가려면 이웃을 미워하는 것과 매연을 뿜어서 대기를 오염시키고, 세제를 사용하여 물을 오염시키고, 화학제품을 사용하여 땅을 오염시켜서 간접적으로 사람을 죽이는 일을 영원히 중단해야 한다. 하나님이 "아주 작은 죄를 지어도 지옥 불에 들어가리라"고 선언하셨기 때문이다(마 5:22-48). 이것이 절대로 불가능하기 때문에 중생한 신자가 '살인하지 말라'는 계명을 지켜서 천국에 갈 수 없고, 살인죄를 회개해서 천국에 갈 수도 없는 것이다. 그래서 하나님이 중생한 신자의 영혼이 절대로 죄를 짓지 않도록 보호하여 주시는 것이고(요일 5:18), 중생한 신자는 오직 육체로만 죄를 짓게 되는 것이다(롬 7:25). 이 때문에 중생한 신자는 살인죄를 회개하지 못해도 반드시 천국에 가는 것이다. 이것을 볼 때 중생한 신자가 시험에 들어서 자살죄를 짓거나, 그 죄를 회개하지 못해도 반드시 천국에 가는 것을 알 수 있다.

칼빈주의자들의 "하나님이 중생한 신자를 자살하지 않도록 보호하여 주시기 때문에 자살하는 신자는 가짜 신자일 수밖에 없다"는 주장을 성경으로 검증하여 보겠다.

물론 하나님은 어떤 사람이 죄를 짓는 것을 강제로 막기도 하신다. 어떤 사람은 어리석음을 깨닫게 해서 막으시고, 어떤 사람은 병이 들게 해서 막으시고, 어떤 사람은 목숨을 거둬서 막으신다. 그럼에도 불구하고 하나님은 죄를 짓는 모든 사람을 강제로 통제하여 죄를 짓지 못하게 하지는 않으신다.

하나님이 간음죄와 살인죄를 짓는 다윗을 끝까지 막으셨는가? 전혀 아니다. 하나님은 솔로몬의 우상숭배를 강제로 막지도 않으셨고, 아버지의 아내와 동거생활을 하는 신자의 죄도 강제로 막지 않으셨다.

중생한 신자가 자살하는 것도 마찬가지다. 하나님은 어떤 신자가 자살하려고 할 때 자살하지 않도록 감동을 주기도 하시고, 어떤 사람은 강제로 자살을 막기도 하신다. 하지만 하나님은 모든 자살하는 신자를 강제로 막지는 않으신다. 이 때문에 진짜 신자도 육신이 약해서 자살할 수 있는 것이다. 그러므로 자살하는 신자를 모두 가짜 신자로 여겨서는 안 된다. 자살하는 신자들 중에는 진짜 신자도 있을 수 있다. 따라서 "하나님은 진짜 신자가 자살하지 못하도록 반드시 막아주신다"는 주장이 오류일 수밖에 없다.

하나님의 자살방지 및 타락방지 대책은 무엇일까?

기독교의 양대 구원론자들은 "'중생한 신자가 자살을 해도 천국에 간다'고 가르치면 수많은 성도들이 타락하거나 자살할 것"이라고 주장한다. 안타깝게도 이것은 하나님의 자살방지 및 타락방지 대책을 몰라서 하는 소리다. 하나님이 마련하신 자살방지 및 타락방지 대책을 성도들에게 충분히 가르치면, "중생한 신자는 자살을 해도 반드시 천국에 간다"고 가르쳐도 성도들은 쉽게 자살하거나 타락하지 않는다.

하나님의 자살방지 및 타락방지 대책은 여러 가지가 있다. 그중 중요한 것 몇 가지만 소개하겠다.

하나님의 첫 번째 자살방지 및 타락방지 대책은 성도에게 구원의 확신을 주는 것이다.

'부모는 나를 절대로 버리지 않는다'고 믿는 자녀보다 '부모가 나를 버렸다'고 믿는 자녀가 타락할 가능성이 훨씬 더 크다. 이처럼 '하나님이 나를 절대로 지옥에 보내지 않는다'고 믿는 성도보다 '하나님이 나를 지옥에 보낸다'고 믿는 성도가 타락할 가능성이 훨씬 더 많다. 이 때문에 구원의 확신이 없는 성도들이 많이 타락하는 것이고, 자신의 구원에 대한 절망이 지나친 성도들이 자살을 많이 감행하는 것이다.

《지옥에 가는 크리스천들?》 1-2권에서 설명한 것처럼 하나님은 성도들에게 구원의 확신을 주기 위하여 성경을 기록하여 주셨다(요일 5:13). 그런데도 대부분의 목회자들은 성경의 구원론 난해 구절들의 본뜻을 깨닫지 못해서 그 구절들을 근거로 성경이 가르치지 않는 행위 구원을 가르친다. 이 때문에 대부분의 성도들은 구원의 확신이 없다. 그 결과 수많은 성도들이 쉽게 타락하거나, 쉽게 자살을 감행하는 것이다.

하나님의 두 번째 자살방지 및 타락방지 대책은 성도가 의롭게 산 만큼 땅의 복을 주는 것이다.

> (신 28:2-6) 네가 네 하나님 여호와의 말씀을 청종하면 이 모든 복이 네게 임하며 네게 이르리니 성읍에서도 복을 받고 들에서도 복을 받을 것이며 네 몸의 자녀와 네 토지의 소산과 네 짐승의 새끼와 소와 양의 새끼가 복을 받을 것이며 네 광주리와 떡 반죽 그릇이 복을 받을 것이며 네가 들어와도 복을 받고 나가도 복을 받을 것이니라

본문에는 '율법을 행한 만큼 복을 준다'는 뜻이 들어 있다. 하나님의 축복 원칙과 저주 원칙이 '행한 대로 주는 것'이기 때문이다.

> (렘 25:14) 그리하여 여러 민족과 큰 왕들이 그들로 자기들을 섬기게 할 것이나

나는 그들의 행위와 그들의 손이 행한 대로 갚으리라

(사 3:11) 악인에게는 화가 있으리니 이는 그의 손으로 행한 대로 그가 보응을 받을 것임이니라

가난한 올림픽 대표선수가 100퍼센트 금메달을 획득할 수준의 경기력이 있으면 아무리 힘들어도 훈련과 경기를 포기하지 않을 것이다. 지옥훈련도 마다하지 않을 것이고, 경기에 임하면 죽을 힘을 다하여 경기할 것이다. 이런 선수가 자살할 가능성은 거의 없다. 물론 이런 선수도 심한 우울증에 걸리면 자살할 수 있다.

땅의 복도 이와 비슷하다. 가난한 성도는 하나님께 충성한 만큼 땅의 복을 받을 수 있는 것을 확신하면 열심히 하나님께 충성하게 되어 있다. 이런 성도가 자살할 가능성은 거의 없다. 물론 이런 신자도 심한 우울증에 걸리면 자살할 수 있다.

성도들이 하나님께 충성하지 않는 원인 중의 하나는 땅의 복을 확신하지 못하는 데 있다. 출애굽한 이스라엘 백성 대부분이 가나안을 정탐한 후에 "애굽으로 돌아가자"고 난동을 부린 것은 가나안에 들어갈 확신이 없었기 때문이다. 이처럼 땅의 복을 확신하지 못하는 성도는 지나치게 힘들고 어려운 일을 만나면 타락하거나 자살할 가능성이 매우 높다.

문제는 많은 성도들이 땅의 복을 어느 정도 받으면 더 이상 받고 싶어 하지 않는 데 있다. 받은 복을 누리고 싶어 하는 것이다. 이 때문에 하나님이 다른 자살방지 및 타락방지 대책을 마련하여 주셨다.

하나님의 세 번째 자살방지 및 타락방지 대책은 성도가 의롭게 산 만큼 하늘의 상을 주는 것이다.

(계 22:12) 보라 내가 속히 오리니 내가 줄 상이 내게 있어 각 사람에게 그가 행한 대로 갚아 주리라

대부분의 올림픽 대표선수들은 아무리 노력해도 올림픽 메달을 딸 수 없다. 메달을 주는 대상이 3명으로 제한되어 있기 때문이다. 이 때문에 메달 따기를 포기하는 선수들이 많은 것이고, 어떤 선수들은 절망하여 타락하기도 하는 것이고, 어떤 선수들은 완전히 절망하여 자살을 감행하기도 하는 것이다. 올림픽 대표선수가 되지 못한 선수들은 삶이 힘들고 어려우면 더욱더 쉽게 타락하거나, 자살을 감행한다.

반면에 메달 획득이 확실한 선수들은 삶이 아무리 힘들어도 자살하지 않는다. 물론 이런 선수들도 심한 우울증에 걸리면 자살할 수 있다.

올림픽 메달과 달리 하늘의 상은 각자 노력한 만큼 얻을 수 있다. 하나님은 성도에게 상을 주실 때 작은 자에게 냉수 한 그릇을 준 것까지도 상을 주시기 때문이다(마 10:42). 그러므로 구원의 확신을 가진 성도들은 하늘의 상을 확신하기만 하면 아무리 힘들어도 자살하지 않는다. 자신의 구원과 상급을 확신하는 성도들은 자살은커녕 모진 박해와 순교도 불사한다.

히브리서 기자는 "상급을 확신하는 성도는 세상이 감당하지 못하는 사람이 된다"고 선언했다.

(히 11:36-38) 또 어떤 이들은 조롱과 채찍질뿐 아니라 결박과 옥에 갇히는 시련도 받았으며 돌로 치는 것과 톱으로 켜는 것과 시험과 칼로 죽임을 당하고 양과 염소의 가죽을 입고 유리하여 궁핍과 환난과 학대를 받았으니 (이런 사람

은 세상이 감당하지 못하느니라) 그들이 광야와 산과 동굴과 토굴에 유리하였느니라

자신의 구원과 상급을 확신하는 성도들은 좀처럼 우울증에 걸리지 않는다. 천국과 상급을 상상하기만 해도 큰 기쁨이 있기 때문이고, 날마다 기쁘게 사는 사람은 삶이 힘들고 어려워도 우울증에 걸리지 않기 때문이다.

성도들이 타락하는 가장 큰 원인은 목회자들이 성도들에게 지옥의 공포와 땅의 축복만 열심히 가르치는 데 있다. 이런 교육을 받은 성도들은 구원의 확신을 얻을 수 없고, 하늘의 상급을 확신할 수 없다. 자신의 구원을 확신하지 못하는 성도에게는 하늘의 상급이 그림의 떡일 수밖에 없다. 그러므로 자신의 구원을 확신하지 못하는 성도는 땅의 복을 받는 데 치중할 수밖에 없고, 복을 받으면 그 복을 하늘에 쌓기보다 땅에서 누리기를 더 원한다. 하나님은 이런 삶을 '타락'으로 여기신다.

(암 6:3-6) 너희는 흉한 날이 멀다 하여 포악한 자리로 가까워지게 하고 상아상에 누우며 침상에서 기지개 켜며 양 떼에서 어린 양과 우리에서 송아지를 잡아서 먹고 비파 소리에 맞추어 노래를 지절거리며 다윗처럼 자기를 위하여 악기를 제조하며 대접으로 포도주를 마시며 귀한 기름을 몸에 바르면서 요셉의 환난에 대하여는 근심하지 아니하는 자로다

이 말씀을 아래와 같이 바꿀 수 있다.

"너희는 '천국에 갈 수 없고, 상급을 받을 수 없다' 하여 포악한 짓을 저지르고, 고급 침대에 누우며, 침대에서 기지개 켜며, 고급 한우만

먹고, 오디오 소리에 맞추어 노래를 지절거리며, 다윗처럼 자기를 위하여 악기를 제조하며, 대접으로 포도주를 마시며, 귀한 향수를 몸에 바르면서 자신의 상급이 박탈당하는 것으로는 근심하지 아니하는 자들이로다."

불행하게도 성도들 대부분은 구원의 확신이 없다. 땅의 복은 어느 정도 받아도 만족을 주지 못한다. 이 때문에 많은 성도들이 삶이 힘들어지면 쉽게 타락하는 것이고, 쉽게 자살을 감행하는 것이다. 이런 폐단은 구원의 확실성과 하늘의 상급을 충분히 깨달아야만 극복될 수 있다.

하나님의 네 번째 자살방지 및 타락방지 대책은 성도가 범죄한 만큼 징계하는 것이다.

(히 12:8) 징계는 다 받는 것이거늘 너희에게 없으면 사생자요 친아들이 아니니라

출애굽한 이스라엘 백성이 범죄할 때마다 하나님은 그들을 징계하셨다. 그들이 지나치게 범죄했을 때, 하나님은 그들 중 60만 명을 광야에서 죽이셨다. 이것만 봐도 징계의 무서움을 어느 정도 알 수 있다.

하나님은 징계해도 회개하지 않는 성도들은 몇 배로 징벌하신다.

(레 26:14-18) 그러나 너희가 내게 청종하지 아니하여 이 모든 명령을 준행하지 아니하며 내 규례를 멸시하며 마음에 내 법도를 싫어하여 내 모든 계명을 준행하지 아니하며 내 언약을 배반할진대 내가 이같이 너희에게 행하리니 곧 내가 너희에게 놀라운 재앙을 내려 폐병과 열병으로 눈이 어둡고 생명이 쇠약하

게 할 것이요 너희가 파종한 것은 헛되리니 너희의 대적이 그것을 먹을 것임이며 내가 너희를 치리니 너희가 너희의 대적에게 패할 것이요 너희를 미워하는 자가 너희를 다스릴 것이며 너희는 쫓는 자가 없어도 도망하리라 또 만일 너희가 그렇게까지 되어도 내게 청종하지 아니하면 너희의 죄로 말미암아 내가 너희를 일곱 배나 더 징벌하리라

하나님은 징계해도 계속 죄를 짓는 성도는 비참하게 죽임을 당하게 하신다.

(삼상 2:31-34) 보라 내가 네 팔과 네 조상의 집 팔을 끊어 네 집에 노인이 하나도 없게 하는 날이 이를지라 이스라엘에게 모든 복을 내리는 중에 너는 내 처소의 환난을 볼 것이요 네 집에 영원토록 노인이 없을 것이며 내 제단에서 내가 끊어 버리지 아니할 네 사람이 네 눈을 쇠잔하게 하고 네 마음을 슬프게 할 것이요 네 집에서 출산되는 모든 자가 젊어서 죽으리라 네 두 아들 홉니와 비느하스가 한 날에 죽으리니 그 둘이 당할 그 일이 네게 표징이 되리라

본문은 지나치게 죄를 많이 지은 엘리 제사장 집에 내리실 하나님의 징벌을 기록한 것이다. 징계의 무서움을 깨달은 성도는 힘들어도 쉽게 타락하지 않는다.

하나님의 다섯 번째 자살방지 및 타락방지 대책은 성도가 범죄한 만큼 상을 박탈하는 것이다.

(고전 3:14-15) 만일 누구든지 그 위에 세운 공적이 그대로 있으면 상을 받고 누구든지 그 공적이 불타면 해를 받으리니 그러나 자신은 구원을 받되 불 가운데서 받은 것 같으리라

본문의 '불 가운데서 구원을 받는 것'은 '상을 받지 못한 채로 영혼

구원만 받는 것'을 의미한다. 이처럼 지나치게 죄를 많이 지은 성도는 상을 전혀 받지 못한 채로 영원히 천국에서 살아야 한다.

상을 받은 성도는 천국에서 면류관을 쓰는 것(계 4:4)과 면류관을 벗어서 하나님께 드리면서 찬송을 부르는(계 4:10-11) 반면, 상을 받지 못한 성도는 영원히 맨손으로 하나님을 찬양하는 것을 잊지 말아야 할 것이다. 이것을 깨달은 성도는 아무리 힘들어도 자살하지 않을 것이다.

하나님의 여섯 번째 자살방지 및 타락방지 대책은 성도에게 성경말씀을 가르치는 것이다.

> (딤후 3:16-17) 모든 성경은 하나님의 감동으로 된 것으로 교훈과 책망과 바르게 함과 의로 교육하기에 유익하니 이는 하나님의 사람으로 온전하게 하며 모든 선한 일을 행할 능력을 갖추게 하려 함이라

> (시 1:1-3) 복 있는 사람은 악인들의 꾀를 따르지 아니하며 죄인들의 길에 서지 아니하며 오만한 자들의 자리에 앉지 아니하고 오직 여호와의 율법을 즐거워하여 그의 율법을 주야로 묵상하는도다 그는 시냇가에 심은 나무가 철을 따라 열매를 맺으며 그 잎사귀가 마르지 아니함 같으니 그가 하는 모든 일이 다 형통하리로다

하나님이 성도를 온전하게 하기 위하여 성도에게 성경말씀을 주셨기 때문에 열심히 성경을 공부하는 성도들은 은혜를 받을 가능성이 많고, 거룩하게 살 가능성이 크다. 하지만 성경공부가 만능은 아니다.

하나님의 일곱 번째 자살방지 및 타락방지 대책은 성도에게 성령세례를 주는 것이다.

(행 1:8) 오직 성령이 너희에게 임하시면 너희가 권능을 받고 예루살렘과 온 유대와 사마리아와 땅 끝까지 이르러 내 증인이 되리라 하시니라

성령세례를 받기 전의 사도들은 겁쟁이었다. 하지만 그들은 성령세례를 받은 후에 죽음까지 불사하는 사람이 되었다. 이 때문에 성령세례를 받은 사도들은 성령세례를 받지 못한 성도들이 있으면 서둘러서 그들이 성령세례를 받도록 도와주었다.

(행 8:14-17) 예루살렘에 있는 사도들이 사마리아도 하나님의 말씀을 받았다 함을 듣고 베드로와 요한을 보내매 그들이 내려가서 그들을 위하여 성령받기를 기도하니 이는 아직 한 사람에게도 성령 내리신 일이 없고 오직 주 예수의 이름으로 세례만 받을 뿐이더라 이에 두 사도가 그들에게 안수하매 성령을 받는지라

하나님의 여덟 번째 자살방지 및 타락방지 대책은 성도에게 성령충만을 주는 것이다.

(행 4:31) 빌기를 다하매 모인 곳이 진동하더니 무리가 다 성령이 충만하여 담대히 하나님의 말씀을 전하니라

본문은 열흘 동안 기도에 힘써서 오순절에 성령세례를 받은 사도들과 성도들이 성령의 능력이 약화되었을 때에 통성기도를 해서 성령충만을 받은 후에 담대히 하나님의 말씀을 전한 기록이다. 오늘날 성도들도 성령세례를 받은 후에 주님의 일을 하다가 성령의 권능이 약화되면 다시 성령충만을 받아야 한다.

성령충만을 받는 방법은 기도가 보편적인 방법이지만 어떤 성도들은 찬송을 부를 때 성령충만을 받고, 어떤 성도들은 설교를 들을 때

성령충만을 받기 때문에 기도만 고집할 필요는 없다.

중생한 신자들은 사탄의 가장 큰 계략이 무엇인지를 반드시 깨달아야 한다. 사탄은 중생한 신자를 결코 지옥으로 끌고 갈 수 없는 것을 아주 잘 알고 있다. 또한 그놈은 중생한 신자가 하늘의 상급을 받지 못하게 훼방할 수 있는 것도 매우 잘 알고 있다. 그러므로 사탄은 중생한 신자들을 지옥으로 끌고 가려는 시도를 결코 하지 않는다. 다만 그놈은 어떻게 해서든지 중생한 신자들이 범죄하여 땅에서 저주받고 하늘의 상을 받지 못하도록 발버둥을 친다. 물질에 약한 신자에게는 물질을 주어서 타락시키려 하고, 이성에 약한 신자에게는 매혹적인 이성을 보내서 타락시키려 하고, 명예에 약한 신자는 명예를 주어서 타락시키려 하고, 고생에 약한 신자는 박해와 다른 어려움으로 고생을 시켜서 타락시키려 한다. 사탄이 욥을 타락시키기 위하여 사용한 방법은 그에게 고난을 주는 것이었다. 부자는 고난을 견디기 힘들어하기 때문에 사탄이 부자인 욥에게 고난이 임하도록 획책한 것이다. 중생한 신자가 사탄의 계략에 속으면 자살을 해서 하늘의 상급을 잃어버리게 되고, 사탄은 박수를 친다. 중생한 신자는 이 점을 반드시 기억해야 한다.

한편, 사탄은 죄를 짓는 신자의 몸속에 죽음의 영을 침투시킨다. 죽음의 영은 신자의 몸속에서 특히 두 가지 일을 획책한다.

첫째, 죽음의 영은 중생한 신자가 다른 사람을 죽이도록 충동질한다. 다른 사람을 죽이는 것이 가장 큰 죄를 짓는 것이기 때문이고, 중생한 신자가 살인죄를 지으면 가장 많은 상을 잃기 때문이다. 그러므로 중생한 신자들은 사탄의 살인충동에 속지 말아야 한다.

둘째, 죽음의 영은 중생한 신자가 자살을 하도록 충동질한다. 자살 역시 큰 죄인 것을 알기 때문이고, 중생한 신자가 자살을 하면 많은 상을 잃는 것을 알기 때문이다. 그러므로 중생한 신자들은 사탄의 자살 충동에 속지 말아야 한다. 자살할 용기가 있으면 그 용기로 살아서 사탄과 싸워야 하고, 하나님께 충성하여 하늘의 상을 받아야 한다.

어떤 사람이 살인죄를 지을 때 그의 몸속에 있는 죽음의 영이 역사하는 것처럼 어떤 사람이 자살죄를 지을 때도 그의 몸속에 있는 죽음의 영이 역사한다. 그러므로 중생한 신자가 자살하지 않으려면 자신의 몸속에서 암약하는 죽음의 영을 추방해야 한다.

필자는 전인치유를 받기 전까지 삶이 힘들 때마다 자살 충동에 시달렸다. 몸속에 죽음의 영이 있는 것을 몰랐기 때문이다. 자살 충동이 일어날 때 자살을 했으면 하늘의 상을 거의 받지 못했을 것이다. 생각만 해도 아찔한 일이 아닐 수 없다!

필자는 전인치유를 받은 후에야 몸속에서 죽음의 영이 역사하여 자살 충동에 시달린 것을 깨달았다. 필자는 치유를 받을 때 죽음의 영(모든 악령들)을 추방했다. 그 결과 자살 충동에서 해방되어 기쁘게 살아갈 수 있게 되었고, 아무리 힘들어도 하나님께 충성하게 되었다. 더 나아가 하나님께서 깨닫게 하여 주신 구원론, 종말론, 성령론, 상급론을 완성할 수 있게 되었고, 새롭게 깨달은 전인치유론을 출판하게 되었다.

여러분 중에 혹시 자살 충동에 시달리는 이들이 있으면 하루 속히 마음의 상처를 치유하고, 악령들을 추방하기 바란다. 스스로 이 일을 하기 어려우면 전인치유 사역자의 도움을 받아서 전인치유를 받기 바란다.

자살 충동을 느끼는 사람이 있다면 하나님의 평가 방법을 깨닫는 것이 도움이 될 것이다.

흔히들 하나님이 상대평가법을 사용하여 성도들을 평가하시는 것으로 오해한다. 상대평가법이란 사람의 능력에 관계없이 각 사람을 비교하여 평가하는 것이다. 쉬운 예로 학년을 구분하지 않고 시험을 치고 잘 친 학생을 1등으로 인정하는 것이다. 이 평가법을 사용하면 은사를 많이 받은 사람이 언제나 1등을 할 수밖에 없다.

하지만 하나님은 절대평가법을 사용하여 성도들을 평가하신다. 다시 말해서 하나님은 각 사람에게 주신 은사에 맞는 평가를 하신다. 이것이 달란트 비유와 므나 비유에 잘 나타나 있다.

달란트 비유는 '다섯 달란트 받은 사람과 두 달란트 받은 사람이 똑같은 상을 받았다'고 되어 있다. 이것은 하나님이 각 사람의 재능에 맞게 평가하는 것을 의미한다.

므나 비유는 '한 므나로 열 므나를 남긴 사람에게는 열 고을을 다스릴 권세를 준 반면 한 므나로 다섯 므나를 남긴 사람에게는 다섯 고을을 다스릴 권세를 주었다'고 되어 있다. 이것은 남들과 똑같은 은사를 받은 사람이 더 많이 충성하면 더 많은 상을 주는 것을 의미한다. 이 때문에 성도는 자신이 처한 환경에서 자신의 은사를 최대한 발휘하도록 힘써야 하는 것이다.

자살 충동에 사로잡힌 성도들은 일하기는커녕 살아 있기조차 힘든 환경에 있다. 반면에 자살 충동이 없는 성도들은 일하기 좋은 환경에서 살고 있다. 이 때문에 자살 충동이 없는 성도들은 열심히 일을 해야 상을 받을 수 있고, 자살 충동에 사로잡힌 성도들은 자살하지 않고 살아 있는 것만으로도 상을 받을 수 있다. 그러므로 자살 충동에 시달리는 성도들은 할 수 있는 한 자살을 하지 않고 버텨야 한다. 조금이라도 더 오래 버티면 그만큼 상이 커지기 때문이다.

지금까지 설명한 것을 정리하여 보자.

"중생한 신자도 자살하면 지옥에 간다"는 주장과 "진짜 중생한 신자는 자살하지 않는다"는 주장은 성경에 무지한 주장이다. 또한 이것은 어리석은 부모가 자녀에게 "그 따위로 살면 집에서 내쫓는다"고 협박하는 것처럼 매우 유치한 자살방지법이다. 이것은 결코 하나님의 자살방지법이 아니다. 그러므로 우리는 반드시 하나님의 자살방지법을 사용해서 성도들의 자살을 막아야 한다. 하나님이 마련하신 자살방지법에 따라서 성도들에게 구원의 확신을 주어야 하고, 땅의 복보다 영원한 하늘의 상을 더 강조하고, 징계의 무서움과 상급 박탈의 손해를 가르치고, 성경공부와 기도의 중요성을 인식시켜서 성령세례와 성령충만을 받도록 안내해야 한다.

세상 사람들은 언젠가는 없어질 땅의 복을 얻기 위해서도 죽을 힘을 다한다. 올림픽에서 메달을 하나 따기 위해서 죽을 힘을 다하는 선수들을 생각하여 보라. 하물며 우리가 영원히 누릴 수 있는 하늘의 상급을 얻는 일을 게을리할 수 있겠는가? 그러므로 우리는 반드시 상급의 중요성을 깨달아서 하나님이 부르실 때까지 열심히 살아서 조금이라도 더 하늘에 상급을 쌓아야 한다. 모든 성도들은 '상급을 깨달은 성도는 세상이 감당하지 못하는 사람이 되는 것'과 '자살을 하면 하늘에 쌓은 상급을 영원히 잃는 것은 물론 하늘에 상급을 쌓을 기회

마저도 영원히 잃는 것'을 명심해야 한다. 하나님이 데려가실 때까지 조금이라도 더 하나님께 충성하기를 힘써야 한다. 아무리 삶이 힘들어도 이를 악물고 버텨서 조금이라도 더 상급을 쌓아야 한다.

### ▶요한계시록 22장 12-19절 해석

(계 22:12-19) 보라 내가 속히 오리니 내가 줄 상이 내게 있어 각 사람에게 그가 행한 대로 갚아 주리라 나는 알파와 오메가요 처음과 마지막이요 시작과 마침이라 자기 두루마기를 빠는 자들은 복이 있으니 이는 그들이 생명나무에 나아가며 문들을 통하여 성에 들어갈 권세를 받으려 함이로다 개들과 점술가들과 음행하는 자들과 살인자들과 우상 숭배자들과 및 거짓말을 좋아하며 지어내는 자는 다 성 밖에 있으리라 나 예수는 교회들을 위하여 내 사자를 보내어 이것들을 너희에게 증언하게 하였노라 나는 다윗의 뿌리요 자손이니 곧 광명한 새벽 별이라 하시더라 성령과 신부가 말씀하시기를 오라 하시는도다 듣는 자도 오라 할 것이요 목마른 자도 올 것이요 또 원하는 자는 값없이 생명수를 받으라 하시더라 내가 이 두루마리의 예언의 말씀을 듣는 모든 사람에게 증언하노니 만일 누구든지 이것들 외에 더하면 하나님이 이 두루마리에 기록된 재앙들을 그에게 더하실 것이요 만일 누구든지 이 두루마리의 예언의 말씀에서 제하여 버리면 하나님이 이 두루마리에 기록된 생명나무와 및 거룩한 성에 참여함을 제하여 버리시리라

어떤 이들은 본문의 "만일 누구든지 이 두루마리의 예언의 말씀에서 제하여 버리면 하나님이 이 두루마리에 기록된 생명나무와 및 거룩한 성에 참여함을 제하여 버리시리라"는 말씀 때문에 '중생한 신자도 요한계시록의 일부를 삭제하는 죄를 지어서 지옥에 가는 것이 아닐까'라는 의심을 한다.

또한 본문의 "개들과 점술가들과 음행하는 자들과 살인자들과 우상 숭배자들과 및 거짓말을 좋아하며 지어내는 자는 다 성 밖에 있으리라"는 말씀 때문에 '중생한 신자도 이런 죄를 지어서 지옥에 가는 것이 아닐까'라는 의심을 한다. 안타깝게도 그들은 하나님이 제정하신 영혼 구원의 원칙을 깨닫지 못한 것 때문에 이런 의심에 빠지는 것이다.

《지옥에 가는 크리스천들?》 1-2권에서 충분히 설명한 것처럼 하나님이 제정하신 영혼 구원의 원칙은 다음과 같다.

사람은 100퍼센트 하나님의 은혜로 영혼 구원을 받는다.(엡 2:8-9)
성도의 영혼은 예수님을 믿을 때 영생을 얻었기 때문에 영원히 절대로 지옥에 가지 않는다.(요 10:28)
성도의 행위는 복과 상을 받는 데만 영향을 끼친다.(계 22:12)

요한계시록 22장 12-19절은 하나님이 제정하신 영혼 구원의 원칙에 의하여 해석해야 한다. 하나님이 제정하신 영혼 구원의 원칙에 의하면 성도는 영원히 절대로 지옥에 가지 않는다. 그러므로 요한계시록 22장 12-19절은 성도가 죄를 지으면 지옥에 가는 것을 가르치는 말씀이 아니다.

더 나아가서 예수님은 이 땅에 계실 때 사도들에게 "영생을 얻은 사람은 영원히 절대로 지옥에 가지 않을 것이라(요 10:28)"고 선포하셨다. 이렇게 선포하신 예수님이 요한 사도에게 "죄를 많이 짓는 성도는 지옥에 갈 것이라"고 선포하신 것이 사실이면 명백하게 모순을 범하신 것이다. 예수님이 모순을 범하신 것이 사실이면 예수님의 말씀(성경)은 어떤 것도 믿을 수 없게 되고, 예수님을 구주로 믿을 수도 없게 된다. 이것을 볼 때도 요한계시록 22장 12-19절은 중생한 신자가 죄를 지으면 지옥에 가는 것을 가르치는 말씀이 아니다.

필자의 저서 《이것이 종말이다》에서 설명한 것처럼 요한계시록 6-22장은 예수님의 재림 직전부터 최후심판 이후까지 일어날 일들을 기록한 말씀이다. 본문을 보면 본문이 예수님의 재림 후에 성도들이 상을 받는 것과 불신자들이 최후의 심판을 받은 후에 지옥에 떨어지는 것을 기록한 말씀인 것을 알 수 있다.

> (계 22:12) 보라 내가 속히 오리니 내가 줄 상이 내게 있어 각 사람에게 그가 행한 대로 갚아 주리라
>
> (계 22:18-19) 내가 이 두루마리의 예언의 말씀을 듣는 모든 사람에게 증언하노니 만일 누구든지 이것들 외에 더하면 하나님이 이 두루마리에 기록된 재앙들을 그에게 더하실 것이요 만일 누구든지 이 두루마리의 예언의 말씀에서 제하여 버리면 하나님이 이 두루마리에 기록된 생명나무와 및 거룩한 성에 참여함을 제하여 버리시리라

요한계시록 22장 12절의 "내가 속히 오리니"는 '예수님이 속히 재림하신다'는 뜻이다. 이것을 볼 때 본문이 예수님의 재림 이후에 일어날 일들을 기록한 말씀인 것을 분명히 알 수 있다.

하나님이 제정하신 영혼 구원의 원칙에 의하여 요한계시록 22장 12-19절을 다음과 같이 해석하는 것이 옳다.

요한계시록 22장 12-14절은 하나님께 충성한 성도가 예수님의 재림 후에 상을 받는 것에 관한 말씀이다.

요한계시록 22장 15-19절은 하나님께 불충성한 불신자가 최후심

판 때 저주와 형벌을 받는 것에 관한 말씀이다.

구체적으로 말해서 요한계시록 22장 12절의 "보라 내가 속히 오리니 내가 줄 상이 내게 있어 각 사람에게 그가 행한 대로 갚아 주리라"는 말씀은 '내가 재림한 후에 성도가 행한 대로 상을 주리라'는 뜻이다.

요한계시록 22장 15절의 "개들과 점술가들과 음행하는 자들과 살인자들과 우상 숭배자들과 및 거짓말을 좋아하며 지어내는 자는 다 성 밖에 있으리라"는 말씀은 '최후심판 때 이런 죄를 지은 불신자들은 지옥에 갈 것'이라는 뜻이다.

또한 요한계시록 22장 19절의 "만일 누구든지 이 두루마리의 예언의 말씀에서 제하여 버리면 하나님이 이 두루마리에 기록된 생명나무와 및 거룩한 성에 참여함을 제하여 버리시리라"는 말씀은 '요한계시록 말씀 중 일부를 무시하거나 삭제하는 불신자들은 최후심판 때 지옥에 갈 것'이라는 뜻이다.

본문을 풀이해서 번역하겠다.

> (계 22: 12) 보라 내가 속히 오리니 내가 줄 상이 내게 있어 (중생한 성도들) 각 사람에게 그가 행한 대로 갚아 주리라
>
> (계 22:15) (중생하지 못한) 개들과 점술가들과 음행하는 자들과 살인자들과 우상 숭배자들과 및 거짓말을 좋아하며 지어내는 자는 다 성 밖에 있으리라

《지옥에 가는 크리스천들?》 1-2권에서 자세히 설명한 것처럼 중생한 신자는 육신이 약해서 불신자보다 더 악한 죄를 지어도 하나님은 그의 육신을 사탄에게 맡겨서 큰 고통을 당하게 하시거나, 그를

사탄에게 맡겨서 비참하게 죽이시거나, 그에게 주실 상급을 모두 박탈해서라도 반드시 그의 영혼을 천국에 데려가신다. 이것이 극명하게 기록된 성경말씀이 고린도전서 5장 1-5절이다. 반면에 불신자들은 성도들보다 훨씬 더 선하게 살아도 그들이 구주이신 예수님을 거부한 것 때문에 그의 영혼이 반드시 지옥에 간다. 이것을 볼 때도 요한계시록 22장 15절의 '개들과 점술가들과 음행하는 자들과 살인자들과 우상 숭배자들과 및 거짓말을 좋아하며 지어내는 자는 다 성 밖에 있으리라'는 말씀이 '예수님을 믿지 않고 이런 죄를 짓는 불신자들은 지옥에 가리라'는 뜻임을 알 수 있고, 요한계시록 22장 19절의 "만일 누구든지 이 두루마리의 예언의 말씀에서 제하여 버리면 하나님이 이 두루마리에 기록된 생명나무와 및 거룩한 성에 참여함을 제하여 버리시리라"는 말씀이 '요한계시록의 말씀 중의 일부를 무시하거나 삭제하는 불신자들은 지옥에 갈 것이라'는 뜻임을 알 수 있다.

다시 강조하거니와 중생한 신자의 영혼은 영원히 죄를 짓지 않는다. 중생한 신자는 어떤 경우에도 (절대로) 지옥에 갈 수 있는 죄(성령훼방죄, 성경을 삭제하는 죄)를 짓지 않는다. 그러므로 중생한 신자가 지옥에 가는 법은 절대로 없다.

▶ 로마서 2장 6-8절 해석

(롬 2:6-8) 하나님께서 각 사람에게 그 행한 대로 보응하시되 참고 선을 행하여 영광과 존귀와 썩지 아니함을 구하는 자에게는 영생으로 하시고 오직 당을 지어 진리를 따르지 아니하고 불의를 따르는 자에게는 진노와 분노로 하시리라

알미니안주의자들은 본문을 근거로 행위구원론을 주장한다. 과연 본문이 그런 뜻일까?

본문을 바르게 해석하려면 본문의 원문과 문맥을 세밀하게 살펴야 한다.

본문을 헬라어 원문으로 직역하면 아래와 같다.

> **(롬 2:6-8)** 하나님께서 각 사람에게 그 행하는 대로 보응하시되 선한 일에 확고하여 영광과 존귀와 썩지 아니함을 구하는 자에게는 영생으로 하시고 오직 당을 지어 진리를 따르지 아니하고 불의를 따르는 자에게는 진노와 분노로 하시리라

본문의 문맥을 보면 바울 사도는 다음과 같은 사실을 증언한 것을 알 수 있다.

첫째, 오직 믿음으로 영혼 구원을 받는다(롬 3:28).
둘째, 행위로는 절대로 영혼 구원을 받을 수 없다(롬 3:20).
셋째, 구원받은 영혼은 절대로 죄를 짓지 않는다(롬 7:14-25).
넷째, 성도는 육신으로 행한 만큼 상급을 받는다(롬 14:10)

로마서 2장 6-8절은 로마서 7장 14-25절을 바르게 깨달아야만 바르게 해석할 수 있다. 로마서 7장 14-25절은 '중생한 성도의 영은 절대로 죄를 짓지 않는 반면 중생한 신자의 육은 죄를 짓는 것'을 설명한 말씀이다. 따라서 로마서 2장 6-8절의 '확고부동하게 영광과 존귀와 썩지 아니함을 구하는 자'는 '확고하여 영광과 존귀와 썩지 아니함을 구하는 영(절대로 죄를 짓지 않는 중생한 신자의 영)'을 의미한다. '확고부동하게 영광과 존귀와 썩지 아니함을 구하는 영(절대로 죄를 짓지 않는 중생한 신자의 영)이 영생을 얻는 것'은 자명한 일이다. 성도의 육은 당을 지어서 진리를 따르지 아니하고 불의를 따를 수도 있다. 성도의 육은 이단에 빠질 수도 있다. 이와 달리 불신자의

영은 반드시 당을 지어서 진리를 따르지 아니하고 불의를 따른다. 불신자는 영과 육이 모두 진리를 따르지 아니하고 불의를 따른다. 이런 영(죄를 짓는 불신자의 영)에게 진노와 분노가 있는 것'은 자명한 일이다. 본문을 근거로 '중생한 신자도 육신으로 거룩하게 살아야 천국에 간다'고 주장하면 안 된다.

▶ 어느 천주교 성도의 간증

"이화영 목사님, 안녕하세요? 반갑습니다.

저는 2대째 천주교 유아영세를 받고, 신앙생활을 나름 하고 있는 ○○○이라고 합니다. 성서의 부자 청년만큼은 아니라도 '하느님을 사랑하면 순종해야 한다'고 배워서 열심히 신앙생활은 하고 있지만 낙타구멍이라든지, 여인 보고 음침한 생각이라든지, 이런 구절을 접할 때마다 지치고, 희망이 없고, 내 사후가 불투명하여 '복음이 기쁜 소식이라'는 데 하나도 기쁘지도 않고, 나날이 공포만 증가하는 신앙생활을 하다가 목사님의 설교를 듣고 뛸 듯이 기뻐서 오늘 미사 때는 기쁨 충만하여 성가를 목청껏 불렀습니다.

목사님, 저의 애매모호하던 구원론에 확신을 갖게 해 주셔서 감사하려고 몇 자 적게 되었습니다. 처음에는 손계문 설교 완판을 듣고 '이건 아니다' 싶었고, 벤자민 완판을 또 다 듣고 이건 궤변 같았고, 이번에 박보영 완판을 듣고는 더 공포스러워서 밤잠을 못 이루고 괴로워했습니다. 그래서 하느님께 계속 기도했습니다. 위의 세 목사의 설교를 듣기 전에 이화영 목사님을 보았지만 목사님이 겉으로 풍기는 모습에서 뭐가 나올 것 같지 않아서 아예 설교를 펴보지도 않다가 혹시나 하고 목사님의 설교를 들었는데 설교 한 편에 내 마음의 구원관이 확신을 얻으면서 자다 말고 일어나서 혼자 얼마나 깡충깡충 뛰었는지 모릅니다.

다음 날 아내에게 '당장 이화영 목사님 교회로 옮기자'고 했더니 '이상한 개신교 설교 듣더니 이단에 빠졌다'는 듯한 표정으로 공격하더군요.

제가 비록 천주교에 계속 다닐 수밖에 없지만 제 맘속에 종교개혁은 일어났습니다. 먼저 천주교의 사람이 만든 우상 앞에 일절 고개를 숙이지 않으며, 성모의 모든 기도문을 마음속에서 지우고, 십자가를 바라보고 절도 하지 않게 되었습니다.

목사님, 고맙습니다. 유튜브를 통해서 목사님의 설교를 계속 듣겠습니다.

4장

# 사람은 어떤 원리로 구원을 받는가?

본 장에서는 인간의 영혼이 어떤 원리에 의하여 구원을 받는 것인지를 설명하겠다.

**1) 은혜의 원리로 구원을 받는다**

성경이 말하는 '은혜'는 '조건 없이 주는 선물'을 뜻한다.
성경은 죄인의 영혼이 은혜의 원리로 구원받는 사실을 아래와 같이 증언한다.

> (엡 2:8-9) 너희는 그 은혜에 의하여 믿음으로 말미암아 구원을 받았으니 이것은 너희에게서 난 것이 아니요 하나님의 선물이라 행위에서 난 것이 아니니 이는 누구든지 자랑하지 못하게 함이라

한편, 구원받는 믿음은 능력을 행하는 믿음과 다르다. 구원받는 믿음은 하나님이 100퍼센트 선물로 주시지만, 능력을 행하는 믿음은 신자가 노력한 만큼 하나님이 주신다. 이 때문에 예수님이 능력을 행하는 믿음이 적은 제자들을 "어찌하여 무서워하느냐 믿음이 작은 자

들아"라고 책망하시거나(마 8:26), "아직도 깨닫지 못하느냐"고 책망하신 것이다(마 16:9).

반면 예수님과 사도들이 "구원받는 믿음이 적다"고 책망한 경우는 한 번도 없다. 이처럼 성경은 구원받는 믿음과 능력을 행하는 믿음을 엄격하게 구분하고 있다. 그러므로 "사람은 스스로 구원받는 믿음을 생산해야만 천국에 갈 수 있다"고 주장하거나, "중생한 신자도 구원받는 믿음을 끝까지 지켜야만 천국에 갈 수 있다"고 주장하지 말아야 한다.

### 2) 대속의 원리로 구원을 받는다

'대속(代贖)', 혹은 '속량(贖良)'은 '대신 대가를 지불하여 구원하여 주는 것'을 의미한다. 성경은 죄인의 영이 대속의 원리로 구원받는 사실을 아래와 같이 증언한다.

> (엡 1:7) 우리는 그리스도 안에서 그의 은혜의 풍성함을 따라 그의 피로 말미암아 속량 곧 죄 사함을 받았느니라

> (벧전 1:18-19) 너희가 알거니와 너희 조상이 물려준 헛된 행실에서 대속함을 받은 것은 은이나 금같이 없어질 것으로 된 것이 아니요 오직 흠 없고 점 없는 어린양 같은 그리스도의 보배로운 피로 된 것이니라

### 3) 덮음의 원리로 구원을 받는다

성경은 죄인의 영이 덮음의 원리로 구원받는 사실을 아래와 같이 증언한다.

(롬 4:7) 불법이 사함을 받고 죄가 가리어짐을 받는 사람들은 복이 있고

본문에서 보는 것처럼 하나님은 죄인의 죄를 덮어서(가려서) 구원하여 주신다. 그렇다면 하나님은 무엇으로 죄인의 죄를 덮으실까? 출애굽기에 기록된 유월절 기사를 보면 덮음의 원리를 깨달을 수 있다.

(출 12:13) 내가 애굽 땅을 칠 때에 그 피가 너희가 사는 집에 있어서 너희를 위하여 표적이 될지라 내가 피를 볼 때에 너희를 넘어가리니 재앙이 너희에게 내려 멸하지 아니하리라

하나님이 애굽의 장자를 죽이시고, 이스라엘 백성을 살려 주실 때, 이스라엘 사람들이 사는 집의 문설주와 인방에 바른 짐승의 피를 보시고 그 집을 넘어가셨다. 이것은 짐승의 피가 그 집에 사는 사람들의 죄를 덮어준 것을 의미한다. 이 일을 기념하는 절기가 유월절이다.

유월절에 잡은 어린양은 예수님을 상징한다. 이 때문에 예수님이 십자가에서 피를 흘려서 죽으신 것이다.

(고전 5:7) 너희는 누룩 없는 자인데 새 덩어리가 되기 위하여 묵은 누룩을 내버리라 우리의 유월절 양 곧 그리스도께서 희생되셨느니라

이런 말씀을 볼 때, 예수님의 피가 죄인의 영에 발라지면(죄인이 예수님의 피를 믿으면) 영의 죄가 덮어지는 것을 알 수 있다. 또한 하나님이 죄인의 영을 덮은 예수님의 피를 보시고 죄인의 영을 의롭게 인정하여 주시고, 죄인의 영을 넘어가시는 것을 알 수 있다.

### 4) 먹음(마심)의 원리로 구원을 받는다

예수님은 죄인의 영이 먹음(마심)의 원리로 구원받는 사실을 아래와 같이 설명하여 주셨다.

> (요 6:53-57) 예수께서 이르시되 내가 진실로 진실로 너희에게 이르노니 인자의 살을 먹지 아니하고 인자의 피를 마시지 아니하면 너희 속에 생명이 없느니라 내 살을 먹고 내 피를 마시는 자는 영생을 가졌고 마지막 날에 내가 그를 다시 살리리니 내 살은 참된 양식이요 내 피는 참된 음료로다 내 살을 먹고 내 피를 마시는 자는 내 안에 거하고 나도 그의 안에 거하나니 살아 계신 아버지께서 나를 보내시매 내가 아버지로 말미암아 사는 것같이 나를 먹는 그 사람도 나로 말미암아 살리라

예수님이 말씀하신 것처럼 예수님의 살은 참된 양식이고, 예수님의 피는 참된 음료수다. 사람의 피에 생명이 담겨 있는 것처럼 예수님의 피에 영원한 생명이 담겨 있다. 죄인은 예수님의 살을 먹고, 예수님의 피를 마셔야 영생을 얻을 수 있다. 그래서 예수님이 "내 살을 먹고, 내 피를 마셔야 영생을 얻는다"고 말씀하신 것이다.

우리가 예수님이 나를 위하여 십자가에서 죽으신 것을 믿는 것은 영적으로 예수님의 살을 먹고, 예수님의 피를 마시는 것이다. 우리가 예수님을 구주로 믿는 것은 영적으로 예수님의 살을 먹고, 예수님의 피를 마시는 것이다. 그로 인하여 우리는 영원히 멸망하지 않는 생명을 얻은 것이다. 그러므로 우리는 영생을 얻기 위하여 또다시 예수님의 살을 먹고, 예수님의 피를 마실 필요가 없다. 만일 우리가 영생을 얻기 위하여 또다시 예수님의 살을 먹고, 예수님의 피를 마시면 영생을 주신 하나님을 의심하는 죄를 짓는 것이다. 물론 우리는 육신의 행복과 영적 전쟁에서의 승리를 위하여 믿음으로 예수님의 살을 먹고, 피를 마실 수 있다. 성찬식이 좋은 예일 것이다.

### 5) 화목의 원리로 구원을 받는다

'화목'은 '화해'를 뜻한다. 성경은 죄인의 영이 화목의 원리로 구원 받는 사실을 아래와 같이 증언한다.

> (요일 4:10) 사랑은 여기 있으니 우리가 하나님을 사랑한 것이 아니요 하나님이 우리를 사랑하사 우리 죄를 속하기 위하여 화목제물로 그 아들을 보내셨음이라

본문에서 보는 것처럼 하나님은 죄인의 죄를 속하기 위하여 예수님을 화목제물로 이 땅에 보내셨다. 하나님께 이런 일이 필요한 이유는 아래와 같다.

사람이 다른 사람에게 죄를 지으면 피해자가 용서하여 주지 않는 한 두 사람은 원수로 지내야 한다. 이와 같이 사람이 하나님께 죄를 지으면 하나님과 원수가 된다. 이런 이유로 사람은 하나님의 용서를 받지 않는 한 천국에 갈 수 없다. 이것은 하나님이 정하신 법이기 때문에 모든 사람에게 적용된다.

대통령과 국회의원이 자기가 만든 법의 지배를 받는 것처럼 하나님도 자신이 만드신 법의 지배를 받으신다. 하나님이 만드신 법 중의 하나는 죄를 지어서 하나님과 원수가 된 사람을 하나님이 용서하시려면 죄 없는 생명체가 그 사람을 대신하는 화목제물이 되어서 하나님께 바쳐져야 하는 것이다. 하나님은 이 사실을 아래와 같이 말씀하셨다.

> (출 20:22-24) 여호와께서 모세에게 이르시되 너는 이스라엘 자손에게 이같이 이르라 내가 하늘로부터 너희에게 말하는 것을 너희 스스로 보았으니 너희는 나를 비겨서 은으로나 금으로나 너희를 위하여 신상을 만들지 말고 내게 토단을 쌓고 그 위에 네 양과 소로 네 번제와 화목제를 드리라 내가 내 이름을 기념

하게 하는 모든 곳에서 네게 임하여 복을 주리라

**(레 4:1-6, 20)** 여호와께서 모세에게 말씀하여 이르시되 이스라엘 자손에게 말하여 이르라 누구든지 여호와의 계명 중 하나라도 그릇 범하였으되 만일 기름 부음을 받은 제사장이 범죄하여 백성의 허물이 되었으면 그가 범한 죄로 말미암아 흠 없는 수송아지로 속죄제물을 삼아 여호와께 드릴지니 그 수송아지를 회막 문 여호와 앞으로 끌어다가 그 수송아지의 머리에 안수하고 그것을 여호와 앞에서 잡을 것이요 기름 부음을 받은 제사장은 그 수송아지의 피를 가지고 회막에 들어가서 그 제사장이 손가락에 그 피를 찍어 여호와 앞 곧 성소의 휘장 앞에 일곱 번 뿌릴 것이며…… 그 송아지를 속죄제의 수송아지에게 한 것같이 할지며 제사장이 그것으로 회중을 위하여 속죄한즉 그들이 사함을 받으리라

본문에서 말하는 번제, 화목제, 속죄제는 죄인이 하나님과 화목하기 위하여 드리는 제사를 의미한다. 이처럼 사람이 죄를 지어서 하나님과 원수가 되면 죄 없는 생명체를 화목제로 하나님께 드려야만 하나님과 화목할 수 있다. 그렇게 할 때 죄인의 영이 구원을 받는다. 이런 까닭에 하나님이 죄 없으신 예수님을 우리의 죄를 대신하여 화목제물로 죽게 하신 것이다. 바울 사도는 이 사실을 아래와 같이 증언했다.

**(롬 5:6-11)** 우리가 아직 연약할 때에 기약대로 그리스도께서 경건하지 않은 자를 위하여 죽으셨도다 의인을 위하여 죽는 자가 쉽지 않고 선인을 위하여 용감히 죽는 자가 혹 있거니와 우리가 아직 죄인 되었을 때에 그리스도께서 우리를 위하여 죽으심으로 하나님께서 우리에 대한 자기의 사랑을 확증하셨느니라 그러면 이제 우리가 그의 피로 말미암아 의롭다 하심을 받았으니 더욱 그로 말미암아 진노하심에서 구원을 받을 것이니 곧 우리가 원수 되었을 때에 그의 아들의 죽으심으로 말미암아 하나님과 화목하게 되었은즉 화목하게 된 자로서는

더욱 그의 살아나심으로 말미암아 구원을 받을 것이니라 그뿐 아니라 이제 우리로 화목하게 하신 우리 주 예수 그리스도로 말미암아 하나님 안에서 또한 즐거워하느니라

### 6) 대표의 원리로 구원을 받는다

성경은 대표의 원리를 아래와 같이 증언한다.

(롬 5:14-15) 그러나 아담으로부터 모세까지 아담의 범죄와 같은 죄를 짓지 아니한 자들까지도 사망이 왕 노릇 하였나니 아담은 오실 자의 모형이라 그러나 이 은사는 그 범죄와 같지 아니하니 곧 한 사람의 범죄를 인하여 많은 사람이 죽었은즉 더욱 하나님의 은혜와 또한 한 사람 예수 그리스도의 은혜로 말미암은 선물은 많은 사람에게 넘쳤느니라

본문에는 아담과 예수님을 많은 사람의 대표로 소개한다. 아담이 많은 사람의 대표로 죄를 지었기 때문에 많은 사람이 죄인이 된 것이고, 예수님이 많은 사람의 대표로 의를 행하셨기 때문에 많은 사람이 의인이 된 것이다.

### 7) 전가의 원리로 구원을 받는다

'전가(轉嫁)'는 '옮겨지는 것'을 의미한다. 성경은 죄인의 영이 전가의 원리로 구원받는 사실을 아래와 같이 증언한다.

(사 53:6) 우리는 다 양 같아서 그릇 행하여 각기 제 길로 갔거늘 여호와께서는 우리 모두의 죄악을 그에게 담당시키셨도다

크리스찬치유영성연구원 원장 김종주 박사는 그의 저서 《십자가

보혈의 능력》에서 아래와 같이 전가의 원리를 설명했다.

"구약시대의 사람들은 염소의 머리 위에 손을 얹고 안수함으로 자기들의 죄를 염소에게 전가하였다. 그 결과 죄가 염소에게로 넘어갔다. 그 짐승은 죽임을 당하고, 그 피는 제단에 바쳐지게 되었다. 매일 성전에서 그 일을 했다. 출애굽하는 유월절 전날 밤에도 그 일을 했다. 유월절 전날 밤, 어린양을 취하여 잡아 문설주에 양의 피를 발랐다. 그래서 죽음은 지나갔고, 그들의 죄는 심판받지 않았다. 그들의 목숨은 구원받았다. 하나님께서는 예수님을 이 땅에 보내심으로 친히 자기가 받으실 제물(祭物)을 공급하셨다. 그분이 그분의 아들 예수님을 내어주셨다. 우리의 죄를 십자가의 예수님의 머리 위로 전가하시고, 예수님의 머리를 치셨다. 심판하시고, 끝내는 죽이셨다. 우리의 모든 죄를 그 자신의 사랑하는 아들에게로 옮기신 것이다."[11]

### 8) 단독의 원리로 구원을 받는다

'단독(單獨)'은 '단 한 사람', 혹은 '단 하나'를 의미한다. 영의 구원은 하나님의 단독사역, 혹은 일방사역이다. 성경은 죄인이 하나님의 단독사역으로 영의 구원을 받는 사실을 증언한다.

(엡 2:1) 그는 허물과 죄로 죽었던 너희를 살리셨도다

(엡 2:5) 허물로 죽은 우리를 그리스도와 함께 살리셨고 (너희는 은혜로 구원을 받은 것이라)

---

[11] 김종주,《십자가 보혈의 능력》, 치유와 영성, 2010년, p. 67.

사람은 영이 살아 있어야만 하나님을 믿을 수 있다. 하지만 사람의 영은 아담의 죄 때문에 죽은 상태로 이 세상에 태어난다. 육신이 죽은 사람이 스스로의 힘으로 아무것도 할 수 없듯이 영이 죽은 사람 역시 스스로의 힘으로는 절대로 하나님을 알 수 없고, 예수님을 믿을 수도 없다. 그는 또한 하나님의 구원사역에 동참하거나, 협력할 수도 없다. 칼빈주의자들은 이것을 '전적 부패', 혹은 '전적 무능력'이라고 표현한다. 이런 까닭에 하나님께서 단독적, 일방적, 강제적으로 사람의 죽은 영을 살려 주셔서 예수님을 믿게 하여 주시는 것이다.

하나님이 단독적으로 죄인의 영을 구원하시는 것이 극명하게 나타난 경우가 사울(바울)의 구원이다. 사울은 원래 예수님을 반대하고, 예수님을 믿는 신자들을 박해하던 사람이었다. 그는 예수님을 믿을 마음이 전혀 없었다. 그에게 전도할 사람도 없었다. 그런데 예수님이 그에게 직접 나타나셔서 그의 눈을 멀게 하신 후에 말씀하셔서 그가 예수님을 구주로 믿게 하셨다(행 9:1-7). 이것을 볼 때도 영의 구원이 하나님의 단독사역인 것을 알 수 있다.

### 9) 선택의 원리로 구원을 받는다

'선택의 원리', '예정의 원리'가 일맥상통하기 때문에 함께 설명하겠다. 성경은 죄인이 선택의 원리에 의하여 영의 구원을 받는 사실을 아래와 같이 증언한다.

(엡 1:3-5) 찬송하리로다 하나님 곧 우리 주 예수 그리스도의 아버지께서 그리스도 안에서 하늘에 속한 모든 신령한 복을 우리에게 주시되 곧 창세 전에 그리스도 안에서 우리를 택하사 우리로 사랑 안에서 그 앞에 거룩하고 흠이 없게

하시려고 그 기쁘신 뜻대로 우리를 예정하사 예수 그리스도로 말미암아 자기의 아들들이 되게 하셨으니

**(롬 9:10-16)** 그뿐 아니라 또한 리브가가 우리 조상 이삭 한 사람으로 말미암아 임신하였는데 그 자식들이 아직 나지도 아니하고 무슨 선이나 악을 행하지 아니한 때에 택하심을 따라 되는 하나님의 뜻이 행위로 말미암지 않고 오직 부르시는 이로 말미암아 서게 하려 하사 리브가에게 이르시되 큰 자가 어린 자를 섬기리라 하셨나니 기록된 바 내가 야곱은 사랑하고 에서는 미워하였다 하심과 같으니라 그런즉 우리가 무슨 말을 하리요 하나님께 불의가 있느냐 그럴 수 없느니라 모세에게 이르시되 내가 긍휼히 여길 자를 긍휼히 여기고 불쌍히 여길 자를 불쌍히 여기리라 하셨으니 그런즉 원하는 자로 말미암음도 아니요 달음박질하는 자로 말미암음도 아니요 오직 긍휼히 여기시는 하나님으로 말미암음이니라

이처럼 하나님은 창세 전에 무조건적으로 선택, 혹은 무조건적으로 예정한 사람들의 영을 일방적으로 구원하여 주신다. 성경의 표현 그대로 "원하는 자로 말미암음도 아니요 달음박질하는 자로 말미암음도 아니요 오직 긍휼히 여기시는 하나님으로 말미암아" 무조건 영을 구원하여 주신다. 하나님은 사람들이 선택과 예정의 원리로 영의 구원을 받는 것에 토를 달지 못하게 하려고 아래와 같이 말씀하셨다.

**(롬 9:20-21)** 이 사람아 네가 누구이기에 감히 하나님께 반문하느냐 지음을 받은 물건이 지은 자에게 어찌 나를 이같이 만들었느냐 말하겠느냐 토기장이가 진흙 한 덩이로 하나는 귀히 쓸 그릇을, 하나는 천히 쓸 그릇을 만들 권한이 없느냐

## 10) 단회의 원리로 구원을 받는다

'단회(單回)'는 '단 한 번'을 의미한다. 성경은 신자의 영이 하나님의 단 한 번의 역사로 구원을 받는 것을 가르친다.

(히 10:10) 이 뜻을 따라 예수 그리스도의 몸을 단번에 드리심으로 말미암아 우리가 거룩함을 얻었노라

(히 10:14) 그가 거룩하게 된 자들을 한 번의 제사로 영원히 온전하게 하셨느니라

본문은 '그가 거룩하게 된 자들을 영원히 온전케 하셨다'고 증언한다. 히브리서 10장 10절과 14절의 헬라어 원문 문장은 '온전하게 하셨다'는 완료형 동사와 '영원히'라는 형용사로 되어 있다.[12] 본문은 '하나님이 신자를 현재 온전하게 만들어 가시는 중에 있다'는 뜻이 아니고, '하나님이 앞으로 신자를 온전하게 만들어 주시겠다'는 뜻도 아니고, '하나님께서 이미 신자를 영원히 온전하게 만들어 주셨다'는 뜻이다. 따라서 사람이 예수님을 믿는 순간 단번에, 그리고 영원히 영의 구원을 받는다는 사실을 알 수 있다.

## 11) 양자의 원리로 구원을 받는다

'양자(養子)'는 '양아들(혹은 양딸)을 의미한다. 성경은 죄인이 양자의 원리로 영의 구원을 받는 사실을 아래와 같이 증언한다.

(롬 8:15-17) 너희는 다시 무서워하는 종의 영을 받지 아니하고 양자의 영을 받았으므로 우리가 아빠 아버지라고 부르짖느니라 성령이 친히 우리의 영과 더

---

12) 디럭스바이블 2005, 헬라어사전, 미션소프트.

불어 우리가 하나님의 자녀인 것을 증언하시나니 자녀이면 또한 상속자 곧 하나님의 상속자요 그리스도와 함께한 상속자니 우리가 그와 함께 영광을 받기 위하여 고난도 함께 받아야 할 것이니라

하나님은 만왕의 왕이시다. 만왕의 왕이신 하나님의 친자(친아들)는 예수님밖에 없다. 그런데 하나님은 창세 전에 선택한 사람들을 양자로 입양하여 주시는 은혜를 베풀어 주셨다. 그러므로 죄인이 예수님을 믿어서 하나님의 자녀가 되는 것은 영적으로 만왕의 왕이신 하나님의 양아들, 혹은 양딸이 되는 것을 의미한다.

크리스찬 치유영성연구원 원장 김종주 박사는 양자의 원리를 아래와 같이 설명했다.

"예수님을 나의 구주, 주님으로, 내 마음의 왕으로 영접하면 하나님의 자녀가 된다(요 1:12). 하나님 나라의 왕족이 되고, 왕자, 공주가 된다. …… 하늘의 왕자요, 공주가 날마다 쫓기고, 왕따 당하고, 부부간에 갈등하고, 가난해서 거지 같은 삶을 지속적으로 살고, 몸의 질병으로 고통 당하고 산다면 기적이 따로 있는 것이 아니다. 그것이 기적이다. 하늘나라 왕국의 아버지 하나님의 얼굴에 창피와 수치심을 안겨주는 것이다. 전인치유를 통해 왕족으로, 왕자, 공주의 신분으로 100% 회복할 수 있다. 우리는 십자가에 피 흘려 날 구원하신 예수님의 핏값을 하고 살아야 한다. 왕족답게, 왕자, 공주답게 살며 구원해 주신 그 목적을 위해 살아야 한다."[13]

---

13) 김종주, 십자가 보혈의 능력, 치유와 영성, 2010년, pp. 16-17.

## 12) 언약의 원리로 구원을 받는다

언약은 하나님이 사람에게 하신 약속을 의미한다. 성경은 창세 전에 선택한 사람이 언약의 원리에 의하여 구원받는 사실을 아래와 같이 증언한다.

> (렘 31:31-33) 여호와의 말씀이니라 보라 날이 이르리니 내가 이스라엘 집과 유다 집에 새 언약을 맺으리라 이 언약은 내가 그들의 조상들의 손을 잡고 애굽 땅에서 인도하여 내던 날에 맺은 것과 같지 아니할 것은 내가 그들의 남편이 되었어도 그들이 내 언약을 깨뜨렸음이라 여호와의 말씀이니라 그러나 그날 후에 내가 이스라엘 집과 맺을 언약은 이러하니 곧 내가 나의 법을 그들의 속에 두며 그들의 마음에 기록하여 나는 그들의 하나님이 되고 그들은 내 백성이 될 것이라 여호와의 말씀이니라

본문은 '출애굽한 이스라엘 백성들이 하나님과 언약(율법언약, 행위언약)을 맺어서 하나님의 아내가 되었는데도 그 언약을 깨뜨렸지만 장차 하나님이 이스라엘 백성과 맺을 새 언약은 그들의 마음에 새길 것이기 때문에 그들이 절대로 그 언약을 깨뜨리지 못할 것이라'는 뜻이다. 다시 말해서 본문은 '출애굽한 이스라엘 백성이 하나님과 언약(율법언약, 행위언약)을 맺어서 하나님의 아내가 되었는데도 죄를 지었지만 장차 하나님이 이스라엘 백성과 맺을 새 언약은 그들의 마음에 새길 것이기 때문에 그들이 절대로 죄를 짓지 않을 것이라'는 뜻이다.

대부분의 목회자들은 본문을 장차 하나님이 성도와 맺을 새 언약에 의하여 성도의 영과 육이 모두 거룩하게 살게 될 것을 가르치는 말씀으로 해석한다.

그랜드종합주석의 본문 해석을 보자.

"새 언약은 인간의 전인격을 새롭게 하며(롬 8:1-11; 고후 5:17), 그로 하여금 하나님의 백성으로서 하나님 앞에 바로 서게 하며, 궁극적으로 구원에 이르게 하는 것이다."[14]

이처럼 그랜드종합주석은 '새 언약이 사람의 전인격(영과 육)을 새롭게 하여 궁극적으로 사람이 영혼 구원을 받게 한다'고 주장한다. 과연 본문이 그런 뜻일까?

이상관 목사의 해석을 보자.

"하나님께서는 두 번째(새) 언약을 믿는 자들에게 성령을 부어 주셔서 십자가에 달리신 주님을 실제적으로 보도록 하심으로 마음과 성품과 목숨을 다하여 우리를 사랑하시는 하나님의 사랑을 실제로 깨닫도록 하셔서 우리로 하여금 마음을 다하며 성품을 다하여 하나님과 주님을 사랑하도록 하심으로 그 언약을 성취하시는 것입니다."[15]

"새 언약은 주님이 주신 생수(사랑)를 마심으로 주님이 주신 거룩한 마음으로 살도록 하여 주시겠다는 언약입니다."[16]

"성령 하나님께서 이 언약을 이루어 주셔야 우리 안에 있는 생명의 성령의 법으로 죄와 사망의 법으로 역사하는 마귀를 이길 수 있으며, 율법의 요구를 이루는 삶을 살 수 있는 것입니다. 이 언약의 성

---

14) 그랜드종합주석, 예레미야, 성서교재간행사, 1995년, p. 388.
15) 이상관, 《예수님이 전하신 천국복음》, 사랑의 빛, 2017년, p. 297.
16) 이상관, 《예수님이 전하신 천국복음》, 사랑의 빛, 2017년, p. 351.

취로만 우리가 천국, 곧 하나님의 나라가 되어 살 수 있는 것입니다. 우리가 아브라함의 믿음으로 하나님이 맹세하신 이 언약을 믿기만 하면 하나님은 아들을 그리스도로 보내시어 반드시 새 언약(Ⅰ, Ⅱ, Ⅲ, Ⅳ, Ⅴ, Ⅵ)을 이루어 주십니다."[17]

이상관 목사의 "새 언약을 믿는 사람에게는 하나님이 반드시 새 언약(Ⅰ, Ⅱ, Ⅲ, Ⅳ, Ⅴ, Ⅵ)을 이루어 주신다"는 주장은 '새 언약을 믿는 사람에게는 하나님이 반드시 그리스도를 보내시고, 반석이신 그리스도를 주시고, 영광을 주시고, 하나님의 성전이 되게 해 주시고, 교회가 되게 해 주시고, 생명의 성령의 법을 이루어 주셔서 죄를 짓지 않게 해 주신다'는 뜻이다. 다시 말해서 '새 언약을 믿는 사람에게는 성령님이 반드시 영혼 구원을 받게 해 주시고, 영과 육이 거룩하게 살게 해 주신다'는 뜻이다. 이 때문에 이상관 목사는 아래와 같이 주장한다.

"지금까지 우리가 믿은 십자가 복음은 복음이 아니다. 그것은 다른 복음이다. 우리가 다른 복음을 믿었기 때문에 거룩하게 사는 데 실패한 것이다. 내가 깨달은 천국복음(새 언약)이 진짜 복음이다. 내가 깨달은 천국복음을 믿으면 성령님이 영과 육을 거룩하게 살게 해 주신다. 나는 천국복음을 깨달아서 믿은 후부터 거룩하게 살고 있다. 나에게 천국복음을 배워서 거룩하게 살라."[18]

이것이 사실이면 일반 성도들은 물론 목회자들도 반드시 이상관 목사에게 천국복음(새 언약)을 배워서 그것을 믿어야 할 것이다. 실제로 이상관 목사에게 천국복음을 배우는 일반 성도들과 목회자들이

17) 이상관, 《예수님이 전하신 천국복음》, 사랑의 빛, 2017년, p. 352.
18) 이상관 목사의 세미나 중에서

매우 많다. 정말로 이상관 목사의 주장이 맞는 것일까? 예레미야 31장 31-33절은 진실로 그런 뜻일까?

예레미야 31장 31-33절을 바르게 깨달으려면 히브리서 10장을 보아야 한다.

> (히 10:14-18) 그가 거룩하게 된 자들을 한 번의 제사로 영원히 온전하게 하셨느니라 또한 성령이 우리에게 증언하시되 주께서 이르시되 그날 후로는 그들과 맺을 언약이 이것이라 하시고 내 법을 그들의 마음에 두고 그들의 생각에 기록하리라 하신 후에 또 그들의 죄와 그들의 불법을 내가 다시 기억하지 아니하리라 하셨으니 이것들을 사하셨은즉 다시 죄를 위하여 제사드릴 것이 없느니라

본문의 '영원히'는 '끝이 없는 것'을 의미하고, '온전하게 하셨다'의 동사는 '과거 완료형'이다. 본문은 중생한 성도의 무엇이 영원히 온전하게 된 것을 의미할까?

사람은 예수님을 믿을 때 영만 구원을 받는다. 이 때문에 예수님이 "육으로 난 것은 육이요 영으로 난 것은 영이라"고 하신 것이다(요 3:6).

사람의 영은 예수님을 믿는 순간(거듭나는 순간)에 영원히 완전해진다. 다시 말해서 사람의 영은 중생하는 순간에 영원히 죄를 짓지 않는 상태가 된다.

> (요 10:28) 내가 그들에게 영생을 주노니 영원히 멸망하지 아니할 것이요 또 그들을 내 손에서 빼앗을 자가 없느니라

> (엡 2:4-6) 긍휼이 풍성하신 하나님이 우리를 사랑하신 그 큰 사랑을 인하여 허

물로 죽은 우리를 그리스도와 함께 살리셨고 (너희는 은혜로 구원을 받은 것이라) 또 함께 일으키사 그리스도 예수 안에서 함께 하늘에 앉히시니

(요일 5:18) 하나님께로부터 난 자는 다 범죄하지 아니하는 줄을 우리가 아노라 하나님께로부터 나신 자가 그를 지키시매 악한 자가 그를 만지지도 못하느니라

(히 10:14) 그가 거룩하게 된 자들을 한 번의 제사로 영원히 온전하게 하셨느니라

본문은 중생한 신자의 영에 일어난 일을 가르치는 말씀이다. 이처럼 중생한 신자의 영이 영원히 온전하게 되었기 때문에 중생한 신자의 영은 다시는 죄를 위하여 제사를 드릴 필요가 없다.

히브리서 기자는 "하나님이 거룩하게 된 자들을 한 번의 제사로 영원히 온전하게 하신 것은 예레미야 31장 31-33절이 성취된 것을 의미한다"고 선포했다.

(히 10:15-18) 또한 성령이 우리에게 증언하시되 주께서 이르시되 그날 후로는 그들과 맺을 언약이 이것이라 하시고 내 법을 그들의 마음에 두고 그들의 생각에 기록하리라 하신 후에 또 그들의 죄와 그들의 불법을 내가 다시 기억하지 아니하리라 하셨으니 이것들을 사하셨은즉 다시 죄를 위하여 제사드릴 것이 없느니라

본문 15절에 '또한(티-δε)'이란 단어가 있다. 헬라어의 '데(δε)'는 문장에 따라서 '그러나'로 쓰일 때도 있고, '또한'으로 쓰일 때도 있다. '데(δε)' 이전의 문장과 이후의 문장이 상반되면 '그러나'로 쓰인 것이고, '데(δε)' 이전의 문장과 이후의 문장이 똑같으면 '또한'으로 쓰인 것이다.

히브리서 10장 14절의 내용과 15절 이하의 내용을 분석해 보면 양자의 내용이 똑같은 것을 알 수 있다.

(히 10:14) 그가 거룩하게 된 자들을 한 번의 제사로 영원히 온전하게 하셨느니라

(히 10:18) 이것들을 사하셨은즉 다시 죄를 위하여 제사드릴 것이 없느니라

이처럼 양자의 내용이 똑같기 때문에 히브리서 10장 15절의 '데(δε)'가 '또한'으로 사용된 것을 알 수 있다. 한글성경이 정확하게 번역했다. 히브리서 10장 14-18절은 '십자가의 속죄사역과 새 언약이 똑같다'는 뜻이다. 본문은 '성도의 영이 십자가의 속죄사역을 믿어서 영원히 온전하게 된 것과 성도의 영이 새 언약을 믿어서 영원히 온전하게 된 것이 똑같다'는 뜻이다.

새 언약이 이루어지는 것이 예수님의 십자가를 통한 구속사역을 의미하기 때문에 예수님은 아래와 같이 말씀하셨다.

(마 26:27-28) 또 잔을 가지사 감사 기도 하시고 그들에게 주시며 이르시되 너희가 다 이것을 마시라 이것은 죄 사함을 얻게 하려고 많은 사람을 위하여 흘리는 바 나의 피 곧 언약의 피니라

주님이 말씀하신 '언약'은 예레미야 31장 31-33절의 '새 언약'을 의미한다. 이 때문에 히브리서 기자가 새 언약과 예수님의 십자가 구속사역을 동일하게 다룬 것이다.

이제 히브리서 10장 14-18절을 바르게 깨달을 수 있게 되었다. '성도가 예수님의 십자가로(성도가 새 언약의 성취로) 영원히 온전하

게 되었다'는 말씀은 '성도의 영이 예수님의 십자가로(성도가 새 언약의 성취로) 영원히 온전하게 되었다'는 뜻이다. 그러므로 이상관 목사가 "천국복음을 깨달은 성도는 영과 육이 거룩하게 살 수 있다"고 주장하는 것이 오류일 수밖에 없다. 복음을 깨달은 성도는 영만 영원히 거룩하게 살 수 있다.

중생한 신자의 육은 어떤가? 중생한 신자의 육은 거듭나지 않았기 때문에 정도의 차이가 있을 뿐 반드시 죄를 짓는다. 바울 사도, 베드로 사도, 다윗 왕 등이 육으로 죄를 지은 것이 그 증거다. 성도의 육이 영원히 온전하게 되지 않아서 그런 것이다. 이 때문에 천하의 바울 사도도 자신의 육신이 죄를 짓는 것 때문에 고민한 것이다(롬 7:12-25).

성도의 육은 죗값으로 죽을 때까지 지은 죄를 용서받기 위하여 예수님의 속죄제사(십자가의 보혈)가 필요하다. 성도의 육은 죗값으로 죽은 후에 예수님의 재림 때 부활체를 받아야만 영원히 온전하게 된다. 이것을 볼 때도 중생한 신자의 영만 새 언약에 의하여 영원히 온전하게 된 것을 알 수 있다. 그러므로 "새 언약을 깨달아서 그것을 믿기만 하면 성령님이 성도의 영과 육을 거룩하게 살게 해 주신다"고 주장하는 것이 오류일 수밖에 없다.

예레미야와 히브리서를 보면 하나님의 새 언약(영혼 구원 언약)에 몇 가지의 특징이 있는 것을 알 수 있다.

첫째, 새 언약은 일방적이다. 하나님의 전적인 주권으로 영혼 구원 언약이 맺어진다. 사람의 노력은 조금도 필요하지 않다.

둘째, 새 언약은 불변적이다. 영혼 구원 언약은 한 번 맺으면 절대로 파기되지 않는다. 한 번 구원은 영원한 구원이다.

셋째, 새 언약은 단회적이다. 사람이 예수님을 믿는 순간에 영의 죄가 단번에 모두 용서된다.

넷째, 새 언약은 영원적이다. 하나님의 은혜로 예수님을 믿을 때 온전하게 죄를 용서받은 성도의 영은 영원히 천국에서 산다. 성도의 영은 절대로 죄를 짓지 않는다.

이 때문에 히브리서가 "그가 거룩하게 된 자들을 한 번의 제사로 영원히 온전하게 하셨다", "그들의 죄와 불법을 내가 다시 기억하지 아니하리라", "그들은 죄를 위하여 다시 제사를 드릴 것이 없다"고 선언한 것이다.

이상관 목사의 결정적 오류는 두 가지다.

첫째, 성도의 영에 일어나는 일을 성도의 육에 일어나는 일로 가르친 것이다.

둘째, 성도의 영에 이미 일어난 일을 성도의 육에 장차 일어날 일로 가르친 것이다.

하나님은 "새 언약, 혹은 생명의 성령의 법을 깨달아서 믿는 성도의 영은 영원히 온전하게 되었다"고 하셨다. 그런데도 이상관 목사는 "성도가 새 언약, 혹은 생명의 성령의 법을 깨달아서 믿을 때 성령님의 도움으로 육이 죄를 짓지 않게 될 것이라"고 주장한다. 이것은 성경을 자기 마음대로 바꾼 것이다. 이래도 되는 것인가? 이것이 다른 복음이 아니면 무엇이 다른 복음이겠는가?

이상관 목사가 성도의 영에 이미 일어난 일을 성도의 육에 장차 일어날 일로 가르치기 때문에 그에게서 열심히 천국복음을 배운 목회자들 중에서 많은 이들이 예전에 믿던 복음으로 돌아가는 것이다. 영에 이미 일어난 일을 장차 육에 일어날 일로 가르치기 때문에 아무리 이상관 목사에게서 천국복음을 배워도 육신이 저절로 거룩하게 살 턱이 없는 것이다.

물론 이상관 목사에게서 천국복음을 배우는 동안에 예전보다 거룩하게 살게 된 이들도 있을 것이다. 그러나 그것은 그에게서 천국복음을 배웠기 때문이 아니라, 천국복음을 배우는 동안 경건생활에 힘썼기 때문이다. 그 정도의 경건생활에 힘쓰면 혼자서 다른 성경공부를 해도 그 정도로 거룩하게 살 수 있다.

새 언약으로 영원히 보장되는 영의 구원을 받은 성도가 육신으로 죄를 지으면 어떻게 되는가? 성도가 육신으로 거룩하게 살면 어떻게 되는가? 이 질문에 히브리서 기자는 아래와 같이 답변했다.

(히 10:26-35) 우리가 진리를 아는 지식을 받은 후 짐짓 죄를 범한즉 다시 속죄하는 제사가 없고 오직 무서운 마음으로 심판을 기다리는 것과 대적하는 자를 태울 맹렬한 불만 있으리라 모세의 법을 폐한 자도 두세 증인으로 말미암아 불쌍히 여김을 받지 못하고 죽었거든 하물며 하나님의 아들을 짓밟고 자기를 거룩하게 한 언약의 피를 부정한 것으로 여기고 은혜의 성령을 욕되게 하는 자가 당연히 받을 형벌은 얼마나 더 무겁겠느냐 너희는 생각하라 원수 갚는 것이 내게 있으니 내가 갚으리라 하시고 또 다시 주께서 그의 백성을 심판하리라 말씀하신 것을 우리가 아노니 살아 계신 하나님의 손에 빠져들어 가는 것이 무서울진저 전날에 너희가 빛을 받은 후에 고난의 큰 싸움을 견디어 낸 것을 생각하

> 라 혹은 비방과 환난으로써 사람에게 구경거리가 되고 혹은 이런 형편에 있는 자들과 사귀는 자가 되었으니 너희가 갇힌 자를 동정하고 너희 소유를 빼앗기는 것도 기쁘게 당한 것은 더 낫고 영구한 소유가 있는 줄 앎이라 그러므로 너희 담대함을 버리지 말라 이것이 큰 상을 얻게 하느니라

위의 본문은 영생을 얻은 성도가 육신으로 죄를 지으면 땅에서 저주를 받게 될 것과 하늘에서 상을 잃게 될 것을 가르치는 말씀이다. 또한 성도가 육신으로 선을 행하면 땅에서 복을 받게 될 것과 하늘에서 상을 받게 될 것을 가르치는 말씀이다. 그러나 본문을 성도의 영혼 구원 문제를 가르치는 말씀으로 오해하지 않도록 조심해야 한다. 이에 관해서는 《지옥에 가는 크리스천들?》 1권에서 자세히 설명한 바 있다.

누누이 강조한 것처럼 성경은 명백하게 100퍼센트 하나님의 은혜로 영의 구원이 이루어지는 것과 사람의 행위로 복과 상을 받는 것을 가르친다. 이것을 깨달아야만 성경이 가르치는 영의 구원을 오해하지 않을 수 있다.

5장

# 구원의 서정(序程)을 어떻게 정해야 할까?

칼빈주의자들은 구원의 서정(序程-순서)을 소명(召命), 중생(重生), 회개, 신앙, 칭의, 성화, 영화의 순서로 정했다. 하지만 필자가 성경을 볼 때, 이 순서에 약간의 조정이 필요한 것 같다. 지금부터 이에 관한 성경의 가르침을 알아보도록 하자.

### 1) 중생(重生)

성경은 중생을 '거듭났다'고 표현하기도 하고(요 3:3-5), '다시 살아났다'고 표현하기도 한다(엡 2:1).

디럭스바이블 성경사전은 중생을 아래와 같이 정의했다.

> "중생; 죄로 인하여 영적으로 죽어 있는 자가 성령의 능력에 의하여 그 영적 죽음에서 영적 새 생명을 가지기에 이르는 것을 의미한다."

예수님은 사람이 거듭나는 방법을 아래와 같이 가르쳐 주셨다.

(요 3:3-5) 예수께서 대답하여 이르시되 진실로 진실로 네게 이르노니 사람이

거듭나지 아니하면 하나님의 나라를 볼 수 없느니라 니고데모가 이르되 사람이 늙으면 어떻게 날 수 있사옵나이까 두 번째 모태에 들어갔다가 날 수 있사옵나이까 예수께서 대답하시되 진실로 진실로 네게 이르노니 사람이 물과 성령으로 나지 아니하면 하나님의 나라에 들어갈 수 없느니라

예수님은 "사람은 물과 성령으로 거듭난다"고 하셨다. 물이 생명의 물이신 예수님을 의미하면 사람은 예수님과 성령님에 의하여 거듭나는 것이고, 물이 생수이신 성령님을 의미하면 사람이 성령님에 의하여 거듭나는 것을 강조하신 것이고, 물이 말씀을 의미하면 사람이 하나님의 말씀과 성령님에 의하여 거듭나는 것을 가르치신 것이다.

### 2) 소명(召命)

소명(召命)은 '부르심'을 뜻한다. 디럭스바이블 성경사전은 소명을 아래와 같이 정의했다.

"소명; 사람 편에서 하나님을 찾아 믿는 것이 아니라, 하나님 편에서 부르시고, 사명을 맡기심에 따라, 이에 응답하여 헌신하는 일을 말하는데, [부르심]으로 모두 번역되어 있다."

중생은 영이 거듭나는 것을 의미하고, 소명은 하나님이 택한 사람을 부르시는 것을 의미한다. 칼빈주의자들은 구원의 서정을 정할 때 소명을 먼저 두고, 중생을 나중에 둔다. 하지만 필자는 '이것을 반대로 정해야 한다'고 생각한다. 중생을 소명보다 앞세우는 이유는 죽은 영이 살아나지 않으면(중생하지 않으면) 하나님의 부르심(소명)을 알아들을 수 없다고 판단하기 때문이다. 이는 마치 죽은 사람이 사람의 음성을 들을 수 없는 것과 같다.

예수님이 죄인을 부르시는(소명하시는) 사실이 아래의 본문에 잘 나타나 있다.

(눅 5:32) 내가 의인을 부르러 온 것이 아니요 죄인을 불러 회개시키러 왔노라

위에서 보는 것처럼 죄인이 예수님을 찾아가는 것이 아니라, 예수님이 죄인을 불러서 만나 주신다. 다시 말해서 예수님이 중생시킨 사람을 불러서 만나 주신다. 그러므로 소명 역시 전적으로 예수님의 소관일 수밖에 없다.

하나님은 창세 전에 선택한(엡 1:4) 하나님의 자녀들을 한 사람도 빠짐없이 중생시켜 주신 후에 반드시 하나님의 자녀로 불러 주신다(요 18:9). 그러므로 창세 전에 선택받은 하나님의 자녀들은 "하나님이 나를 불러 주시지 않으면 어떻게 할까"라는 염려를 할 필요가 전혀 없다. 그리고 진정으로 예수님을 구주로 믿어서 하나님의 자녀가 된 사람들은 자신이 소명받은 사실을 의심할 필요가 없다.

### 3) 회개(悔改)

소명을 받은 사람은 반드시 회개를 한다. 아무리 교회에 열심히 다니는 사람이라도 죄를 회개하지 않으면 그는 아직 중생하지 않은 것이고, 소명을 받지 못한 것이다.

마가복음 기자는 회개에 관하여 아래와 같이 기록했다.

(막 1:14-15) 요한이 잡힌 후 예수께서 갈릴리에 오셔서 하나님의 복음을 전파하여 이르시되 때가 찼고 하나님의 나라가 가까이 왔으니 회개하고 복음을 믿으라 하시더라

본문이 가르치는 것처럼 회개한 후에 예수님을 믿을 수 있다.

죄 중에서 가장 큰 죄는 하나님(예수님)을 구주로 믿지 않은 죄다. 왕을 믿지 않는 사람은 아무리 착하게 살아도 반역자로 여기는 까닭이다. 그러므로 하나님(예수님)을 믿지 않는 사람은 아무리 착하게 살아도 영적 반역자로 다룰 수밖에 없다. 사람이 영의 구원을 받으려면 반드시 하나님(예수님)을 믿지 않은 죄를 깨닫고, 하나님(예수님)을 믿지 않은 죄를 뉘우치고, 하나님(예수님)을 믿어야 한다. 어떤 사람이 다른 죄들은 회개하면서도 예수님을 믿지 않은 죄를 회개하지 않으면 하나님은 그를 회개하지 않은 것으로 대우하신다. 이것은 마치 어떤 반역자가 다른 죄들은 모두 회개하면서도 반역죄를 회개하지 않으면 왕이 그를 반역자로 여기는 것과 같다.

예수님(혹은 성령님)은 100퍼센트 주님의 능력을 발휘하여 죄인을 거듭나게 하여 주시는 것처럼, 100퍼센트 주님의 능력을 발휘하여 거듭난 죄인이 회개하게 해 주신다. 거듭난 사람은 스스로의 힘으로 회개하지 않고, 100퍼센트 예수님(혹은 성령님)의 도움으로 회개한다. 예수님은 이 사실을 아래와 같이 가르쳐 주셨다.

(눅 5:32) 내가 의인을 부르러 온 것이 아니요 죄인을 불러 회개시키러 왔노라

본문의 '회개시키러(에이스 메타노이안-εις μετανοιαν)'의 헬라어 원문의 기본 뜻은 '회개 속으로 들어가게 하여 주는 것'을 의미한다. 이처럼 죄인은 스스로의 힘으로 회개하지 않고, 100퍼센트 예수님의 도움으로 회개한다. 다시 말해서 예수님은 죄인의 죽은 영을 다시 살리는 것으로 끝내시지 않고, 죄인의 죽은 영을 다시 살리신 후에 회개하게 하신다. 이것이 예수님이 말씀하신 '회개시키러'의 뜻이다. 그

러므로 창세 전에 하나님이 선택한 사람은 반드시 회개하게 되어 있다. 다시 말해서 창세 전에 하나님의 선택을 받은 사람은 하나님을 믿지 않은 반역죄를 반드시 회개하게 되어 있다.

디럭스바이블 성경사전은 회개를 아래와 같이 정의했다.

"회개; 하나님으로부터 떠나 있는 인간이 그 전 존재를 하나님께 복귀케 하는 행위를 가리키는 용어. 이것은 그리스도인의 삶에 들어가는 제1보의 경험이기도 한데, 전면적 전환을 의미한다. 이 세상을 향하여 있던 죄의 마음을 하나님의 은혜의 세계로 방향을 바꾸는 것으로서 회심과도 동의어이다. 지금까지 본심을 떠나 있던 자가 본심으로 돌아서고(행 3:19), 하나님을 업신여기던 자가 하나님께로 복귀하는 일(행 26:20), 이것이 회개이다. 회개에는 소극과 적극의 양면이 있다. 소극적인 면은 후회와 한가지로, 과거를 돌아보아 자기의 죄와 허물을 자각하고, 이것을 뉘우치는 일이고(시 51:3, 요일 1:9), 적극적인 면은 지금까지의 옛 마음이나 생활(걸음)을 떨쳐 버리고, 새로운 신앙의 길로 돌아서서 나아가는 일이다(눅 15:20)."

그런데 어떤 성도들은 회개를 오해한다. 그들은 눈물을 흘리면서 죄를 뉘우친 후에 예수님을 믿어야만 진정한 회개를 한 것으로 오해한다. 물론 예수님의 발에 향유를 붓고, 머리털로 예수님의 발을 씻은 어떤 여인처럼 눈물을 흘리면서 죄를 뉘우친 후에 예수님을 믿는 사람들도 있다.

(눅 7:36-38, 47-50) 한 바리새인이 예수께 자기와 함께 잡수시기를 청하니 이에 바리새인의 집에 들어가 앉으셨을 때에 그 동네에 죄를 지은 한 여자가 있어 예수께서 바리새인의 집에 앉아 계심을 알고 향유 담은 옥합을 가지고 와

서 예수의 뒤로 그 발 곁에 서서 울며 눈물로 그 발을 적시고 자기 머리털로 닦고 그 발에 입맞추고 향유를 부으니 …… 이러므로 내가 네게 말하노니 그의 많은 죄가 사하여졌도다 이는 그의 사랑함이 많음이라 사함을 받은 일이 적은 자는 적게 사랑하느니라 이에 여자에게 이르시되 네 죄 사함을 받았느니라 하시니 함께 앉아 있는 자들이 속으로 말하되 이가 누구이기에 죄도 사하는가 하더라 예수께서 여자에게 이르시되 네 믿음이 너를 구원하였으니 평안히 가라 하시니라

하지만 회개할 때 울지 않는 사람들도 많다. 어떤 사람들은 회개할 때 울기는커녕 웃기조차 한다. 삭개오가 그런 사람이다.

(눅 19:5-10) 예수께서 그 곳에 이르사 쳐다보시고 이르시되 삭개오야 속히 내려오라 내가 오늘 네 집에 유하여야 하겠다 하시니 급히 내려와 즐거워하며 영접하거늘 뭇 사람이 보고 수군거려 이르되 저가 죄인의 집에 유하러 들어갔도다 하더라 삭개오가 서서 주께 여짜오되 주여 보시옵소서 내 소유의 절반을 가난한 자들에게 주겠사오며 만일 누구의 것을 속여 빼앗은 일이 있으면 네 갑절이나 갚겠나이다 예수께서 이르시되 오늘 구원이 이 집에 이르렀으니 이 사람도 아브라함의 자손임이로다 인자가 온 것은 잃어버린 자를 찾아 구원하려 함이니라

본문을 보라. 삭개오가 회개할 때 울었는가? 전혀 울지 않았다. 울기는커녕 즐거워했다. 그런데도 예수님은 삭개오를 아브라함의 후손으로 인정하시고, 그가 영의 구원을 받은 사실을 선포하셨다.

사도행전에도 예수님을 믿어서 영의 구원을 받을 때 기뻐한 사람들이 기록되어 있다.

(행 13:48) 이방인들이 듣고 기뻐하여 하나님의 말씀을 찬송하며 영생을 주시기로 작정된 자는 다 믿더라

이처럼 영의 구원을 받을 때 울기는커녕 웃는 사람들도 있다. 사도행전 8장에 기록된 에티오피아 내시 역시 예수님을 영접한 후에 세례를 받을 때 울지 않은 것 같다(행 8:26-39).

진정으로 중요한 것은 진심으로 자신이 지은 죄를 깨닫고, 지은 죄를 뉘우치고, 예수님을 믿은 사실이다. 진심으로 예수님을 믿었으면 웃으면서 회개했어도 반드시 영의 구원을 받는다. 진심으로 예수님을 믿지 않았으면 울면서 회개했어도 절대로 영의 구원을 받지 못한다.

회개할 때의 반응이 사람마다 다른 것은 사람의 성(性)이나 기질과 관련이 있는 것으로 여겨진다. 여성들은 회개할 때 울 가능성이 크고, 남성들은 회개할 때 울지 않을 가능성이 크다. 또한 감성이 발달한 사람은 회개할 때 울 가능성이 크고, 지성이 발달한 사람은 회개할 때 울지 않을 가능성이 크다. 또한 일반적으로 예수님을 영접할 때 우는 사람보다는 울지 않는 사람들이 대부분이다. 성경에는 '회개할 때 울어야만 진짜 회개한 것'이라는 가르침이 전혀 없다.

사람이 어떤 방법으로 회개하든지, 그리고 어떤 방법으로 예수님을 영접하든지, 그가 진심으로 회개한 후에 예수님을 영접하는 순간 하나님의 자녀가 된다(요 1:12). 그리고 예수님을 믿어 하나님의 자녀가 된 후에는 신분이 영원히 변하지 않는다(요 10:28-29). 그러므로 회개할 때 우는 것을 진정한 회개의 표지(標識)로 규정할 수 없을 것이다.

중요한 것은 진정으로 회개한 후에 예수님을 영접했느냐 하는 점이다. 펑펑 울면서도 마음으로는 예수님을 영접하지 않을 수 있다. 이런 사람은 절대로 영의 구원을 받지 못한다. 반면 웃으면서도 진정으로 예수님을 영접할 수 있다. 이런 사람은 반드시 영의 구원을 받는다. 그러므로 "울면서 회개하지 않은 사람은 가짜 신자"라고 주장하여 울지 않고 회개한 성도들의 마음을 혼란스럽게 하지 말아야 한다. 또한 울지 않고서도 진심으로 예수님을 영접한 성도들은 자신이 영의 구원을 받은 사실을 의심하지 말아야 한다. 회개할 때 우는 것은 진정한 회개의 표지(標識)가 아니다.

### 4) 신앙(信仰-믿음)

신앙은 회개한 죄인이 예수님(혹은 하나님)을 구주로 믿는 것(혹은 영접하는 것)을 의미한다. 회개한 죄인이 예수님을 믿을 때 하나님의 자녀가 된다. 성경은 이 일을 아래와 같이 증언한다.

> (요 1:12) 영접하는 자 곧 그 이름을 믿는 자들에게는 하나님의 자녀가 되는 권세를 주셨으니

> (요 5:24) 내가 진실로 진실로 너희에게 이르노니 내 말을 듣고 또 나 보내신 이를 믿는 자는 영생을 얻었고 심판에 이르지 아니하나니 사망에서 생명으로 옮겼느니라

어떤 이들은 사람의 힘이 일부 작용하여 예수님을 믿는 것으로 이해하기도 한다. 하지만 성경의 가르침은 100퍼센트 하나님의 힘으로 예수님을 믿는 사실을 가르친다.

> (엡 2:8-9) 너희는 그 은혜에 의하여 믿음으로 말미암아 구원을 받았으니 이것은 너희에게서 난 것이 아니요 하나님의 선물이라 행위에서 난 것이 아니니 이는 누구든지 자랑하지 못하게 함이라

## 5) 칭의(稱義)

죄인이 예수님을 믿으면 하나님은 그를 '의롭다'고 인정하여 주신다.

> **(롬 3:28)** 그러므로 사람이 의롭다 하심을 얻는 것은 율법의 행위에 있지 않고 믿음으로 되는 줄 우리가 인정하노라

본문에 기록된 것처럼 죄인은 오직 믿음으로 의인이 된다. 바울 사도는 '오직 믿음으로 의롭게 되는 것'을 '오직 은혜로 의롭게 된다'고 표현하기도 했다.

> **(롬 3:24)** 그리스도 예수 안에 있는 속량으로 말미암아 하나님의 은혜로 값없이 의롭다 하심을 얻은 자 되었느니라

칭의를 바르게 깨닫는 것이 구원의 확신을 가지는 데 매우 중요하다. 칼빈주의자들은 '칭의의 법적 선언'이란 말을 사용한다. 이 말은 '중생한 신자의 영은 법적으로는 의롭지만 실제적으로는 의롭지 않다'는 뜻이다. 안타깝게도 칼빈주의자들의 '칭의의 법적 선언'이란 말은 성경을 오해한 말이다.

우리가 충분히 확인한 것처럼 사람의 영은 예수님을 믿는 순간에 영원히 의롭게 되고, 완전히 거룩해진다. 중생한 신자의 영은 영원히 죄를 짓지 않는다. 그러므로 중생한 신자의 영에 관한 한 칭의와 성화를 구별하면 안 된다. 따라서 칼빈주의자들이 사용하는 '칭의의 법적 선언'이란 말은 '법적, 실제적 칭의'로 바꿔져야 한다. 중생한 신자의 영은 법적으로만 아니라, 실제적으로도 의롭고, 영원히 의롭다. 이것은 성경의 가르침이다!

## 6) 양자(養子)

(롬 8:14) 무릇 하나님의 영으로 인도함을 받는 사람은 곧 하나님의 아들이라

(롬 8:16-17) 성령이 친히 우리의 영과 더불어 우리가 하나님의 자녀인 것을 증언하시나니 자녀이면 또한 상속자 곧 하나님의 상속자요 그리스도와 함께 한 상속자니 우리가 그와 함께 영광을 받기 위하여 고난도 함께 받아야 할 것이니라

위에서 보는 것처럼 하나님은 우리를 예수님을 믿게 하신 후에 하나님의 자녀로 삼아 주신다. 이것을 신학적 용어로 '양자 삼기'라 한다.

하나님의 친자는 예수님밖에 없다. 모든 신자는 하나님의 양자다. 양자나 친자나 자녀의 권리는 똑같다.

## 7) 영화(榮華)

칼빈주의자들은 칭의(양자)와 영화 사이에 성화와 견인(堅忍)을 넣지만 성경은 그렇게 가르치지 않는다. 성경은 칭의(양자), 성화, 견인, 영화가 동시에 일어나는 것으로 가르친다.

(히 10:14) 그가 거룩하게 된 자들을 한 번의 제사로 영원히 온전하게 하셨느니라

"거룩하게 된 자들"은 '의롭게 된 자들'이란 뜻이다. 이처럼 죄인은 예수님을 믿을 때 칭의(성화)와 영화를 동시에 얻는다. 사람이 예수님을 믿고 나서 일정 기간 동안 성화를 이룬 후(일정 기간 견인한 후)에 영화를 얻는 것이 아니다. 로마서 8장은 이 사실을 가르친다.

**(롬 8:30)** 또 미리 정하신 그들을 또한 부르시고 부르신 그들을 또한 의롭다 하시고 의롭다 하신 그들을 또한 영화롭게 하셨느니라

위에서 보는 것처럼 신자는 이미 의롭게 되었고, 이미 영화롭게 되었다. 의롭게 된 후에 일정 기간이 지나서 영화롭게 되는 것이 아니다.

지금까지는 중생, 소명, 회개, 신앙, 칭의, 양자, 성화, 견인, 영화의 순서로 구원의 서정을 이해했다. 하지만 앞으로는 중생, 소명, 회개, 신앙, 칭의, 양자, 영화의 순서로 구원의 서정을 이해하는 것이 합당할 것이다.

# 6장

# 마음, 육신(몸)이란 무엇인가?

《지옥에 가는 크리스천들?》 1권에서 성경기자들이 '구원'이란 단어를 여러 가지 용도로 사용한 사실을 알아보았다. 그런데 성경기자들은 '구원'이란 단어 외에도 여러 가지 단어를 여러 가지 용도로 사용했다. 구원과 관련된 단어 중에서 성경기자들이 여러 가지 용도로 사용한 단어는 '마음', '육신(몸)' 등이 있다. 이 단어들의 용법을 바르게 이해해야만 성경의 구원을 명확하게 깨달을 수 있다.

### 1) 마음이란 무엇인가?

성경에는 '마음'이란 단어가 많이 나온다. 성경의 구원을 충분히 깨달으려면 성경에 기록된 '마음'이란 단어의 용도를 바르게 깨달아야 한다. 이것을 바르게 깨달으려면 바울 서신을 검토하는 것이 좋다.

디모데전서 6장에 기록된 '마음'이란 단어를 보자.

**(딤전 6:5)** 마음이 부패하여지고 진리를 잃어버려 경건을 이익의 방도로 생각하는 자들의 다툼이 일어나느니라

본문의 '마음이 부패하여지고'에 사용된 '마음'이란 단어의 헬라어는 기본형이 '누스(νους)'다.[19]

바울 서신을 보면 바울 사도가 '누스'를 세 가지 용도로 사용한 것을 알 수 있다.

(1) 바울 사도는 '절대로 죄를 짓지 않는 하나님의 마음'을 표현할 때 '누스'를 사용했다.

(롬 11:34) 누가 주의 마음을 알았느냐 누가 그의 모사가 되었느냐

본문의 '마음'에 사용된 헬라어는 '누스'다. 본문의 '주의 마음'은 '하나님의 마음'을 뜻한다. 하나님의 마음은 절대로 죄를 짓지 않는다. 이처럼 바울 사도는 '절대로 죄를 짓지 않는 하나님의 마음'을 표현할 때 '누스'를 사용했다.

(2) 바울 사도는 '성령님의 보호로 절대 죄를 짓지 않는 신자의 영'을 표현할 때 '누스'를 사용했다.

(롬 7:25-8:1) 우리 주 예수 그리스도로 말미암아 하나님께 감사하리로다 그런즉 내 자신이 마음으로는 하나님의 법을 육신으로는 죄의 법을 섬기노라 그러므로 이제 그리스도 예수 안에 있는 자에게는 결코 정죄함이 없나니

본문에서 '마음'으로 번역된 헬라어 단어는 '누스'다. 본문의 '마음'

---

19) 누스(νους): 지능, 즉 마음(하나님 또는 인간의 사고, 감각, 또는 의지에 있어서), 함축적으로 '의미', 이해, 5590과 비교 〈고전 14:14〉남명. thinks; 1)마음. 디럭스바이블 2005, 헬라어사전, 미션소프트.
〈참고〉 본서의 초판에 '누스'를 일부 잘못 설명한 것을 본서에서 바로잡았다.

이 로마서 7장 22절에는 '속사람'으로 표현되었다. '속사람'은 '육신(사륵스-σαρξ-롬 7:25)'의[20] 반대개념이다. 따라서 '속사람(마음)'이 '사람의 영'을 의미하는 것을 쉽게 알 수 있다.[21] 바울 사도는 본문을 통하여 "신자의 마음(영, 속사람)은 절대로 죄를 짓지 않으므로 신자는 결코 정죄를 당하지 않는다"고 선언했다. 이것은 요한 사도가 "성령님께서 신자의 영을 지켜 주시기 때문에 신자의 영은 절대로 죄를 짓지 않는다"고(요일 5:18) 증언한 것과 똑같은 선언이다. 이처럼 바울 사도는 '성령님이 완벽하게 보호하여 주시기 때문에 절대로 죄를 짓지 않는 신자의 영'을 표현할 때 '누스'를 사용하기도 했다.

(3) 바울 사도는 '성령님의 완벽한 보호를 받지 못하여 죄를 짓는 신자의 육체의 마음'을 표현할 때 '누스'를 사용했다.

> **(골 2:18 개역한글)** 누구든지 일부러 겸손함과 천사 숭배함을 인하여 너희 상을 빼앗지 못하게 하라 저가 그 본 것을 의지하여 그 육체의 마음을 좇아 헛되이 과장하고

본문에 '마음'으로 번역된 단어는(개역개정판은 '생각'으로 번역했다) 로마서 7장 25절에 '마음'으로 번역된 단어와 똑같은 '누스'다. 본문의 '육체'로 번역된 단어는 로마서 7장 25절에 '육신'으로 번역된 단어와 동일한 '사륵스'다.

---

20) 사륵스(σαρξ): '육체', 즉 (엄격하게) 동물의 고기 (음식으로), 또는 (연루된 의미로) 몸, (영혼과 반대되는 것으로, 혹은 인간의 외적인 상징으로) 육체, 또는 (함축적으로) 인간성, (육체적이나 도덕적으로 연약성을 지닌) 인간 〈롬 6:19; 엡 2:3; 히 9:10〉 1)살 2)몸 3)생축 4)(단지 인간의 본성을 나타내는)육, 육체. 디럭스바이블 2005, 헬라어사전, 미션소프트.

21) 랜스키 박사는 '누스는 영혼의 한 기관'이라고 했다. 누스가 영혼이든, 영혼의 한 기관이든, 바울이 누스를 영혼에 속한 것으로 사용한 것은 분명하다.

바울 사도는 로마서 7장 25절에서 '육체와 대비되는 영의 중심'을 뜻하는 단어로 '누스'를 사용했는데, 본문에서는 '육체의 중심'을 뜻하는 단어(육체의 마음)로 '누스'를 사용했다.[22] 이것을 볼 때 본문의 '신자도 마음으로 죄를 지을 수 있다'는 말이 '신자도 육체로 죄를 지을 수 있다'는 뜻인 것을 쉽게 알 수 있다.

바울 사도는 고린도전서 14장에서도 '누스'를 '육체의 마음'을 뜻하는 단어로 사용했다.

(고전 14:14-15) 내가 만일 방언으로 기도하면 나의 영이 기도하거니와 나의 마음은 열매를 맺지 못하리라 그러면 어떻게 할까 내가 영으로 기도하고 또 마음으로 기도하며 내가 영으로 찬송하고 또 마음으로 찬송하리라

본문의 '영'의 헬라어는 '프뉴마'다. 본문의 '마음'의 헬라어는 '누스'다. 본문의 문맥을 볼 때, 본문의 '나의 영'이 '바울 사도의 영혼'을 뜻하는 것을 알 수 있고, 본문의 '나의 마음'이 '바울 사도의 육체'를 뜻하는 것을 알 수 있다.[23] 본문을 볼 때도 바울 사도가 '누스'를 어느 때는 영을 뜻하는 단어로 사용했고(롬 7:25), 어느 때는 육체를 뜻하는 단어로 사용한 사실을 알 수 있다.

성경에는 '누스' 외에도 '마음'을 뜻하는 단어로 많이 사용된 단어가 하나 더 있다. 그 단어는 '카르디아(καρδια)'다.[24] 그런데 성경을

---

22) 개역개정판은 골로새서 2장 18절의 '육체의 마음'을 '육신의 생각'으로 번역했는데, 이것은 '누스'를 일관성 있게 번역하지 않은 것이므로 합당한 번역이 아니다. 바울 사도가 주로 사용한 '생각'이란 단어는 '프로네마'다. '육신의 생각'으로 번역된 로마서 8장 6절에 '프로네마'란 단어가 사용되었다. 따라서 골로새서 2장 18절의 '누스'는 개역한글성경처럼 '육체의 마음'으로 번역하는 것이 좋다.
23) 박윤선 박사는 본문의 영을 인간의 영혼으로, 마음을 인간의 지능으로 해석했다. 고린도전서, 영음사, 1990년, pp.215-216.

자세히 살펴보면 성경기자들이 '카르디아'를 '누스'와 동일한 용도로 사용한 것을 알 수 있다.

아래에 소개한 성경본문을 검토하여 보자.

(행 13:22) 폐하시고 다윗을 왕으로 세우시고 증언하여 이르시되 내가 이새의 아들 다윗을 만나니 내 마음에 맞는 사람이라 내 뜻을 다 이루리라 하시더니

본문의 '내 마음'에 사용된 단어가 '카르디아'다. 이것은 '하나님의 마음'을 의미한다.

(고후 1:22) 그가 또한 우리에게 인치시고 보증으로 우리 마음에 성령을 주셨느니라

본문의 '우리 마음'에 사용된 단어가 '카르디아'다. 본문의 마음은 중생한 신자의 영혼을 의미한다.

(마 15:19) 마음에서 나오는 것은 악한 생각과 살인과 간음과 음란과 도둑질과 거짓 증언과 비방이니

본문의 '마음'에 사용된 단어가 '카르디아'다. 본문의 마음은 중생하지 못한 사람의 영혼, 혹은 중생한 신자의 육체를 의미한다.

이처럼 성경기자들은 '카르디아' 역시 '누스'와 동일하게 사용한 것을 알 수 있다. 그러므로 성경을 읽다가 '마음'이란 단어가 나오면 그 단어를 잘 분별하여 본문을 해석해야 한다.

마음이란 단어를 바르게 해석하는 방법은 간단하다.

마음이란 단어를 하나님의 마음을 표현할 때 사용했으면 그 마음

---

24) 카르디아(καρδια): 1)마음, 심장, 영적 생명의 중심 자리, 영혼, 생각, 열정, 욕망, 식욕 등의 원천. 디럭스바이블 2005, 헬라어사전, 미션소프트.

은 죄를 짓지 않는 하나님의 마음을 의미한다.

마음이란 단어를 중생한 신자가 죄를 짓지 않는 것을 표현할 때 사용했으면 그 마음은 죄를 짓지 않는 중생한 신자의 영혼을 의미한다.

마음이란 단어를 중생한 신자가 죄를 짓는 것을 표현할 때 사용했으면 그 마음은 죄를 짓는 중생한 신자의 육체(정신)를 의미한다. 이런 관점에서 성경의 구원을 연구하면 더욱 확실하게 성경의 구원을 깨달을 수 있다.

### 2) 육신(몸)이란 무엇인가?

한글성경에 '육신'으로 번역된 헬라어 중에 '사륵스(σαρξ)'가 있다. 성경기자들은 기본적으로 '사륵스'를 '사람의 몸'을 의미할 때 사용했다.

> **(롬 1:3)** 그의 아들에 관하여 말하면 육신으로는 다윗의 혈통에서 나셨고

> **(롬 4:1)** 그런즉 육신으로 우리 조상인 아브라함이 무엇을 얻었다 하리요

로마서 1장 3절의 '육신(사륵스)'은 예수님의 몸을 의미한다.
로마서 4장 1절의 '육신(사륵스)'은 사람의 몸을 의미한다.

성경기자들은 '육신(사륵스)'이란 단어와 함께 '몸'이란 단어도 사용했다. '몸'의 헬라어는 '소마(σωμα)'다.[25]

---

25) 소마(σωμα): 신체(건강한 총체로서), 매우 다양하게 적용(문자적 비유적으로), 육적으로, 몸, 종 〈마 6:22 고전 12:12 고후 10:10〉 증명, body; 1)사람이나 동물의 몸, 신체, 2)식물의 줄기와 천체, 3)(크거나 작은)단체, 4)그림자와 구별되는 그림자가 생기게 하는 것.

(롬 4:19) 그가 백 세나 되어 자기 몸이 죽은 것 같고 사라의 태가 죽은 것 같음을 알고도 믿음이 약하여지지 아니하고

본문의 '자기 몸'은 사람의 육체(살과 피)를 의미한다.

(롬 7:24) 오호라 나는 곤고한 사람이로다 이 사망의 몸에서 누가 나를 건져내랴

본문의 '사망의 몸'은 '죄를 범하게 만드는 육신의 성질'을 의미한다. 이것을 볼 때 우리의 몸(뼈와 살)은 중립적 존재인데, 우리의 몸속에 있는 육신이라는 악한 성질이 우리의 몸(뼈와 살)을 이용해서 죄를 짓게 하는 것을 알 수 있다. 이 때문에 바울 사도가 "내가 나의 몸을 쳐서 하나님께 복종시키는 일을 힘쓴다"고 선언한 것이다(고전 9:27).

여기서 중생한 신자의 몸과 영혼(영)의 차이점을 생각하여 보자.

중생한 신자의 영혼(영)은 물론, 몸도 하나님의 것이다. 중생한 신자의 영혼(영)은 법적, 실제적으로 하나님의 것인 데 반하여 신자의 몸은 법적으로만 하나님의 것이다. 실제적으로는 사탄이 신자의 몸을 지배하고 있다. 바울 사도가 에베소서 2장 4-6절에서 "우리가 예수님과 함께 죽었고, 부활했고, 승천했고, 보좌에 앉아 있다"고 말한 것은 "우리의 영이 그렇다"는 뜻이다. 이것을 볼 때도 중생한 신자의 몸이 법적으로만 하나님의 것임을 알 수 있다.

천국과 지구를 생각하여 보면 이 사실을 쉽게 이해할 수 있을 것이다. 천국과 지구는 모두 하나님의 것이다. 하지만 천국은 법적, 실제적으로 하나님의 것인 데 반하여 지구는 법적으로만 하나님의 것이다. 이 때문에 사탄이 지구를 지배하고 있는 것이다.

남한 땅과 북한 땅을 생각하여 보아도 이 사실을 쉽게 이해할 수 있을 것이다. 남한 땅과 북한 땅은 모두 대한민국의 땅이다. 하지만 남한 땅은 법적, 실제적으로 대한민국의 땅인 것에 반하여 북한 땅은 법적으로만 대한민국의 땅이다. 이 때문에 공산당이 북한을 지배하고 있는 것이다.

이와 비슷하게 중생한 신자의 몸은 법적으로만 예수님의 몸이다. 성도의 몸은 예수님의 재림 때 부활체로 변해야만 실제적으로 예수님의 몸이 된다.

성도가 죄를 지을 때 성도의 몸속에 계신 예수님도 성도와 함께 죄를 지으실까? 성경은 성도의 몸을 '그리스도의 몸', 혹은 '그리스도의 지체'로 표현한다.

(고전 12:27) 너희는 그리스도의 몸이요 지체의 각 부분이라

(고전 6:15) 너희 몸이 그리스도의 지체인 줄 알지 못하느냐 내가 그리스도의 지체를 가지고 창녀의 지체를 만들겠느냐 결코 그럴 수 없느니라

어떤 목회자들은 성도들이 죄를 적게 짓도록 유도하기 위하여 "예수님과 성도가 한 몸이기 때문에 성도가 죄를 지을 때 예수님도 성도와 함께 죄를 지으실 수밖에 없다", "예수님을 죄 지으시게 하면 되겠는가", "제발 죄를 짓지 말라"고 호소한다. 안타깝게도 이것은 성도의 영만 예수님과 실제적으로 한 몸이 된 것을 모르기 때문에 나온 주장이다.

《지옥에 가는 크리스천들?》 1권에서 설명한 것처럼 어떤 사람이 예수님을 믿을 때 그의 영만 거듭나서 그 영만 예수님과 실제적으로

한 몸이 된다.

> (요 3:6) 육으로 난 것은 육이요 영으로 난 것은 영이니

물론 하나님이 삼위일체시기 때문에 삼위일체 하나님이 모두 성도의 영과 실제적으로 한 몸이다.

반면에 성도의 몸은 법적으로만 삼위일체 하나님의 몸이다. 성도의 몸이 실제적으로 하나님의 몸이 되려면 그것이 부활체로 변해야 한다. 이것을 깨달으려면 아래의 성경말씀에 주목해야 한다.

> (고전 6:19) 너희 몸은 너희가 하나님께로부터 받은 바 너희 가운데 계신 성령의 전인 줄을 알지 못하느냐 너희는 너희 자신의 것이 아니라

> (고전 3:16) 너희는 너희가 하나님의 성전인 것과 하나님의 성령이 너희 안에 계시는 것을 알지 못하느냐

성도가 몸으로 죄를 지을 때 성도의 몸속에 계신 성령님도 함께 죄를 지으실까? 절대로 그럴 리가 없다. 가장 큰 이유는 성령님은 절대로 죄를 지으실 수 없는 하나님이시기 때문이다. 두 번째 이유는 성도의 영조차도 절대로 죄를 짓지 않고, 오직 성도의 몸만 죄를 짓기 때문이다(롬 7:14-25; 요일 5:18). 그러므로 성도의 몸이 죄를 지을 때 성령님은 성도의 몸과 함께 죄를 짓지 않으신다. 성령님은 성도의 몸이 죄를 짓는 것을 안타깝게(혹은 분노하시면서, 혹은 '죄를 짓지 말라'고 책망하시면서) 지켜보실 뿐이다. 성도는 성령님의 집을 더럽힐 뿐, 결코 성령님을 죄 지으시게 하지 못한다. 이것을 비유하자면 아버지의 집에서 사는 아들이 그 집을 도둑의 소굴로 만들면 아버지의 집을 더럽힐 뿐, 그의 아버지가 죄를 짓는 것이 아닌 것과 같다.

성도의 몸과 예수님의 관계도 마찬가지다. 예수님은 절대로 죄를 지으실 수 없는 하나님이시다. 예수님은 성도의 영과 실제적으로 한 몸이다. 성도의 영은 영원히 절대로 죄를 짓지 않는다(요일 5:18). 성도의 몸은 법적으로만 예수님의 몸이다. 그러므로 성도가 몸으로 죄를 지을 때 예수님이 성도와 함께 죄를 지으시는 것이 아니다. 성도는 단지 예수님의 법적인 몸을 더럽힐 뿐이다. 성도가 몸으로 죄를 지으면 예수님은 그것을 안타깝게(혹은 분노하시면서, 혹은 '죄를 짓지 말라'고 책망하시면서) 지켜보신다. 그러므로 "성도의 몸은 예수님과 한 몸이기 때문에 성도가 죄를 지을 때 예수님도 함께 죄를 짓는다"고 주장하면 안 된다.

물론 성도가 몸으로 죄를 지어서 예수님의 법적인 몸을 더럽히면 (혹은 성도가 죄를 지어서 성령님의 성전을 더럽히면) 범죄의 정도에 따라서 하나님의 심판을 받는다.

> (고전 3:16-17) 너희는 너희가 하나님의 성전인 것과 하나님의 성령이 너희 안에 계시는 것을 알지 못하느냐 누구든지 하나님의 성전을 더럽히면 하나님이 그 사람을 멸하시리라 하나님의 성전은 거룩하니 너희도 그러하니라

본문에서 보는 것처럼 성도가 몸으로 죄를 지으면 성령님의 성전, 혹은 예수님의 몸을 더럽힌 것 때문에 하나님의 심판을 받는다. 그렇다고 해서 성도가 몸으로 죄를 지을 때 성령님, 혹은 예수님이 함께 죄를 지으시는 것은 아니다.

다시 강조하겠다. 성도의 몸이 죄를 지을 때 성도의 영혼조차도 몸과 함께 죄를 짓지는 않는다(요일 5:18). 하물며 성도의 몸이 죄를 지을 때 하나님이신 예수님(혹은 성령님)이 어떻게 성도의 몸과 함께

죄를 지으실 수 있겠는가?

성도가 죄를 적게 짓도록 유도하기 위하여 "예수님과 성도는 한 몸이기 때문에 성도가 죄를 지을 때 예수님도 함께 죄를 지으신다", "제발 죄를 짓지 말라"고 주장하는 심정은 이해할 수 있지만, 그 주장이 성경의 가르침을 중대하게 위반하기 때문에 결코 용납할 수 없다.

7장

# 영혼 구원이란 말을 사용해도 될까?

필자는 그동안 기독교의 전통에 따라서 '영혼 구원'이란 말을 사용했다. 하지만 '영혼 구원'이란 말에 혼란을 느끼는 이들이 많고, '영혼 구원'이란 말이 성경의 구원을 바르게 설명하지 못하기 때문에 '영혼 구원'이란 말을 다른 말로 대체하는 것이 좋을 것 같다.

한글성경에 '영혼'으로 번역된 헬라어는 '프뉴마(πνευμα)'와 '프쉬케(ψυχη)'다.

먼저 '프뉴마'부터 알아보자.

성경기자들은 '성령'을 뜻할 때도 '프뉴마'를 사용했고, '사람의 영'을 뜻할 때도 '프뉴마'를 사용했다. 대표적인 구절은 로마서 8장 16절이다.

> **(롬 8:16)** 성령이 친히 우리의 영과 더불어 우리가 하나님의 자녀인 것을 증언하시나니

본문의 '성령'과 '영'의 헬라어는 동일하게 '프뉴마'다. 본문의 문맥에 의하여 앞의 '프뉴마'를 '성령'으로 번역한 것이다. 이처럼 '프뉴마'

가 '영'을 의미하기 때문에 한글성경에 '영혼'으로 번역된 구절들(마 27:50 등) 대부분을 '영'으로 고치는 것이 합당하다.

하지만 '프쉬케'는 다르다. 성경에 '프쉬케'가 '성령'을 의미한 경우는 전혀 없고, '프쉬케'가 여러 가지 용도로 사용되었기 때문에 '프쉬케'를 무조건 '영혼'으로 번역하면 오류를 범할 수밖에 없다.

성경기자들이 '프쉬케'를 어떤 용도로 사용했는지를 알아보도록 하자.

아래의 성경말씀에는 '프쉬케'가 '영'의 뜻으로 사용되었다.

> (마 10:28) 몸은 죽여도 영혼은 능히 죽이지 못하는 자들을 두려워하지 말고 오직 몸과 영혼을 능히 지옥에 멸하실 수 있는 이를 두려워하라

본문의 '영혼'으로 번역된 단어가 '프쉬케'다. 예수님은 '프쉬케'를 '영'의 뜻으로 사용하여 하나님이 인간의 영을 지옥에 던지시고, 인간의 육(몸)을 죽이시는 사실을 증언하셨다.

아래의 성경말씀에는 '프쉬케'가 '혼'의 뜻으로 사용되었다.

> (살전 5:23) 평강의 하나님이 친히 너희를 온전히 거룩하게 하시고 또 너희의 온 영과 혼과 몸이 우리 주 예수 그리스도께서 강림하실 때에 흠 없게 보전되기를 원하노라

본문의 '영'은 '프뉴마', '혼'은 '프쉬케', '몸'은 '소마'다. 바울 사도는 본문에서 '영'과 '혼'을 분리하여 구원을 설명했다. 이처럼 성경기자들은 '프쉬케(혼)'를 '프뉴마(영)'와 본질적으로 다른 것으로 다룬다.

히브리서 기자 역시 인간의 '영'과 '혼'을 구분했다.

> (히 4:12) 하나님의 말씀은 살아 있고 활력이 있어 좌우에 날선 어떤 검보다도

예리하여 혼과 영과 및 관절과 골수를 찔러 쪼개기까지 하며 또 마음의 생각과 뜻을 판단하나니

본문의 '혼'에 사용된 단어는 '프쉬케'고, '영'에 사용된 단어는 '프뉴마'다.

아래의 성경말씀에는 '프쉬케'가 '목숨'의 뜻으로 사용되었다.

(눅 12:22) 또 제자들에게 이르시되 그러므로 내가 너희에게 이르노니 너희 목숨을 위하여 무엇을 먹을까 몸을 위하여 무엇을 입을까 염려하지 말라

본문의 '목숨'으로 번역된 헬라어가 '프쉬케'다. 이처럼 '프쉬케'는 '목숨'의 뜻으로 사용되기도 했다.

위에서 살펴본 것처럼 '프쉬케'가 문장에 따라서 '영', '혼', '목숨'으로 다르게 사용되기 때문에 '프쉬케'를 무조건 '영'으로 취급하거나, 혼과 영(프쉬케와 프뉴마)을 같은 것으로 취급하면 오류를 범할 수밖에 없다.

'영'과 '혼'을 조금 더 구체적으로 알아보도록 하자.

'영'이 지정의(지식, 감정, 의지)를 가지고 있듯이(성령, 천사, 인간의 영이 모두 지정의를 가지고 있듯이) '혼'도 지정의를 가지고 있다(인간의 혼은 물론 동물의 혼도 지정의를 가지고 있다). 그리고 '영'이 없는 짐승, 즉 '육'만 있는 짐승에게 '혼(정신)'이 있는 것을 볼 때, 인간의 '혼'이 '육'에 속한 사실을 알 수 있다.

인간의 '영'과 '혼'은 각자 맡은 역할이 다르지만 비슷한 기능을 가지고 있다. 바울 사도는 '인간의 영'과 '인간의 혼'이 모두 지식을 가지고 있는 사실을 아래와 같이 증언했다.

**(롬 8:6)** 육신의 생각은 사망이요 영의 생각은 생명과 평안이니라

바울 사도는 본문에서 육신의 생각과 영의 생각을 구분했다. 하지만 육신 자체에는 지식, 감정, 의지(지정의)가 없다. 혼이 없는 육은 살과 뼈(혹은 흙덩이)에 불과하다. 그러므로 바울 사도가 본문에서 말한 육신의 생각은 혼의 생각을 뜻한다.

사람은 '육(몸)'을 누가 지배하느냐에 따라 삶이 달라진다. '육(몸)'을 '성령'이 지배하면 '영에 속한 사람'이 되고, '육(몸)'을 '사탄'이 지배하면 '사탄에 속한 사람'이 된다. 신자의 삶은 육의 주도권 싸움이다. 바울 사도는 이 사실을 아래와 같이 증언했다.

> **(롬 7:22-24)** 내 속사람으로는 하나님의 법을 즐거워하되 내 지체 속에서 한 다른 법이 내 마음의 법과 싸워 내 지체 속에 있는 죄의 법으로 나를 사로잡는 것을 보는도다 오호라 나는 곤고한 사람이로다 이 사망의 몸에서 누가 나를 건져내랴

바울 사도는 자신의 지체(몸, 육) 속에서 두 세력이 싸우는 사실을 고백했다. 그의 지체(몸, 육) 속에서 서로 싸우는 세력은 '속사람'과 '한 다른 법'이다. 그는 '속사람'은 하나님의 법을 즐거워하게 만드는 반면, '한 다른 법'은 죄의 법을 즐거워하게 하는 것 때문에 고민했다. 그가 말한 '하나님의 법을 즐거워하게 하는 속사람'은 두 말할 필요조차 없이 성령의 지배를 받는 '그의 영'을 의미하고, '죄의 법을 즐거워하게 하는 한 다른 법'은 악령의 지배를 받는 '그의 혼'을 의미한다. 이 때문에 바울 사도가 그의 몸을 쳐서 하나님께 복종하도록 힘쓴 것이고, 성도들에게 "영으로써 몸의 행실을 죽이라"고 당부한 것이다.

(고전 9:27) 내가 내 몸을 쳐 복종하게 함은 내가 남에게 전파한 후에 자신이 도리어 버림을 당할까 두려워함이로다

(롬 8:13) 너희가 육신대로 살면 반드시 죽을 것이로되 영으로써 몸의 행실을 죽이면 살리니

몸은 살과 피일 뿐이고, 혼과 몸이 일체기 때문에 '영으로써 몸의 행실을 죽이는 것'은 '영으로써 혼의 행실을 죽이는 것'을 뜻한다. 결국 신자는 혼을 누가 지배하느냐에 따라서 삶이 달라지게 된다. 성령이 혼을 지배하면 거룩한 삶을 살게 되고, 사탄이 혼을 지배하면 악하고 더러운 삶을 살게 된다. 혼이 육에 속했기 때문에 혼을 지배하는 것은 곧 육을 지배하는 것이기 때문이다.

신약성경뿐만 아니라 구약성경도 '신자의 영'과 '신자의 혼(신자의 육)'을 구분했다.

(시 42:11) 내 영혼아 네가 어찌하여 낙심하며 어찌하여 내 속에서 불안해하는가 너는 하나님께 소망을 두라 나는 그가 나타나 도우심으로 말미암아 내 하나님을 여전히 찬송하리로다

본문을 지은 시인은 자기 속에 두 개의 실체가 있음을 증언했다. 하나는 '영혼'으로 번역된 실체고, 다른 하나는 '나'로 번역된 실체다. '영혼'으로 번역된 실체는 불안에 떨고 있는 반면, '나'로 번역된 실체는 동요 없이 하나님을 찬송하고 있다. 시인 속에 있는 두 실체가 상반된 반응을 보인 것이다.

그렇다면 시인이 말한 '영혼'은 무엇이고, '나'는 무엇일까?

한글성경에 '영혼'으로 번역된 단어는 '네페쉬'다. 본문의 '네페쉬'는 '영혼, 자아, 생명, 피조물, 개인, 식욕, 마음, 실존, 소망, 감정,

열정' 등으로 다양하게 사용되는 단어다.[26] 이처럼 '네페쉬'가 여러 가지 용도로 사용되기 때문에 '네페쉬'를 무조건 '영혼'으로 번역하면 안 된다. 그렇다면 본문의 '네페쉬'는 무엇을 뜻할까? 아래의 세 본문을 비교하여 보면 '네페쉬'의 실체를 알 수 있다.

> **(시 42:11)** 내 영혼아 네가 어찌하여 낙심하며 어찌하여 내 속에서 불안해하는가 너는 하나님께 소망을 두라 나는 그가 나타나 도우심으로 말미암아 내 하나님을 여전히 찬송하리로다
>
> **(롬 7:22-25)** 내 속사람으로는 하나님의 법을 즐거워하되 내 지체 속에서 한 다른 법이 내 마음의 법과 싸워 내 지체 속에 있는 죄의 법으로 나를 사로잡는 것을 보는도다 오호라 나는 곤고한 사람이로다 이 사망의 몸에서 누가 나를 건져내랴 우리 주 예수 그리스도로 말미암아 하나님께 감사하리로다 그런즉 내 자신이 마음으로는 하나님의 법을 육신으로는 죄의 법을 섬기노라
>
> **(마 26:41)** 시험에 들지 않게 깨어 기도하라 마음에는 원이로되 육신이 약하도다 하시고

위의 말씀을 아래와 같이 정리할 수 있을 것이다.

- '나'는 불안하지 않은데 '나의 영혼'은 불안하다.
- '나의 속사람'은 죄를 짓지 않는데 '나의 육신'은 죄를 짓는다.
- '너희 마음'은 기도하기를 원하는데 '너희 육신'은 잠을 잔다.

위의 세 본문은 표현은 다르지만 동일하게 '죄를 짓지 않는 실체'와

---

[26] 네페쉬(נֶפֶשׁ)의 본래 의미는 호흡하는 생물, 즉 동물 또는(추상적으로) 생명력, 문자적으로 조절된, 또는 상징적인 뜻으로 매우 광범위하게 사용됨(육체적, 또는 정신적으로): 어떤 식욕, 동물, 신체, 숨, 생물, 죽은, 욕망, 만족하는, 물고기, 혼령, 욕심, 사나운, 1)영혼, 자아, 생명, 피조물, 개인, 식욕, 마음, 실존, 소망, 감정, 열정. 디럭스바이블 2005, 히브리어 사전, 미션소프트.

'죄를 짓는 실체'를 비교하고 있다. '나', '나의 속사람', '너희 마음'은 죄를 짓지 않는 반면, '나의 영혼', '나의 육신', '너희 육신'은 죄를 짓는다.

시편 42편을 지은 시인이 말한 '영혼'은 불안해하는 죄를 짓고 있으므로 '혼(육)'을 의미하는 것을 알 수 있고, 그가 말한 '하나님을 찬양하는 실체(나)'는 불안해하는 혼과 관계없이 하나님을 찬양하고 있으므로(죄를 짓지 않고 있으므로) '영'을 의미하는 것을 알 수 있다. 그러므로 시편 42편의 '영혼'은 '혼'으로 번역해야 한다.

성경이 인간의 영과 육(혹은 영과 혼)을 구분하므로 성경의 구원을 연구할 때는 영과 육을 구분하여 연구해야 한다. 다시 말해서 영의 구원과 육(혼)의 구원을 구분하여 성경을 연구해야 인간의 구원을 바르게 이해할 수 있다. 구원을 '영혼의 구원'과 '육의 구원'으로 구분하면 영이 구원을 받을 때 혼도 함께 구원을 받는 것으로 오해하기 쉽다.

바울 사도는 구원을 '영의 구원'과 '육의 구원'으로 구분했다.

(고전 5:5) 이런 자를 사탄에게 내주었으니 이는 육신은 멸하고 영은 주 예수의 날에 구원을 받게 하려 함이라

본문의 '육신'은 '사륵스'고, '영'은 '프뉴마'다. 본문에서 보듯이 바울 사도는 구원을 '영의 구원'과 '육의 구원'으로 구분했다. 그런데 바울 사도는 본문에서 '혼의 구원'을 언급하지 않았다. 바울 사도가 그렇게 한 것은 혼이 육에 속한 까닭이다. 다시 말해서 육이 멸망하면 혼도 함께 멸망하기 때문에 바울 사도가 혼의 멸망을 생략하고 육의 멸망만 언급한 것이다. 성경기자들 대부분이 혼의 구원을 생략했고,

영의 구원과 육의 구원(혹은 영의 멸망과 육의 멸망)만 다루기 때문에 바울 사도가 육의 멸망을 말할 때 혼의 멸망을 생략한 것은 전혀 이상한 일이 아니다.

이상의 설명에서 알 수 있듯이 '영혼 구원'이란 말은 성경의 구원을 충분히 설명하지 못할 뿐만 아니라, 성경의 구원을 혼동하게 하기 때문에 가급적 사용하지 않는 게 좋다. '영혼 구원'이란 말은 '영의 구원'이란 말로 바꾸는 게 좋다. 굳이 '영혼 구원'이란 말을 사용하려면 '영혼 구원'이란 말이 '영의 구원'을 의미하는 것을 밝힌 후에 사용해야 오해가 없을 것이다.

8장

# 구약시대의 사람들은 어떻게 영혼 구원을 받았을까?

어느 독자가 필자에게 아래와 같은 질문을 했다.

"구약시대의 구원 개념은 어떻게 이해해야 되는지요? 신약에서는 원죄가 주님이 십자가에서 죽으심을 믿음으로 해결되었고, 자범죄는 회개함으로 해결된다면 구약시대에는 이것이 어떻게 해결된 것인지요? 구약시대의 속죄제사가 영혼을 구원하는 제사였다면 한 번만 드리면 되는 것인지요?"

사람은 반드시 예수님을 구주로 믿어야만 영혼 구원을 받을 수 있다. 창조주 하나님이 오직 예수님만을 구원자로 세우셨기 때문이다. 사도들은 이 사실을 아래와 같이 선포했다.

(행 4:12) 다른 이로써는 구원을 받을 수 없나니 천하 사람 중에 구원을 받을 만한 다른 이름을 우리에게 주신 일이 없음이라 하였더라

(행 16:31) 이르되 주 예수를 믿으라 그리하면 너와 네 집이 구원을 받으리라 하고

예수님은 자신이 유일한 구원자인 것을 아래와 같이 선포하셨다.

(요 14:6) 예수께서 이르시되 내가 곧 길이요 진리요 생명이니 나로 말미암지 않고는 아버지께로 올 자가 없느니라

본문의 '없느니라'는 헬라어가 '우데이스(ουδεις)'다. 이 단어는 '아무도 아닌'이라는 뜻을 가진 대명사적 부사(혹은 대명사적 형용사)다.[27] 이 단어는 '예수님을 믿지 않고서는 영혼 구원을 받을 사람이 한 사람도 없다'는 뜻이다. 이 때문에 예수님이 "나는 유일한 구원자"라고 선포하신 것이고, 사도들이 "예수님만이 유일한 구원자"라고 선언한 것이고, 우리가 전도할 때 "오직 예수님을 믿어야만 천국에 갈 수 있다"고 선포하는 것이다.

문제는 구약시대의 사람들이다. 그들 대부분은 예수님이 누구신지 전혀 알지 못했다. 예수님이 성육신하신 지 오래 전에 살던 사람들일수록 더욱더 예수님이 누구신지 알지 못했다. 아브라함도 예수님이 누구신지 알지 못했고, 노아는 더욱 예수님이 누구신지 알지 못했고, 아담은 더욱더 예수님이 누구신지 알지 못했다. 이 때문에 그들은 예수님을 믿어서 영혼 구원을 받을 수 없었다.

예수님을 모르는 구약시대의 사람들은 어떻게 영혼 구원을 받았을까? 성경을 보면 그들이 하나님을 믿어서 영혼 구원을 받은 것을 알 수 있다.

예수님은 구약시대의 사람들이 하나님을 믿어서 영혼 구원을 받은 사실을 다음과 같이 가르쳐 주셨다.

---

[27] 우데이스(ουδεις): 3761과 1520에서 유래; 하나도 아닌(남자, 여자 혹은 사물), 즉, 아무도 아닌, 어떤 것도 아닌 〈요 7:4〉 부대. no one, nothing; 1)아무도 아닌, 아무것도 아닌

(요 5:24) 내가 진실로 진실로 너희에게 이르노니 내 말을 듣고 또 나 보내신 이를 믿는 자는 영생을 얻었고 심판에 이르지 아니하나니 사망에서 생명으로 옮겼느니라

예수님은 "나 보내신 이를 믿는 자는 영생을 얻었다"고 선언하셨다. 주님이 말씀하신 '나를 보내신 이'는 '예수님을 보내신 하나님'을 의미한다. 이것을 볼 때 구약시대의 사람들이 하나님을 믿어서 영혼 구원을 받은 것을 알 수 있다.

바울 사도는 구약시대의 사람들이 하나님을 믿어서 영혼 구원을 받은 것을 아래와 같이 증언했다.

(롬 4:2-3) 만일 아브라함이 행위로써 의롭다 하심을 받았으면 자랑할 것이 있으려니와 하나님 앞에서는 없느니라 성경이 무엇을 말하느냐 아브라함이 하나님을 믿으매 그것이 그에게 의로 여겨진 바 되었느니라

본문에서 보는 것처럼 구약시대의 아브라함은 하나님을 믿어서 의롭다 함(영혼 구원)을 받았다. 다른 구약시대의 사람들 역시 하나님을 믿어서 영혼 구원을 받았다.

이제 문제가 복잡해졌다. 예수님만이 유일한 구원자시고, 사람은 반드시 예수님을 믿어야만 영혼 구원을 받을 수 있다. 하지만 구약시대 사람들은 예수님을 알지 못했다. 하나님이 그들에게 예수님에 대해 계시하여 주지 않으셨기 때문이다. 그리고 하나님은 구약시대의 사람들이 하나님을 믿어서 영혼 구원을 받게 하셨다.

'예수님을 유일한 구원자로 세우신 하나님이 하나님을 믿어서 영혼 구원을 받게 하신 것은 모순이 아닐까?'

전지전능한 하나님이 모순을 범하실 리가 없다. 예수님을 모르는 구약시대의 사람들이 하나님을 믿어도 충분히 영혼 구원을 받을 수 있기 때문에 하나님이 구약시대의 사람들에게 예수님을 계시하여 주지 않으신 것이고, 그들이 하나님을 믿어서 영혼 구원을 받게 하신 것이다.

'예수님을 모르는 구약시대의 사람들이 하나님을 믿어서 영혼 구원을 받을 수 있었던 이유가 무엇일까?'

성경은 구약시대의 사람들이 하나님을 믿어서 영혼 구원을 받을 수 있었던 이유 두 가지를 가르쳐 준다.

첫째, 하나님과 예수님이 일체시기 때문에 구약시대의 사람들이 하나님을 믿어서 영혼 구원을 받을 수 있었다.

예수님은 자신과 하나님이 일체인 것을 아래와 같이 선언하셨다.

(요 10:30) 나와 아버지는 하나이니라 하신대

(요 14:8-11) 빌립이 이르되 주여 아버지를 우리에게 보여 주옵소서 그리하면 족하겠나이다 예수께서 이르시되 빌립아 내가 이렇게 오래 너희와 함께 있으되 네가 나를 알지 못하느냐 나를 본 자는 아버지를 보았거늘 어찌하여 아버지를 보이라 하느냐 내가 아버지 안에 거하고 아버지는 내 안에 계신 것을 네가 믿지 아니하느냐 내가 너희에게 이르는 말은 스스로 하는 것이 아니라 아버지께서 내 안에 계셔서 그의 일을 하시는 것이라 내가 아버지 안에 거하고 아버지께서 내 안에 계심을 믿으라 그렇지 못하겠거든 행하는 그 일로 말미암아 나를 믿으라

본문에서 보는 것처럼 예수님과 하나님은 일체시다. 예수님이 성육

신하셨을 때 하나님은 예수님 안에 계셔서 하나님의 일을 하셨다. 예수님이 하신 일은 모두 하나님이 하신 것이다. 예수님이 십자가에서 죽으신 것도 하나님이 하신 것이고, 부활, 승천하신 것도 모두 하나님이 하신 것이다. 그러므로 하나님을 믿는 것은 곧 예수님을 믿는 것이고, 예수님을 믿는 것은 곧 하나님을 믿는 것이다. 이 때문에 구약시대의 사람들이 하나님을 믿어서 영혼 구원을 받을 수 있었던 것이다!

둘째, 영적 세계에는 시간과 공간이 없기 때문에 구약시대의 사람들 역시 신약시대의 사람들처럼 예수님을 믿어서 영혼 구원을 받을 수 있었다.

영적 세계에는 영원히 현재만 있다. 그러므로 수천 년 후에 예수님이 십자가에 달려서 죽으실 일이 영적 세계에서는 옛날부터 항상 일어났던 일이고, 지금도 계속 일어나는 일이고, 앞으로도 계속 일어날 일이다. 이 때문에 구약시대의 사람들이 예수님을 믿어서 영혼 구원을 받을 수 있었던 것이다.

예수님은 자신이 십자가에 달리시기 전에 이미 예수님의 보혈이 흘려지고 있는 사실을 아래와 같이 가르쳐 주셨다.

> (마 26:28) 이것은 죄 사함을 얻게 하려고 많은 사람을 위하여 흘리는 바 나의 피 곧 언약의 피니라

본문의 '흘리는'은 헬라어가 '엑퀸노메논(εκχυννομενον)'인데 현재형 동사의 분사다.[28] 본문을 인간의 시간에 따라서 표현하면 '흘릴'이 된다. 다시 표현하면 '이것은 많은 사람을 위하여 흘릴 나의 피'가 된

---

28) 엑퀸노메논(εκχυννομενον): 동사, 분사, 현재, 수동태, 디럭스바이블2005, 헬라어사전, 미션소프트.

다. 예수님이 내일 십자가에 달리셔서 피를 흘리실 것이기 때문이다. 하지만 예수님은 영적 세계의 입장에서 '흘리는 피'라고 말씀하셨다. 육적 세계에서는 예수님이 아직 십자가에 달리지 않으셨지만 영적 세계에서는 예수님이 옛날부터 십자가에 달려서 피를 흘리고 계시는 것이기 때문이다.

예수님은 지금부터 2천여 년 전에 십자가에 달리셔서 죽으셨다. 하지만 이것은 인간의 세계에서 그런 것일 뿐이다. 영적 세계에는 영원한 현재밖에 없기 때문에 예수님은 옛날에도 십자가에 달리셔서 피를 흘리셨고, 지금도 십자가에 달려서 피를 흘리고 계시고, 앞으로도 십자가에서 피를 흘리실 것이다. 예수님의 죽음과 부활과 승천도 마찬가지다. 그러므로 신약시대의 사람들이 예수님을 구주로 믿는 것은 지금 십자가에서 피를 흘리시는 예수님을 믿는 것이고, 지금 장사되고 계신 예수님을 믿는 것이고, 지금 부활하고 계신 예수님을 믿는 것이고, 지금 승천하고 계신 예수님을 믿는 것이고, 지금 천국 보좌에 앉아 계시는 예수님을 믿는 것이다.

이것을 더욱 구체적으로 말하면 사람이 예수님을 구주로 믿는 것은 그의 영혼이 예수님과 한 몸이 되어서 예수님이 당하신 모든 일을 함께 경험하는 것이다. 이 때문에 바울 사도가 아래와 같이 선언한 것이다!

> **(엡 2:4-6)** 긍휼이 풍성하신 하나님이 우리를 사랑하신 그 큰 사랑을 인하여 허물로 죽은 우리를 그리스도와 함께 살리셨고 (너희는 은혜로 구원을 받은 것이라) 또 함께 일으키사 그리스도 예수 안에서 함께 하늘에 앉히시니

우리는 흔히 다음과 같이 말한다.

"구약시대의 사람들은 오실 예수님을 믿어서 영혼 구원을 받았고, 신약시대의 사람들은 오신 예수님을 믿어서 영혼 구원을 받았다."

이 말은 인간의 시간으로 표현할 때는 맞는 말이지만, 하나님의 시간으로 표현할 때는 틀린 말이다. 이 말을 하나님의 시간으로 표현하면 아래와 같기 때문이다.

"구약시대의 사람들과 신약시대의 사람들은 동일하게 그 당시에 십자가에서 죽으시고, 그 당시에 부활하시고, 그 당시에 승천하시고, 그 당시에 천국 보좌에 앉아 계시는 예수님을 믿어서 영혼 구원을 받았다."

여기서 조심스러운 문제 하나를 제기하겠다.

이것은 매우 민감한 문제일 뿐만 아니라, 필자가 아는 한 지금까지 아무도 공개적으로 거론하지 않은 문제다. 이 때문에 필자는 이 문제를 단정적으로 말하지 않고, 개인적인 의견을 제시하는 형식으로 말하려고 한다.

필자가 제기하고 싶은 문제는 아래와 같다.

'예수님이 성육신하신 이후에도 예수님을 믿지 않고 하나님만 믿은 유대인들은 어떻게 될까? 그들도 하나님을 믿었기 때문에 영혼 구원을 받았을까? 아니면 그들은 성육신하신 예수님을 믿지 않았기 때문에 영혼 구원을 받지 못했을까?'

이에 관하여 필자는 아래와 같은 의견을 피력하고 싶다.

'그들이 예수님이 누구신지 모르는 상태에서 진심으로 하나님을

믿었으면 영혼 구원을 받지 않았을까?'

필자가 이런 의견을 피력하는 이유는 아래와 같다.

예수님이 성육신하신 시대에 많은 유대인들이 '디아스포라'가 되어서 전 세계에 흩어져서 살고 있었다. 그러므로 예수님이 십자가에 달리셔서 죽으시고, 부활하시고, 승천하신 후에도 그 소식을 전혀 듣지 못한 유대인들이 많이 있었을 수밖에 없다. 만일 그들 중에서 진심으로 하나님을 믿은 사람들이 있으면 그들은 영혼 구원을 받지 않았을까?'

'과연 지금도 이런 일이 일어날 수 있을까?'

이에 대한 결론은 독자들에게 맡기겠다.

여기서 한 가지 문제를 더 짚어보자.

'구약시대의 사람들은 모두 실제적인 속죄제사를 드려서 영혼 구원을 받은 것일까?' 필자가 말하는 실제적인 속죄제사란 실제로 짐승을 잡아서 하나님께 속죄제사를 드리는 것을 뜻한다.

'과연 구약시대의 모든 사람들이 짐승을 잡아서 하나님께 속죄제사를 드려서 영혼 구원을 받은 것일까?'

대부분의 성도들은 구약시대의 모든 사람들이 실제적인 속죄제사를 드려서 영혼 구원을 받은 것으로 생각한다. 하지만 이것은 성경을 오해한 것이다.

물론 구약시대의 어떤 사람들은 실제적인 속죄제사를 드릴 때 처음으로 하나님을 믿어서 영혼 구원을 받았을 것이다. 하지만 성경을 보면 구약시대의 사람들 대부분은 실제적인 속죄제사를 드리기 전에 하나님을 믿어서 영혼 구원을 받은 것을 알 수 있다.

• 아담은 실제적인 속죄제사를 드리기 전에 하나님을 믿어서 영혼

구원을 받았다.

만일 하나님이 범죄한 아담에게 가죽옷을 지어 입히신 것이 예수님의 속죄제사를 상징하는 것이면(대부분의 신학자들이 그렇게 보고 있다) 아담은 100퍼센트 하나님의 은혜로(아담이 하나님을 믿음으로) 영혼 구원을 받는 것이 분명하다. 하나님이 아담에게 가죽옷을 지어 입히실 때 아담이 한 일은 아무것도 없기 때문이다. 이것을 볼 때 아담이 속죄제사를 드려서 영혼 구원을 받은 것이 아니라, 속죄제사를 드리기 전에 하나님을 믿어서 영혼 구원을 받은 것을 알 수 있다.

- 아브라함은 실제조인 속죄제사를 드리기 전에 하나님을 믿어서 영혼 구원을 받았다.

(창 13:1-4) 아브람이 애굽에서 그와 그의 아내와 모든 소유와 롯과 함께 네게브로 올라가니 아브람에게 가축과 은과 금이 풍부하였더라 그가 네게브에서부터 길을 떠나 벧엘에 이르며 벧엘과 아이 사이 곧 전에 장막 쳤던 곳에 이르니 그가 처음으로 제단을 쌓은 곳이라 그가 거기서 여호와의 이름을 불렀더라

본문에서 보는 것처럼 아브라함은 가나안 땅에 들어와서 처음으로 제단을 쌓았다. 이것은 그가 평생 처음으로 속죄제사를 드린 것을 의미한다. 아마도 그의 아버지 데라가 우상 숭배자였기 때문에 그랬을 것이다. 그렇다고 해서 아브라함이 가나안에서 속죄제사를 드릴 때 영혼 구원을 받은 것은 아닐 것이다. 그가 갈대아 우르에 있을 때 하나님을 믿어서 영혼 구원을 받았을 것이 분명하기 때문이다. 필자가 이렇게 단정하는 이유는 아브라함이 진심으로 하나님을 믿지 않았으면 갈 곳을 모르는 상태에서 고향땅을 떠날 리가 없기 때문이다. 이

처럼 아브라함은 실제적인 속죄제사를 드리지 않은 상태로 하나님을 믿어서 영혼 구원을 받았다.

- 출애굽 시대의 이스라엘 백성도 실제적인 속죄제사를 드리기 전에 하나님을 믿어서 영혼 구원을 받았다.

출애굽 시대의 이스라엘 백성은 유월절에 어린양의 피를 문설주와 인방에 바를 때 영혼 구원을 받은 것이 아니다. 물론 그때 처음으로 하나님을 믿은 사람들은 그때 영혼 구원을 받았을 것이지만, 그 이전에 노예생활을 할 때 하나님을 믿은 사람들은 그들이 하나님을 믿을 때 영혼 구원을 받았을 수밖에 없다.

모세는 유월절 전에 영혼 구원을 받은 대표적인 사람이다. 모세는 유월절 전에, 즉 그가 애굽에서 공주의 아들로 있을 때 하나님을 믿어서 영혼 구원을 받았다(히 11:24-26 참조). 그가 실제적인 속죄제사를 드린 것은 시내산에서 율법을 받은 이후였다.

이스라엘 백성이 유월절에 어린양의 피를 바른 것과 홍해를 건넌 것은 이미 받은 영혼 구원을 인친 것일 뿐이다. 이것은 마치 신약시대의 사람들이 예수님을 믿어서 영혼 구원을 받은 후에 그것을 인치기 위하여 세례를 받는 것과 같다. 이처럼 출애굽 시대의 이스라엘 백성 대부분은 속죄제사를 드리기 전에 하나님을 믿어서 영혼 구원을 받았다.

- 라합도 실제적인 속죄제사를 드리기 전에 하나님을 믿어서 영혼 구원을 받았다.

라합은 여리고 성의 기생이다. 그녀는 목숨을 걸고 이스라엘의 정탐꾼들을 숨겨 주었다. 그녀가 그런 일을 할 수 있었던 것은 그런 일을 하기 전에 그녀가 이스라엘의 하나님을 믿었기 때문이었다.

> (수 2:8-11) 또 그들이 눕기 전에 라합이 지붕에 올라가서 그들에게 이르러 말하되 여호와께서 이 땅을 너희에게 주신 줄을 내가 아노라 우리가 너희를 심히 두려워하고 이 땅 주민들이 다 너희 앞에서 간담이 녹나니 이는 너희가 애굽에서 나올 때에 여호와께서 너희 앞에서 홍해 물을 마르게 하신 일과 너희가 요단 저쪽에 있는 아모리 사람의 두 왕 시혼과 옥에게 행한 일 곧 그들을 전멸시킨 일을 우리가 들었음이니라 우리가 듣자 곧 마음이 녹았고 너희로 말미암아 사람이 정신을 잃었나니 너희의 하나님 여호와는 위로는 하늘에서도 아래로는 땅에서도 하나님이시니라

본문에서 보는 것처럼 라합은 이스라엘 백성이 요단 강을 건너기 전에 이스라엘의 하나님을 유일한 하나님으로 믿었다. 그녀는 그때 영혼 구원을 받았다. 이 때문에 그녀가 목숨을 걸고 이스라엘의 정탐꾼들을 숨겨줄 수 있었던 것이다. 그 결과 그녀는 땅의 복과 하늘의 상까지 받을 수 있었다(약 2:25). 이처럼 라합은 실제적인 속죄제사를 드리기 전에 하나님을 믿어서 영혼 구원을 받았다.

- 나아만도 실제적인 속죄제사를 드리기 전에 하나님을 믿어서 영혼 구원을 받았다.

> (왕하 5:17) 나아만이 이르되 그러면 청하건대 노새 두 마리에 실을 흙을 당신의 종에게 주소서 이제부터는 종이 번제물과 다른 희생제사를 여호와 외 다른 신에게는 드리지 아니하고 다만 여호와께 드리겠나이다

본문에 기록된 나아만은 아람나라의 군사령관이다. 그는 나병이 걸려서 엘리사 선지자를 찾아온 사람이다. 그는 엘리사 선지자의 명

령에 억지로 순종하여 요단 강에서 일곱 번 목욕을 한 후에 나병이 나았다. 그리하여 그는 이스라엘의 하나님을 믿게 되었다. 그는 아람 나라에 돌아가서 속죄제사를 드렸다. 이처럼 나아만 역시 실제적인 속죄제사를 드리기 전에 하나님을 믿어서 영혼 구원을 받았다.

다시 강조하겠다. 구약시대의 어떤 사람들은 실제적인 속죄제사를 드릴 때 처음으로 하나님을 믿어서 영혼 구원을 받았다. 그럼에도 불구하고 구약시대의 대부분의 사람들은 실제적인 속죄제사를 드리기 전에 하나님을 믿어서 영혼 구원을 받았다. 이것은 신약시대의 어떤 사람들이 세례를 받을 때 예수님을 믿어서 영혼 구원을 받을 수도 있지만, 대부분의 사람들이 세례를 받기 전에 예수님을 믿어서 영혼 구원을 받는 것과 같다.

결론은 분명하다. 구약시대 사람들과 신약시대 사람들은 동일하게 예수님을 믿어서 영혼 구원을 받는다. 양자 모두에게 선행과 실제적인 속죄제사는 그들이 영혼 구원을 받는 데 전혀 상관이 없다.

여기서 또 다른 문제 하나를 생각하여 보자.

'구약시대의 사람들은 죄를 지을 때마다 짐승제사를 드려야만 죄를 용서받을 수 있었는데, 신약시대의 사람들은 죄를 지을 때마다 예수님을 믿기만 하면 죄를 용서받을 수 있는 이유는 무엇인가?'

그 이유를 아래와 같이 설명할 수 있을 것이다.

짐승의 가치가 유한하고, 짐승제사가 예수님의 속죄제사를 상징하는 것이기 때문에 구약시대의 사람들은 죄를 지을 때마다 짐승제사를 드려서 죄를 용서받아야만 했다. 또한 구약시대의 사람들은 속죄제사를 통하여 장차 속죄제물로 죽으실 예수님을 계시하는 사명을 받았다. 이 때문에 구약시대의 사람들은 죄를 지을 때마다 짐승제사를 드려서 죄를 용서받아야만 했다.

하지만 예수님의 가치는 무한하다. 이 때문에 예수님은 한 번의 죽으심으로 신약시대의 사람들의 죄를 용서할 수 있는 능력을 확보하게 되었다. 그래서 신약시대의 사람들이 죄를 지을 때 예수님의 십자가를 믿어서 용서받을 수 있는 것이다. 결국 신약시대의 사람들이 구약시대의 사람들보다 편리하게 자범죄를 용서받는 셈이다. 그러므로 신약시대의 사람들은 구약시대의 사람들보다 은혜를 더 많이 받은 만큼 더욱 하나님께 충성해야 한다. 하나님은 은혜를 많이 주신 만큼 더 많은 충성을 요구하는 분이시기 때문이다(눅 12:48).

▶ 마태복음 24장 13절 해석

(마 24:13) 그러나 끝까지 견디는 자는 구원을 얻으리라

장차 대환난 때가 오면 가짜 신자들은 모두 적그리스도의 우상에게 절하고 666표를 받을 것이다. 하지만 창세 전부터 어린양의 생명책에 이름이 올라 있는 신자들은 한 사람도 적그리스도의 우상에게 절하지 않을 것이다. 요한계시록은 이 사실을 아래와 같이 설명한다.

(계 13:8) 죽임을 당한 어린양의 생명책에 창세 이후로 이름이 기록되지 못하고 이 땅에 사는 자들은 다 그 짐승에게 경배하리라

대환난 때 진짜 신자들은 순교당하거나, 박해를 감당하거나, 박해를 피하여 숨어서 대환난을 통과할 것이다. 마태복음 24장 13절은 진짜 신자가 대환난 때 하나님의 도우심으로 박해를 견뎌서 반드시

천국에 들어갈 것을 가르치신 말씀이다.

▶ 디모데전서 4장 1-2절 해석

(딤전 4:1-2) 그러나 성령이 밝히 말씀하시기를 후일에 어떤 사람들이 믿음에서 떠나 미혹하는 영과 귀신의 가르침을 따르리라 하셨으니 자기 양심이 화인을 맞아서 외식함으로 거짓말하는 자들이라

본문의 '믿음에서 떠나'는 '믿음에서 떠나'로 번역될 수도 있고, '충성에서 떠나'로 번역될 수도 있는 문장이다. 그러므로 이 사람들이 가짜 신자들을 의미하는지, 진짜 신자들을 의미하는지는 알 수 없다. 만일 이 사람들이 가짜 신자들을 의미하면 가짜 신자들이 세상적인 목적을 가지고 열심히 교회생활을 하다가 미혹의 영에 미혹을 당하여 하나님과 교회를 떠나는 것을 의미한다. 만일 이 사람들이 진짜 신자들을 의미하면 그들이 베드로처럼 기도와 진리로 무장하는 것을 게을리하다가 일시적으로 예수님을 배반하는 것을 의미한다. 일시적으로 예수님을 배반하는 사람은 절대로 영혼 구원을 잃지 않는다.

오늘날에도 진짜 신자들 중에서 이단에 빠졌다가 돌아오는 사람들이 있다. 이런 사람들도 예수님을 믿을 때 영생을 얻었기 때문에 반드시 영혼 구원을 받는다.

성경에는 "진짜 신자도 영혼 구원을 잃을 수 있다"는 가르침이 한 군데도 없다! 하나님이 "중생한 신자는 영원히 지옥에 가지 않는다"고 선언하신 후에 "중생한 신자도 지옥에 갈 수 있다"고 모순되게 선포하실 리가 없기 때문이다.

다시 강조하거니와 모든 중생한 신자는 반드시 영혼 구원을 받는다! 중생한 신자들 중에서 지옥에 가는 사람은 한 사람도 없다! 이것

은 성경의 가르침이다!

▶죄의 기원

죄는 창세 이전의 하나님 나라에서부터 시작되었다. 성경에 '마귀는 처음부터 범죄함이라'고 기록되어 있기 때문이다.

(요일 3:8) 죄를 짓는 자는 마귀에게 속하나니 마귀는 처음부터 범죄함이라 하나님의 아들이 나타나신 것은 마귀의 일을 멸하려 하심이라

마귀가 범죄하기 전에 하나님의 나라에 어떤 율법이 있었는지는 성경에 전혀 언급되어 있지 않아서 명확하게 알 수 없다. 다만 그때도 어떤 법이 있었던 것만은 분명하다. 법이 있었기 때문에 사탄이 그 법에 의하여 정죄를 받았기 때문이다.

그리고 사탄(루시퍼)은 가장 처음에 범죄한 놈이기 때문에 그놈은 누구의 영향으로 죄를 지은 것이 아니라, 스스로의 판단으로 죄를 지은 것이다.

▶참고

하나님의 은혜로 성경의 구원론 난해 구절들을 깨달은 필자로서는 기존의 구원교리를 모두 개정하지 않을 수 없었다. 그 교리들이 성경의 구원론 난해 구절들을 오해해서 잘못 만들어진 것들이기 때문이다. 이에 필자는 본서의 제2부에서 성경이 가르치는 구원론을 6대 교리로 정리하여 소개하려고 한다. 하지만 이것은 필자 개인의 견해에 불과하다. 하나님의 은혜로 필자가 성경의 구원론 6대 교리를 정확하게 설명한 것으로 믿지만, 혹시라도 필자가 충분히 설명하지 못했으면 신실한 목회자들이 보완하여 주기를 기대한다.

9장

# 성도의 타락 원인은 무엇인가?

행위구원론을 주장하는 이들은 이구동성으로 "성도가 '한 번 구원은 영원한 구원이라'고 믿으면 타락하기 쉽다"고 주장한다. 과연 그럴까?

성도의 타락 원인은 여러 가지가 있다. 다른 성도들의 범죄에 실망해서 타락하는 경우도 있고, 경건생활을 게을리하다가 시험에 들어서 타락하는 경우도 있고, 한 번 구원은 영원한 구원인 것을 믿어서 타락하는 경우도 있다. 그러나 이것들보다도 더욱 쉽게 성도를 타락시키는 원인이 있다. 본 장에서는 이것을 설명하려고 한다.

### 1) 구원의 확신이 없는 성도가 쉽게 타락한다

신천지의 교육장으로 일하다가 기독교로 개종한 신현욱 씨는 "신천지에 빠진 사람들은 모두 구원의 확신을 얻지 못해서 고민하던 사람들이라"고 증언했다. 이것만 보더라도 구원의 확신이 없는 성도가 얼마나 타락하기 쉬운지를 짐작할 수 있을 것이다.

개신교의 구원론은 세 종류다. 루터주의 구원론, 칼빈주의 구원론, 알미니안주의 구원론이 그것이다.

알미니안주의 구원론을 믿는 성도들 대부분이 구원의 확신이 없는 것은 널리 알려진 일이다. 반면에 칼빈주의 구원론과 루터주의 구원론을 믿는 성도들 대부분도 구원의 확신이 없는 것은 널리 알려져 있지 않다.

알미니안주의자들은 칼빈주의 구원론과 루터주의 구원론을 믿는 성도들은 대부분 구원의 확신이 있을 것이라고 추정한다. 칼빈주의 구원론과 루터주의 구원론을 믿는 이들이 "사람은 예수님을 믿을 때 구원을 얻는다"고 주장한 후에 "한 번 구원은 영원한 구원"이라고 주장하기 때문이고, 그들 대부분이 "나는 구원을 받았다"고 주장하기 때문이다.

그러나 사실은 그렇지 않다. 칼빈주의 구원론과 루터주의 구원론을 믿는 성도들 대부분도 구원의 확신이 없다. 필자가 이렇게 주장하는 이유를 설명하겠다.

루터주의 구원론을 믿는 성도들부터 설명하겠다.

루터주의 구원론을 믿는 성도들은 성경의 은혜 구원을 가르치는 말씀들(엡 2:8-9; 갈 2:16 등)을 근거로 '사람의 선행은 영혼 구원을 받는 데 조금도 필요하지 않은 것'과 '오직 믿음으로 구원을 얻는 것'을 믿는다. 또한 그들은 성경의 가르침대로 '사람은 예수님을 믿을 때 영생을 얻는 것'을 믿는다. 이 때문에 그들은 '한 번 구원은 영원한 구원인 것'을 믿는다. 이것만 보면 루터주의 구원론을 믿는 성도들은 누구나 다 구원의 확신이 있을 것 같다. 그러나 실상은 정반대다.

루터주의 구원론을 믿는 성도들이 구원의 확신을 가지지 못하는 이유는 성경에 행위 구원을 가르치는 말씀이 많은 데 있다.

널리 알려진 것처럼 루터주의 구원론을 만든 마틴 루터 신부는 '행함으로 구원을 받는다'고 기록된 야고보서를 '지푸라기 서신'으로 무시한 채 "한 번 구원은 영원한 구원이라"고 주장했다.

문제는 야고보서만 '행함으로 구원을 받는다'고 가르치지 않는 데 있다. 다른 성경기자들은 물론 예수님조차도 "하나님의 뜻대로 행하는 자라야 천국에 들어가리라"고 선포하셨다. 루터주의 구원론을 믿는 성도들이 아무리 용감해도 예수님의 말씀을 무시할 수는 없는 것이다.

루터주의 구원론을 믿는 성도들의 가장 큰 고민은 '행함으로 구원을 받는다'고 기록된 말씀 중 으뜸인 산상수훈의 수준이 너무 높은 데 있다.

예수님은 산상수훈을 통하여 "먼지만큼 죄를 지어도 지옥에 간다"고 선포하셨다. 그러므로 산상수훈을 무시하지 않는 한 성도는 산상수훈을 지켜서 천국에 가는 문제를 고민할 수밖에 없다.

루터주의 구원론을 믿는 성도들 대부분은 산상수훈을 무시할 엄두조차 내지 못한다. 이 때문에 루터주의 구원론을 믿는 성도들 대부분이 "나는 구원을 받았다"고 주장하면서도 구원의 확신을 갖지 못하는 것이다.

칼빈주의 구원론을 믿는 성도들은 어떤가?

그들은 은혜 구원을 가르치는 성경구절들(엡 2:8-9; 갈 2:16)을 근거로 '한 번 구원은 영원한 구원인 것'을 믿는다. 이와 동시에 그들은 행위 구원을 가르치는 성경구절들(약 2:14; 마 7:21) 때문에 '진짜 중생한 신자는 반드시 산상수훈을 지켜서 천국에 가는 것'을 믿는다.

칼빈주의 구원론을 믿는 성도들의 가장 큰 고민도 '행함으로 구원을 받는다'고 기록된 말씀 중 으뜸인 산상수훈의 수준이 너무 높은 데 있다. 산상수훈을 지키는 신자만 진짜 신자인 것이 사실이면 칼빈주의 구원론을 믿는 성도들이 아무리 "나는 예수님을 믿을 때 구원을 받았기 때문에 언제 죽어도 반드시 천국에 간다"고 주장해도 마음 한 구석에 지옥의 공포가 있을 수밖에 없다. 필자도 칼빈주의 구원론을 믿을 때 이런 경험을 한 바 있다. 이 때문에 칼빈주의 구원론을 믿는 성도들 대부분이 구원의 확신이 없는 것이다.

칼빈주의 구원론이 성도들 대부분에게 구원의 확신을 주지 못하는 이유는 칼빈주의 구원론이 형태만 다를 뿐 알미니안주의 구원론과 동일한 행위구원론이기 때문이다.

알미니안주의자들이 "중생한 신자도 산상수훈을 지키지 못하면 지옥에 간다"고 주장하는 것이나, 칼빈주의자들이 "진짜 신자는 반드시 산상수훈을 지켜서 천국에 간다", "가짜 신자만 산상수훈을 지키지 않아서 지옥에 간다"고 주장하는 것은 형태만 다를 뿐 내용은 똑같은 행위구원론이다. 양자 모두 "산상수훈을 지키지 못하면 지옥에 간다"고 주장하기 때문이다. 칼빈주의 구원론은 무늬만 은혜 구원론이고, 알미니안주의 구원론은 무늬와 내용이 모두 행위구원론이다. 이 때문에 칼빈주의자들이 아무리 "한 번 구원은 영원한 구원이라"고 주장해도 대부분의 성도들은 구원의 확신을 갖지 못하는 것이다.

칼빈주의자들의 주장과 알미니안주의자들의 주장을 비교하여 보자.

- 알미니안주의자: 중생한 신자도 산상수훈을 지키지 않으면 지옥에 간다.
- 칼빈주의자: 산상수훈을 지키지 않은 신자는 가짜 신자이기 때문에 지옥에 간다.

이처럼 양자가 동일하게 "산상수훈을 지켜야 천국에 갈 수 있다"고 주장한다. 이 때문에 칼빈주의 구원론을 믿는 성도들 대부분이 겉으로는 "나는 구원을 받았다"고 주장하지만 속으로는 지옥의 공포에 시달리는 것이다.

필자가 하나님의 은혜로 설명한 것처럼 성경의 구원론 난해 구절들은 '행함으로 복과 상을 받는 것'을 가르치는 말씀이거나, '행함으로는 절대로 천국에 갈 수 없는 것'을 강조하는 반어법 교훈이다. 이것을 깨달아야만 구원의 확신을 가질 수 있다.

**2) 기복주의자로 사는 성도가 쉽게 타락한다**

'기복주의'는 '땅의 축복에 치중한 삶'을 의미한다. 이런 사상에 빠지면 복을 받을 때까지는 열심히 신앙생활을 한다. 하지만 이런 성도는 어느 정도 복을 받으면 더 이상 열심히 신앙생활을 하지 않는다. 자신의 목표가 성취되었기 때문이다.

한편으로 기복주의자는 받을 만큼 복을 받으면 복을 누리는 데 몰두한다. 땅에서 복을 누리는 것을 가장 현명한 성도의 삶으로 믿기 때문이다.

불행하게도 많은 목회자들이 기복주의를 가르치기 때문에 한국 교회의 성도들 대부분은 기복주의자다. 이 때문에 많은 성도들이 쉽게 타락하는 것이다.

### 3) 하나님의 징계를 모르는 성도가 쉽게 타락한다

본서 1-2권에서 설명한 것처럼 어떤 성도들은 "구원받은 성도는 죄를 지어도 괜찮다"고 주장한다. 하나님이 범죄한 성도를 반드시 징계하시는 사실을 깨닫지 못하기 때문에 이처럼 어리석은 주장을 하는 것이다.

(히 12:8) 징계는 다 받는 것이거늘 너희에게 없으면 사생자요 친아들이 아니니라

하나님은 중생한 신자가 범죄하면 죄의 경중에 따라서 반드시 징계하신다. 그러므로 중생한 신자들은 하나님이 범죄한 아간과 그의 가족들을 모두 죽이신 것, 출애굽한 이스라엘의 장정들이 계속 범죄했을 때 여호수아와 갈렙을 제외한 60만 명을 광야에서 모두 죽게 하신 것, 다윗이 범죄했을 때 무섭게 징계하신 것, 아나니아와 삽비라 부부가 거짓말을 했을 때 즉사하게 하신 것을 반드시 기억해야 한다.

범죄해도 하나님의 징계가 없는 사람은 하나님의 자녀가 아니다. 범죄해도 징계가 없는 것은 결코 좋은 것이 아니다. 범죄할 때 즉시 징계를 받는 것이 좋은 것이다.

### 4) 상급의 중요성을 모르는 성도가 쉽게 타락한다

히브리서 기자는 상급의 중요성을 깨닫지 못한 성도가 어떻게 사는지를 아래와 같이 가르쳐 주었다.

(히 3:15-17) 성경에 일렀으되 오늘 너희가 그의 음성을 듣거든 격노하시게 하던 것같이 너희 마음을 완고하게 하지 말라 하였으니 듣고 격노하시게 하던 자가 누구냐 모세를 따라 애굽에서 나온 모든 사람이 아니냐 또 하나님이 사십 년 동안 누구에게 노하셨느냐 그들의 시체가 광야에 엎드러진 범죄한 자들에게가 아니냐

(히 12:16-17) 음행하는 자와 혹 한 그릇 음식을 위하여 장자의 명분을 판 에서와 같이 망령된 자가 없도록 살피라 너희가 아는 바와 같이 그가 그후에 축복을 이어받으려고 눈물을 흘리며 구하되 버린 바가 되어 회개할 기회를 얻지 못하였느니라

히브리서 기자는 상급의 중요성을 깨달은 성도가 어떻게 사는지를 아래와 같이 가르쳐 주었다.

(히 11:6) 믿음이 없이는 하나님을 기쁘시게 하지 못하나니 하나님께 나아가는 자는 반드시 그가 계신 것과 또한 그가 자기를 찾는 자들에게 상 주시는 이심을 믿어야 할지니라

(히 11:24-26) 믿음으로 모세는 장성하여 바로의 공주의 아들이라 칭함받기를 거절하고 도리어 하나님의 백성과 함께 고난받기를 잠시 죄악의 낙을 누리는 것보다 더 좋아하고 그리스도를 위하여 받는 수모를 애굽의 모든 보화보다 더 큰 재물로 여겼으니 이는 상 주심을 바라봄이라

(히 11:36-38) 또 어떤 이들은 조롱과 채찍질뿐 아니라 결박과 옥에 갇히는 시련도 받았으며 돌로 치는 것과 톱으로 켜는 것과 시험과 칼로 죽임을 당하고 양과 염소의 가죽을 입고 유리하여 궁핍과 환난과 학대를 받았으니 (이런 사람

은 세상이 감당하지 못하느니라) 그들이 광야와 산과 동굴과 토굴에 유리하였느니라

구원의 확신을 가진 성도가 상급의 중요성을 깨달으면 그동안 아무리 많이 하나님께 충성했어도 더 많이 충성하려고 한다. 바울 사도가 이에 관한 모범을 보여 주었다.

> **(빌 3:12-14)** 내가 이미 얻었다 함도 아니요 온전히 이루었다 함도 아니라 오직 내가 그리스도 예수께 잡힌 바 된 그것을 잡으려고 달려가노라 형제들아 나는 아직 내가 잡은 줄로 여기지 아니하고 오직 한 일 즉 뒤에 있는 것은 잊어버리고 앞에 있는 것을 잡으려고 푯대를 향하여 그리스도 예수 안에서 하나님이 위에서 부르신 부름의 상을 위하여 달려가노라

바울 사도는 "나는 그리스도 예수께 잡힌 바 된 것을 잡으러 달려간다"고 선언했다. 그는 '예수님께 잡힌 바 된 그것'을 '푯대'로 비유했다(빌 3:13). 그는 '푯대'를 '위에서 부르신 부름의 상'으로 표현했다(빌 3:14). 이것을 볼 때 '예수님께 잡힌 것'이 '푯대'고, '푯대'가 '상급'이며, 바울 사도가 일평생 추구한 것이 하늘의 상급인 것을 알 수 있다.

신약성경의 서신서를 보면 서신서 기자들이 성도들의 거룩한 삶을 독려하기 위하여 일관되게 상급의 중요성을 강조한 것을 알 수 있다.

(1) 로마서를 보자.

> **(롬 12:1)** 그러므로 형제들아 내가 하나님의 모든 자비하심으로 너희를 권하노니 너희 몸을 하나님이 기뻐하시는 거룩한 산 제물로 드리라 이는 너희가 드릴 영적 예배니라

(롬 14:10) 네가 어찌하여 네 형제를 비판하느냐 어찌하여 네 형제를 업신여기느냐 우리가 다 하나님의 심판대 앞에 서리라

(2) 고린도서를 보자.

(고전 1:10) 형제들아 내가 우리 주 예수 그리스도의 이름으로 너희를 권하노니 모두가 같은 말을 하고 너희 가운데 분쟁이 없이 같은 마음과 같은 뜻으로 온전히 합하라

(고전 3:13-14) 각 사람의 공적이 나타날 터인데 그날이 공적을 밝히리니 이는 불로 나타내고 그 불이 각 사람의 공적이 어떠한 것을 시험할 것임이라 만일 누구든지 그 위에 세운 공적이 그대로 있으면 상을 받고

(고후 5:9-10) 그런즉 우리는 몸으로 있든지 떠나든지 주를 기쁘시게 하는 자가 되기를 힘쓰노라 이는 우리가 다 반드시 그리스도의 심판대 앞에 나타나게 되어 각각 선악 간에 그 몸으로 행한 것을 따라 받으려 함이라

(3) 갈라디아서를 보자.

(갈 1:6) 그리스도의 은혜로 너희를 부르신 이를 이같이 속히 떠나 다른 복음을 따르는 것을 내가 이상하게 여기노라

(갈 5:21) 투기와 술 취함과 방탕함과 또 그와 같은 것들이라 전에 너희에게 경계한 것같이 경계하노니 이런 일을 하는 자들은 하나님의 나라를 유업으로 받지 못할 것이요

(4) 에베소서를 보자.

(엡 4:1-3) 그러므로 주 안에서 갇힌 내가 너희를 권하노니 너희가 부르심을 받은 일에 합당하게 행하여 모든 겸손과 온유로 하고 오래 참음으로 사랑 가운데

서 서로 용납하고 평안의 매는 줄로 성령이 하나 되게 하신 것을 힘써 지키라

**(엡 6:7-8)** 기쁜 마음으로 섬기기를 주께 하듯 하고 사람들에게 하듯 하지 말라 이는 각 사람이 무슨 선을 행하든지 종이나 자유인이나 주께로부터 그대로 받을 줄을 앎이라

(5) 빌립보서를 보자.

**(빌 2:3-4)** 아무 일에든지 다툼이나 허영으로 하지 말고 오직 겸손한 마음으로 각각 자기보다 남을 낫게 여기고 각각 자기 일을 돌볼 뿐더러 또한 각각 다른 사람들의 일을 돌보아 나의 기쁨을 충만하게 하라

**(빌 2:12)** 그러므로 나의 사랑하는 자들아 너희가 나 있을 때뿐 아니라 더욱 지금 나 없을 때에도 항상 복종하여 두렵고 떨림으로 너희 구원을 이루라

(6) 골로새서를 보자.

**(골 3:5)** 그러므로 땅에 있는 지체를 죽이라 곧 음란과 부정과 사욕과 악한 정욕과 탐심이니 탐심은 우상 숭배니라

**(골 3:23-24)** 무슨 일을 하든지 마음을 다하여 주께 하듯 하고 사람에게 하듯 하지 말라 이는 기업의 상을 주께 받을 줄 아나니 너희는 주 그리스도를 섬기느니라

(7) 데살로니가서를 보자.

**(살전 4:1)** 그러므로 형제들아 우리가 끝으로 주 예수 안에서 너희에게 구하고 권면하노니 너희가 마땅히 어떻게 행하며 하나님을 기쁘시게 할 수 있는지를 우리에게 배웠으니 곧 너희가 행하는 바라 더욱 많이 힘쓰라

(살전 4:6) 이 일에 분수를 넘어서 형제를 해하지 말라 이는 우리가 너희에게 미리 말하고 증언한 것과 같이 이 모든 일에 주께서 신원하여 주심이라

(8) 베드로서를 보자.

(벧전 1:14-15) 너희가 순종하는 자식처럼 전에 알지 못할 때에 따르던 너희 사욕을 본받지 말고 오직 너희를 부르신 거룩한 이처럼 너희도 모든 행실에 거룩한 자가 되라

(벧전 1:17) 외모로 보시지 않고 각 사람의 행위대로 심판하시는 이를 너희가 아버지라 부른즉 너희가 나그네로 있을 때를 두려움으로 지내라

문제는 구원의 확신을 가진 성도가 '상급의 중요성을 어느 정도 깨닫느냐'에 있다. 상급의 중요성을 많이 깨달은 성도는 기쁘게 하나님께 충성할 수 있지만, 상급의 중요성을 적게 깨달은 성도는 소극적으로 하나님께 충성할 수밖에 없기 때문이다.

(마 5:11-12) 나로 말미암아 너희를 욕하고 박해하고 거짓으로 너희를 거슬러 모든 악한 말을 할 때에는 너희에게 복이 있나니 기뻐하고 즐거워하라 하늘에서 너희의 상이 큼이라 너희 전에 있던 선지자들도 이같이 박해하였느니라

올림픽 메달을 예로 들겠다. 생활 형편이 매우 어려운 어느 사람이 올림픽 대표선수가 되었다. 그가 훈련을 열심히 해서 올림픽에 출전하면 금메달 5개를 획득할 것이 확실시 될 정도의 실력자가 되었다. 이 사람이 타락할 가능성이 얼마나 될까? 그가 정신이상자가 되지 않고서야 타락할 가능성이 전혀 없다. 그는 더욱 열심히 운동을 해서 금메달 다섯 개를 획득할 것이다. 금메달 다섯 개를 획득하면 세상 말로 팔자가 바뀌기 때문이다.

반대로 생활 형편이 매우 어려운 어느 사람이 올림픽 금메달을 따기는커녕 올림픽 대표선수도 될 수 없고, 사회에서 먹고 살 힘조차 없을 경우에는 타락할 가능성이 매우 높다. 이런 사람은 십중팔구 망나니가 되거나, 정신이상이 되거나, 자살을 할 것이다.

중생한 신자도 마찬가지다. 구원의 확신을 얻은 성도가 상급의 중요성을 크게 깨달으면 타락할 가능성이 전혀 없다. 이런 성도는 어떻게 해서든지 상급을 받으려고 애쓴다. 상급이 올림픽 메달과 비교할 수 없이 좋은 것이기 때문이다. 그러므로 구원의 확신을 얻은 성도가 상급의 확신을 크게 깨달으면 세상이 감당하지 못하는 사람이 된다.

반면 구원의 확신이 없는 성도는 자신이 지옥에 갈지도 모르기 때문에 상급은 꿈도 꿀 수 없다. 이런 성도는 사는 것 자체가 불안하고, 아무리 노력해도 방황에서 벗어날 길이 보이지 않으면 하나님께 분노하고, 삶에 절망할 수밖에 없다. 이 때문에 구원의 확신이 없는 성도들 중에서 많은 사람들이 신앙생활을 포기하거나, 될 대로 되라는 식으로 살거나, 이단에 빠지거나, 자살을 감행하는 것이다.

안타깝게도 어떤 성도들은 상급균등론을 믿는다. 상급균등론이란 "하늘의 상급에 차등이 없다"는 주장이다. 다시 말해서 "모든 성도들이 똑같은 상을 받는다"는 주장이다. 신학교 교수들 중에 서양신학교에서 상급균등론을 배워서 가르치는 교수들이 있기 때문에 성도들이 상급균등론을 믿는 것이다. 불행하게도 이런 교수들이 점점 늘어나는 추세다. 서양의 신학교에서 공부를 하고 온 목회자들의 보고에 의하면 '서양 교회 성도들은 90% 이상 상급균등론을 믿는다'고 한다.

불행하게도 한국 교회 성도들 중에도 상급균등론을 믿는 사람들이 점점 늘어나고 있다. 한국 교회로서는 매우 큰 불행이고, 참으로 큰 위기다!

상급균등론을 믿으면 목숨을 걸고 주님을 섬길 필요를 느끼지 않는다. 목숨을 걸고 주님을 섬기는 성도와 편하게 주님을 섬기는 성도가 똑같은 상을 받는 것이 사실이면 목숨을 걸고 주님을 섬길 필요가 없기 때문이다.

물론 극히 드물지만 특이하게 육신이 강한(인내심이 강한) 성도는 의무감과 하나님의 은혜에 감사하는 것만으로도 어느 정도는 하나님께 충성할 수 있다. 하지만 대부분의 성도들은 육신이 약하기 때문에 의무감과 하나님의 은혜에 감사하는 것만으로는 하나님께 죽도록 충성하는 것이 불가능하다.

육신이 매우 강한 성도라고 할지라도 의무감과 하나님의 은혜에 감사하는 마음만으로는 세상이 감당하지 못할 정도의 신앙생활이 불가능하다. 성육신한 예수님께도 이것이 불가능했기 때문이다.

(마 26:36-39) 이에 예수께서 제자들과 함께 겟세마네라 하는 곳에 이르러 제자들에게 이르시되 내가 저기 가서 기도할 동안에 너희는 여기 앉아 있으라 하시고 베드로와 세베대의 두 아들을 데리고 가실새 고민하고 슬퍼하사 이에 말씀하시되 내 마음이 매우 고민하여 죽게 되었으니 너희는 여기 머물러 나와 함께 깨어 있으라 하시고 조금 나아가사 얼굴을 땅에 대시고 엎드려 기도하여 이르시되 내 아버지여 만일 할 만하시거든 이 잔을 내게서 지나가게 하옵소서 그러나 나의 원대로 마시옵고 아버지의 원대로 하옵소서 하시고

본문을 볼 때 "나는 구원의 은혜에 감사한 것만으로도 세상이 감당치 못할 정도로 하나님께 충성할 수 있다"는 주장이 허구인 것을 알

수 있다. 예수님도 못하신 일을 "내가 할 수 있다"고 큰 소리를 치는 것은 교만하거나, 어리석은 일이기 때문이다.

의무감과 하나님의 은혜에 감사하는 마음만으로 하나님께 죽도록 충성하는 것이 불가능하기 때문에 하나님이 상급을 마련하신 것이고, 예수님이 상급을 바라보시면서 십자가를 참으신 것이다.

> (히 12:2) 믿음의 주요 또 온전하게 하시는 이인 예수를 바라보자 그는 그 앞에 있는 기쁨을 위하여 십자가를 참으사 부끄러움을 개의치 아니하시더니 하나님 보좌 우편에 앉으셨느니라

물론 예수님은 하나님의 택하신 자녀들을 사랑하셔서 십자가를 지셨다. 하지만 이것이 전부가 아니다. 예수님도 육신을 가지셨기에 하나님의 택하신 자녀들을 사랑하시는 것만으로는 십자가를 지시는 것이 불가능하고, 행한 대로 복과 상을 주시는 것이 하나님의 뜻이기 때문에 하나님이 상을 예비하신 것이고, 예수님이 그 상을 바라보시면서 십자가를 참으신 것이다.

"나는 구원의 은혜에 감사한 것만으로도 세상이 감당치 못할 정도로(그 어떤 경우에도 조금도 흔들리지 않고) 하나님께 충성할 수 있다"고 큰소리치는 성도는 사도들과 예수님이 당한 것과 같은 고통을 당하지 않아서 그런 장담을 하는 것일 뿐이다.

### 5) 성령세례를 받지 않은 성도가 쉽게 타락한다

이것은 성령세례를 받기 전의 사도들이 예수님의 죽음에 절망해서 어쩔 줄 모른 사실이 좋은 예일 것이다.

### 6) 성령세례를 받은 후에 성령충만에 힘쓰지 않는 성도가 쉽게 타락한다

성도가 성령세례를 받은 후에 성령충만에 힘쓰지 않으면 성령의 능력이 약화되어서 세상과 사탄을 이길 힘이 없다.

성도는 구원의 확신을 얻은 후에 징계의 무서움, 기복주의의 위험성, 상급의 중요성을 반드시 깨달아야 한다. 또한 성령세례를 받은 후에 성령충만하게 살아야 한다. 그렇게 할 때 세상이 감당하지 못할 사람이 될 수 있다.

### 7) 마음에 상처가 있고, 조상들에게 나쁜 영향력을 물려받은 성도가 전인치료를 받지 않을 경우에 쉽게 타락한다

필자가 전인치유 사역을 하면서 많은 내담자들로부터 확인한 바에 의하면 마음에 상처가 있고, 조상들에게 나쁜 영향력을 물려받은 성도는 전인치유를 받지 않으면 쉽게 타락한다. 이에 관한 자세한 내용은 필자의 저서 《이것이 전인치유다》를 참고하기 바란다.

10장

# 구원받은 증거는 무엇인가?

중생한 신자가 영혼 구원을 받은 증거가 무엇일까? 중생한 신자는 어떻게 자신이 구원받은 것을 알 수 있을까?

성경에 의하면 중생한 신자에게는 몇 가지 증거가 나타난다. 이런 증거가 나타나면 영혼 구원을 받은 것이고, 이런 증거가 나타나지 않으면 영혼 구원을 받지 못한 것이다.

**1) 예수님을 믿지 않은 죄를 회개한 경험이 있으면 진짜 신자다**

사람의 근본적인 죄는 예수님(하나님)을 구주로 믿지 않은 것이다. 하나님은 어느 사람이 예수님을 믿지 않은 죄를 회개한 후에 예수님을 믿을 때 진정으로 회개한 것으로 인정하여 주신다.

> (막 1:14-15) 요한이 잡힌 후 예수께서 갈릴리에 오셔서 하나님의 복음을 전파하여 이르시되 때가 찼고 하나님의 나라가 가까이 왔으니 회개하고 복음을 믿으라 하시더라

본문의 "회개하고 복음을 믿으라"는 말씀은 '예수님을 구주로 믿지 않던 태도를 바꿔서 예수님을 구주로 믿으라'는 뜻이다. 이런 회개를 했으면 진짜 신자다. 반면 입으로는 예수님을 믿지만, 마음으로는 예수님을 믿지 않는 사람은 가짜 신자다.

단, 너무 어릴 때 예수님을 믿어서 예수님을 믿지 않은 죄를 회개한 것을 기억하지 못하는 경우는 있을 수 있다.

### 2) 마음으로 예수님을 구주로 믿고, 입으로 예수님을 구주로 시인하면 진짜 신자다

> (롬 10:9-10) 네가 만일 네 입으로 예수를 주로 시인하며 또 하나님께서 그를 죽은 자 가운데서 살리신 것을 네 마음에 믿으면 구원을 받으리라 사람이 마음으로 믿어 의에 이르고 입으로 시인하여 구원에 이르느니라

진짜 구원받은 신자, 즉 진짜 영생을 얻은 신자는 마음으로 예수님이 자신의 죄를 위하여 돌아가신 사실을 믿고, 입으로 예수님을 구주로 시인한다. 말을 못하는 환자들이나 장애인들은 몸짓으로 예수님을 구주로 시인한다. 물론 사탄이 신자들에게 의심을 넣어주기 때문에 진짜 구원받은 신자도 가끔씩, 어느 때는 자주 예수님의 구주되심을 의심할 수 있다. 그렇다고 해서 그가 구원받지 못한 것이 아니고, 그의 구원이 취소되는 것도 아니다.

한편, 어떤 구원파가 "예수님을 믿은 날짜를 알아야 구원을 받는다"고 주장하는 것은 전혀 성경의 가르침이 아니다. 어릴 때 예수님을 믿은 신자는 자신이 언제 예수님을 믿은 것인지 전혀 모를 수 있다. 자기의 생일을 몰라도 부모의 자녀인 것처럼 자신이 구원받은 날

짜를 몰라도 하나님의 자녀인 것이다.

### 3) 예수님을 믿은 후에 마음이 변화를 받은 경험이 있으면 진짜 신자다

(마 27:44) 함께 십자가에 못 박힌 강도들도 이와 같이 욕하더라

(눅 23:39-43) 달린 행악자 중 하나는 비방하여 이르되 네가 그리스도가 아니냐 너와 우리를 구원하라 하되 하나는 그 사람을 꾸짖어 이르되 네가 동일한 정죄를 받고서도 하나님을 두려워하지 아니하느냐 우리는 우리가 행한 일에 상당한 보응을 받는 것이니 이에 당연하거니와 이 사람이 행한 것은 옳지 않은 것이 없느니라 하고 이르되 예수여 당신의 나라에 임하실 때에 나를 기억하소서 하니 예수께서 이르시되 내가 진실로 네게 이르노니 오늘 네가 나와 함께 낙원에 있으리라 하시니라

본문에서 보는 것처럼 예수님과 함께 십자가에서 죽을 때 극적으로 예수님을 믿어서 천국에 간 한편 강도는 십자가에 달렸을 때만 해도 예수님을 욕하던 사람이었다. 하지만 그는 십자가에 달려서 고통을 당하던 중에 마음이 변하여 예수님을 구주로 믿었다. 그의 마음에 극적 변화가 일어난 것이다. 그 결과 그는 예수님과 함께 천국에 갔다. 이처럼 진짜 신자는 반드시 예수님을 믿지 않던 마음이 예수님을 믿는 마음으로 변하고, 정도의 차이는 있지만 악한 마음이 선한 마음으로 변한다.

사람이 예수님을 구주로 믿는 것은 사탄의 종에서 하나님의 자녀로 신분이 변화하는 것이고(요 1:12), 사망의 나라에서 생명의 나라로 이사하는 것이고(요 5:24), 죄의 종에서 의의 종으로 직분이 바뀌는 것이다(롬 6:17-18). 그러므로 진정으로 예수님을 믿은 사람은

자신이 충분히 자각할 수 있는 마음의 변화를 반드시 체험하게 되어 있다. 이런 변화를 체험하였으면 틀림없는 하나님의 자녀다.

단, 너무 어릴 때 예수님을 믿어서 자신의 변화한 경험을 기억하지 못하는 경우가 있을 수 있다. 이럴 경우에는 자신이 현재 진심으로 예수님을 사랑하고, 예수님을 위하여 살기를 원하는지를 점검하면 자신이 진짜 신자인 것을 알 수 있다. 진짜 신자는 육신이 약해서 육신으로 죄를 지을 수 있고, 지은 죄를 회개하지 못할 수 있어도 마음으로 하나님을 부인하는 법은 절대로 없다.

### 4) 예수님이 마음에 계신 것을 알면 진짜 신자다

(고후 13:5) 너희는 믿음 안에 있는가 너희 자신을 시험하고 너희 자신을 확증하라 예수 그리스도께서 너희 안에 계신 줄을 너희가 스스로 알지 못하느냐 그렇지 않으면 너희는 버림받은 자니라

중생한 신자가 예수님이 자신의 마음에 계신 것을 어떻게 알 수 있는가? 자신이 마음으로 예수님을 사랑하는 것을 보면 알 수 있다.

(벧전 1:8) 예수를 너희가 보지 못하였으나 사랑하는도다 이제도 보지 못하나 믿고 말할 수 없는 영광스러운 즐거움으로 기뻐하니

자신이 많든 적든, 크든 작든, 자주 혹은 가끔씩 예수님을 구주로 사랑하면 예수님이 마음속에 계신 것이다. 사탄이 마음속에 있는 사람은 절대로 예수님을 구주로 사랑할 수 없다. 이런 사람은 예수님을 좋아해도 훌륭한 인간으로만 좋아한다.

예수님이 마음속에 있는 사람은 육신이 약해서 공개적으로 예수님을 구주로 사랑하는 것을 나타내지 못할 때도 자신이 진심으로 예

수님을 구주로 사랑하는 것을 안다. 이는 마치 어떤 사람을 사랑하게 된 사람이 곤란한 환경 때문에 그에 대한 사랑을 표현하지 못해도 마음속으로 그를 사랑하는 것을 아는 것과 같다. 베드로 사도는 성령세례를 받기 전에 유대인들이 두려워서 "나는 예수님을 모른다"고 부인했다(마 26:69-75). 하지만 그것은 그의 진심이 아니었다.

### 5) 진심으로 거룩하게 살기를 힘쓰면 진짜 신자다

진짜 구원받은 신자는 성령님이 마음에 있는 사람이다. 성령님은 거룩한 분이기 때문에 성령님이 마음에 있는 사람은 반드시 진심으로 거룩하게 살기를 힘쓰게 되어 있다. 다시 말해서 진짜 구원받은 사람은 반드시 성화를 힘쓰게 되어 있다(갈 5:17). 성화를 이룬 만큼 복과 상을 받는 것을 아는 사람은 더욱 성화에 힘쓴다.

하지만 진짜 신자가 반드시(항상) 거룩하게 사는 것으로 오해하거나, 진짜 신자가 큰 죄(혹은 많은 죄)를 짓지 않는 것으로 오해하거나, 진짜 신자가 큰 죄(혹은 많은 죄)를 지으면 반드시 회개하는 것으로 오해하지 않도록 조심해야 한다.

진짜 신자들 중에는 육신이 약해서 성령님을 소멸함으로 큰 죄를 짓는 사람이 있을 수 있다. 심하면 기드온과 아버지의 아내와 동거생활을 한 신자처럼 죽을 때까지 회개를 못하는 경우도 있다. 이런 신자들도 진심으로 거룩하게 살기를 원한다. 다만 그들은 몸이 말을 듣지 않아서 선행을 실천하지 못할 뿐이다. 예수님은 이런 신자들을 아래와 같이 평가하셨다.

(마 26:40-41) 제자들에게 오사 그 자는 것을 보시고 베드로에게 말씀하시되

너희가 나와 함께 한 시간도 이렇게 깨어 있을 수 없더냐 시험에 들지 않게 깨어 기도하라 마음에는 원이로되 육신이 약하도다 하시고

제자들은 예수님과 함께 기도할 마음이 있었다. 하지만 그들은 육신의 졸음을 이기지 못하여 잠을 자고 말았다. 이처럼 진짜 신자들도 마음의 소원대로 선하게 살지 못하고, 육신의 소원대로 죄를 지을 수 있다. 심할 경우에는 아버지의 아내와 동거생활을 한 신자처럼 이방인보다 더 심한 죄를 지으면서도 회개하지 못할 수 있다.

물론 죄를 많이 짓는 신자들 중에는 가짜 신자가 많을 것이다. 그럼에도 불구하고 죄를 많이 짓는 신자들 중에 진짜 신자가 있을 수 있다. 그러므로 큰 죄(많은 죄)를 짓는 사람을 무조건 가짜 신자로 여기거나 그런 사람을 덮어놓고 지옥에 갈 사람으로 여기면 안 될 것이다.

한편, 육신의 연약함을 이기지 못하여 죄를 짓는 신자는 땅에 살 때 죄를 지은 만큼 저주를 받고, 죽은 후에 죄를 지은 만큼 상을 잃는다. 중생한 신자는 이것이 얼마나 큰 손해인가를 반드시 마음에 새겨야 한다.

### 6) 죄를 지을 때 하나님의 징계를 받으면 진짜 신자다

어떤 신자가 죄를 지을 때 하나님의 징계를 받으면 하나님의 자녀다. 부모가 자녀를 징계하듯이 하나님도 반드시 신자를 징계하시는 까닭이다.

(히 12:8) 징계는 다 받는 것이거늘 너희에게 없으면 사생자요 친아들이 아니니라

한국의 60-70년대에 많은 이적을 일으키던 중에 타락한 문 모 목사와 박 모 장로를 근거로－그들은 "내가 예수님(혹은 하나님)"이라고 주장했다－"진짜 신자도 그들처럼 타락하여 지옥에 갈 수 있다"고 주장하기도 한다. 하지만 이것은 바른 주장이 아니다. 문 모 목사와 박 모 장로는 진짜 신자가 아니었기 때문이다. 이 사실은 그들이 극심하게 타락한 후에도 하나님의 준엄한 징계를 받지 않은 것을 보면 알 수 있다. 그들은 타락한 이후에도 오랜 세월 동안 편안하게 장수하다가 죽었다.

반면 아나니아와 삽비라는 단지 거짓말을 한 죄 때문에 즉시 죽임을 당했다(행 5:1-11). 이것은 그들이 진짜 신자였음을 증명한다. 출애굽한 이스라엘 백성은 단지 하나님께 원망과 불평을 했는데도 광야에서 죽어야만 했다. 그들이 진짜 하나님의 자녀였기 때문에 준엄한 징계를 받은 것이다. 바울 사도는 고린도전서 5장 1-5절을 통하여 "하나님은 진짜 신자가 지나치게 범죄하면 그의 육신을 죽여서라도 반드시 그의 영을 구원하신다"고 증언했다.

다만 조상이 선한 일을 많이 했을 경우에는 그 조상의 후손은 지은 죄보다 조금 가볍게 벌을 받는다. 솔로몬 왕이 그런 경우다. 솔로몬 왕은 말년에 외국인 출신 아내들의 유혹에 빠져서 우상 숭배를 하는 죄를 범했다(왕상 11:4-8). 하나님은 솔로몬 왕을 징계하셨다(왕상 11:14-33). 그러나 하나님은 솔로몬의 아버지 다윗의 선행을 참작하셔서 솔로몬에게 약간의 재앙을 내리시고, 그의 아들 르호보암 시대에 그의 나라를 나누는 큰 재앙을 내리셨다.

(왕상 11:34-36) 그러나 내가 택한 내 종 다윗이 내 명령과 내 법도를 지켰으

므로 내가 그를 위하여 솔로몬의 생전에는 온 나라를 그의 손에서 빼앗지 아니하고 주관하게 하려니와 내가 그의 아들의 손에서 나라를 빼앗아 그 열 지파를 네게 줄 것이요 그의 아들에게는 내가 한 지파를 주어서 내가 거기에 내 이름을 두고자 하여 택한 성읍 예루살렘에서 내 종 다윗이 항상 내 앞에 등불을 가지고 있게 하리라

이처럼 조상이 선한 일을 많이 하면 후손이 약간은 그 덕을 본다. 반면 조상이 죄를 많이 지으면 후손이 많은 해를 입는다. 하나님은 하나님의 자녀가 죄를 지으면 반드시 징계하신다.

**7) 율법(도덕법)을 지키지 못하는 것 때문에 마음의 고통을 받으면 진짜 신자다**

(롬 7:22-25) 내 속사람으로는 하나님의 법을 즐거워하되 내 지체 속에서 한 다른 법이 내 마음의 법과 싸워 내 지체 속에 있는 죄의 법으로 나를 사로잡는 것을 보는도다 오호라 나는 곤고한 사람이로다 이 사망의 몸에서 누가 나를 건져 내랴 우리 주 예수 그리스도로 말미암아 하나님께 감사하리로다 그런즉 내 자신이 마음으로는 하나님의 법을 육신으로는 죄의 법을 섬기노라

본문은 바울의 고백이다. 그는 마음(영)이 하나님의 법을 섬기는데 반하여 육신이 죄의 법을 섬기는 것 때문에 고통을 받았다. 다시 말해서 영혼이 죄를 짓지 않는 것에 반하여 육신이 죄를 짓는 것 때문에 고통을 받았다. 이것은 그가 중생한 신자임을 증명하여 준다.

불신자들도 죄를 짓는 것 때문에 심적 고통을 받는다. 하지만 그들은 하나님의 법을 지키지 못하는 것 때문에(율법을 어기는 것 때문에) 심적 고통을 받지 않는다. 오직 하나님의 자녀들만 하나님의 법

(율법)을 지키지 못하는 것 때문에 심적 고통을 받는다. 만일 독자가 하나님의 법(율법)대로 살지 못하는 것 때문에 심적 고통을 받으면 독자는 틀림없는 하나님의 자녀다. 다시 말해서 독자가 어떤 죄를 지으면서 '하나님의 자녀인 내가 이런 짓을 하면 안 되는데'라는 생각 때문에 심적 고통을 받으면 독자는 하나님의 자녀가 틀림없다.

지금까지 소개한 구원받은 증거들 외에 예배에 열심히 참석하는 것, 헌금을 많이 드리는 것, 봉사를 열심히 하는 것, 회개할 때에 우는 것, 성령의 능력이 나타나는 것 등은 구원받은 증거가 될 수 없다. 이런 것들은 구원받지 못한 사람들이 세상의 것을 얻으려는 목적으로 할 수도 있고, 억지로 할 수도 있고, 하나님이 불신자들에게 일을 시키려고 능력을 주시는 것일 수도 있고, 일부 신자들에게만 나타나는 현상일 수도 있는 까닭이다.

필자가 제시한 구원받은 증거는 모든 신자에게 나타나는 현상이다. 그러므로 모든 신자는 이런 증거들을 자신에게 대입하여 자신이 영혼 구원을 받은 여부를 점검한 후에 구원의 확신 속에서 주님을 섬기는 것이 좋을 것이다.

그리고 신자의 선행을 구원받은 증거로 착각하여 "한국 교회 신자들은 타락한 생활을 하기 때문에 대부분 지옥에 갈 것"이라는 주장을 하면 안 될 것이다. 한국 교회 신자들 중에서 지옥에 갈 사람이 많을지 적을지는 오직 하나님만이 아시는 일이다. 한국 교회의 신자들이 타락한 사람이 많아도 그들 대부분이 진짜 신자일 가능성이 얼마든지 있기 때문이다. 그러므로 중생한 신자들은 "한국 교회의 신자들은 타락한 신자들이 많기 때문에 천국에 갈 신자가 매우 적을 것"이라는 주장에 현혹되어서 지옥의 공포에 떨지 않도록 해야 할 것이다.

한편, 타락한 생활을 하는 신자들은 하나님의 무서운 진노를 받아서 육신이 비참하게 죽임을 당하고, 상급이 모두 박탈당하기 전에 빨리 회개해야 할 것이다. 북한 사람들이 우리보다 죄가 많아서 저런 고통을 당하는 것이 아님을 깨달아야 할 것이다. 우리도 회개하지 않으면 그처럼 망할 것이기 때문이다.

(눅 13:1-5) 그때 마침 두어 사람이 와서 빌라도가 어떤 갈릴리 사람들의 피를 그들의 제물에 섞은 일로 예수께 아뢰니 대답하여 이르시되 너희는 이 갈릴리 사람들이 이같이 해 받으므로 다른 모든 갈릴리 사람보다 죄가 더 있는 줄 아느냐 너희에게 이르노니 아니라 너희도 만일 회개하지 아니하면 다 이와 같이 망하리라 또 실로암에서 망대가 무너져 치어 죽은 열여덟 사람이 예루살렘에 거한 다른 모든 사람보다 죄가 더 있는 줄 아느냐 너희에게 이르노니 아니라 너희도 만일 회개하지 아니하면 다 이와 같이 망하리라

▶루터파, 칼빈파, 일부 구원파, 필자의 공통점과 차이점

- 공통점: 한 번 구원은 영원한 구원인 것을 믿는다.
- 차이점:
    - 루터파: 성경의 구원론 난해 구절들은 무시한 채 육신의 성화를 중시한다.
    - 칼빈파: 성경의 구원론 난해 구절들을 잘못 해석하면서 육신의 성화를 중시한다.
    - 일부 구원파: 성경의 구원론 난해 구절들을 잘못 해석하면서 육신의 성화를 무시한다.
    - 이화영: 성경의 구원론 난해 구절들을 바르게 해석하면서 육신의 성화를 중시한다.

11장
# 본서 출간 에피소드(episode)

필자는 하나님의 은혜로 아홉 권의 책을 썼다. 이 중에서 《지옥에 가는 크리스천들?》1, 2, 3권(원제: 이것이 구원이다)과 《이것이 성령세례다》를 먼저 썼다. 《지옥에 가는 크리스천들?》은 기독교의 그릇된 구원론을 바로잡은 책이고, 《이것이 성령세례다》는 기독교의 그릇된 성령론을 개혁한 책이다.

《이것이 성령세례다》와 《지옥에 가는 크리스천들?》이 출간되었을 때 상반된 현상이 나타났다. 필자가 소속한 교단의 목회자들 대부분은 이 책들을 적대시한 반면, 다른 교단의 목회자들 대부분은 이 책들을 높이 평가했다.

새로운 사상이 가까운 사람들에게서 가장 먼저 배척을 받는 현상에 관하여 예수님은 "선지자가 고향에서 환영을 받지 못한다"고 천명하셨다(마 13:57).

《로마인 이야기》를 쓴 시오노 나나미(塩野七生) 여사는 아래와 같이 말했다.

"새로운 운동은 무엇이든 가장 가까운 사람들한테서 맨먼저 반발을 받게 되는 법이다."[29]

예수님의 사상은 주님과 한 민족인 유대인들에게 가장 먼저 배척을 받았다. 종교개혁자들의 사상은 그들이 소속한 천주교에게 가장 먼저 배척을 받았다. 필자의 구원론은 필자가 소속한 교단의 목회자들에게 가장 먼저 배척을 받았다!

필자는 우리 교단의 그릇된 교리부터 개혁하려는 마음으로 《지옥에 가는 크리스천들?》과 《이것이 성령세례다》를 필자가 소속한 노회의 목회자들에게 선물했다. 하지만 안타깝게도 그들 대부분은 이 책들을 적대시했다. 한 걸음 더 나가서 그들은 총회에 이 책들을 검증하여 줄 것을 의뢰했다.

총회는 총회신학위원회에 필자의 책들을 맡겼다. 신학위원회는 J 교수에게 필자의 책들을 검토하게 했다. 몇 달 후에 J 교수가 필자의 책들을 평가한 글이 총회신학위원회 이름으로 노회에 도착했다. 내용은 필자의 책들을 이단사설로 취급한 것이었다!

J 교수는 아래와 같이 주장했다.

"평가를 종합할 때 본서는 비성경적이며 비개혁신학적인 내용을 다분히 지녔다는 것을 확인할 수 있다. 이렇게 성경에 어긋나고 개혁신학에 부딪히는 본서의 주장이 더 이상 활동하지 못하도록 분명한 조치를 취해야 할 것이다."[30]

---
29) 시오노 나나미 저, 김석희 역, 《로마인 이야기》 7, 한길사, 1998년, p.555.
30) J 교수가 필자의 저서 《지옥에 가는 크리스천들?》의 초판을 비평한 글 중에서.

J 교수는 '이단사설'이란 표현을 사용하지 않았을 뿐, 실제로는 필자의 책을 이단사설로 취급했다. 그가 "본서의 주장이 더 이상 활동하지 못하도록 분명한 조치를 취해야 할 것"이라고 권고한 것은 중세교회가 종교개혁자들의 사상이 수록된 책을 이단서적으로 정죄한 후에 그들의 책을 금서(禁書)로 지정해서 보급을 막은 것과 다를 바 없기 때문이다.

필자는 J 교수의 비평을 꼼꼼하게 검토했다. 안타깝게도 J 교수의 주장은 단 한 가지도 옳은 것이 없었다. 필자가 충분히 설명하지 못한 성경구절들을 그가 잘못 해석해서 필자의 책을 이단사설처럼 취급하기 때문이었다.

물론 그 당시에 필자가 일부 구원론 난해 구절들(특히 예수님이 반어법으로 구원을 설명하신 부분)을 충분히 설명하지 못한 불찰도 있다. 하지만 그 교수가 마음을 열고 필자가 다른 구원론 난해 구절들을 해석한 것을 살폈으면 필자의 주장을 이단으로 정죄하는 것이 불가능한 것을 깨달았을 것이다. 더 나가서 조금만 더 마음을 열고 필자의 책을 살폈으면 필자가 하나님의 은혜로 기독교의 4대 구원론의 문제점을 개혁한 것을 알 수 있었을 것이다. 다른 교단의 목회자들 대부분이 필자의 책을 호평하고 있었기 때문에 필자가 이런 추정을 하는 것이다.

J 교수가 단 한 가지도 바른 비평을 한 것이 없었기 때문에 필자는 노회원들에게 "J 교수의 비평 중에서 받아들일 것이 하나도 없다"고 말했다. 하지만 노회원들 대부분은 J 교수가 그랬던 것처럼 필자가 성경의 구원론 난해 구절들의 일부를 충분히 설명하지 못한 것을 근

거로 필자의 책을 인정하지 않았다.

J 교수는 문서로 필자의 글을 이단사설로 다룬 후에 필자가 소속한 노회의 어느 목사를 만났을 때 "이화영 목사의 주장은 이단이라"고 선언했다. 그가 이 사실을 노회원들에게 알리자, 강경파들은 기세가 등등해져서 공개적으로 필자의 주장을 이단사설로 규정했다.

하지만 많은 노회원들은 필자의 주장을 이단사설로 여기지 않았다. 그들은 노회 석상에서 강력하게 "이화영 목사의 주장은 이단이 아니라 하나의 신학이론일 뿐이라"고 주장했다. 대다수의 목회자들이 이에 동조했다. 그때 앞장서서 필자를 옹호한 목회자들 중 기억나는 이들은 김용진 목사, 김영수 목사, 전성준 목사, 강승대 목사 등이다.

대다수의 목회자들의 강경한 반대로 필자의 주장을 이단사설로 여기던 목회자들은 더 이상 그런 주장을 하지 않게 되었다. 그럼에도 불구하고 노회원들 대부분은 필자에게 주장을 철회할 것을 요구했다. 교단의 교리와 맞지 않는 필자의 주장을 용납하는 것이 힘들었기 때문이었다.

결국 노회는 필자의 문제를 처리할 연구위원회를 조직했다. 연구위원들은 필자에게 《지옥에 가는 크리스천들?》과 《이것이 성령세례다》를 회수하여 폐기할 것을 요구했다. 하지만 필자는 "다소 부실하게 출간한 초판을 회수하여 폐기한 후에 교단신문에 사과 광고를 내겠지만 초판을 보완한 증보판은 철회할 수 없다"고 주장했다. 필자가 계속 그런 입장을 고수하자, 연구위원들은 어쩔 수 없이 "그렇게라도 하라"고 했다. 그리하여 필자는 초판을 회수하여 처분하고, 교단신문에 사과 광고를 게재했다.

하지만 얼마 못 되어서 노회원들은 필자의 증보된 책이 인터넷 서점에 보급되는 것을 알게 되었다.

강경파들의 주도로 임시노회가 소집되었다. 노회가 열렸을 때 강경파들은 강력하게 필자를 성토했다.

"이화영 목사는 신문에 사과 광고까지 냈으면서 어째서 계속 서점에 책을 보급하는 것인가? 이것은 약속 위반이다!"

이것은 그들이 필자가 연구위원회에서 "증보판을 보급하는 일을 그만둘 수 없다"고 말한 것과 연구위원들이 "초판만이라도 폐기하라"고 말한 것을 몰라서 생긴 오해였기 때문에 그 비판은 금방 사라졌다. 그럼에도 불구하고 강경파들은 한사코 필자에게 '주장 철회'를 요구했다.

반면 필자를 아끼는 목회자들과 필자가 섬기는 교회의 Y 장로는 필자에게 양보할 것을 간절히 요청했다. 이 일로 몇 시간 동안 회의가 공전되었다. 큰 부담을 느낀 필자는 마음이 약해져서 "나의 주장을 철회하겠다"고 선언했다. 노회원들은 박수로 환영했다. 필자는 하나님께 매우 죄송했지만 엎질러진 물이었다! 필자는 그때 모든 일이 마무리된 줄 알았다!

하지만 필자가 그날 집으로 돌아오는 길에 문제가 터졌다. 필자와 함께 오던 김용진 목사가 휴게소에서 필자에게 비싼 음료수를 사 주었는데, 그 음료수를 마시고 10여 분이 지난 뒤에 필자의 몸에 이상이 생기기 시작한 것이었다. 처음에는 두 눈이 따끔거리더니 나중에는 얼굴까지 따끔거리고, 급기야 얼굴이 울퉁불퉁해지기 시작했다. 그러는 동안에 필자는 김용진 목사가 섬기는 교회에 세워두었던 우리 교회 차를 운전해서 집으로 향했다. 하지만 집 가까이 왔을 때 고민이 생겼다.

'집에 가서 아내가 운전하게 해서 병원에 갈 것인가', '이대로 내가 직접 운전해서 병원에 갈 것인가?'

아직은 운전을 할 만했다. 그래서 집에 들르지 않고 곧바로 병원으로 차를 몰았다. 그런데 병원 가까이 갔을 때 상태가 상당히 호전되었다. 얼굴을 만져 봐도 울퉁불퉁한 게 없었다. '이제 낫는가 보다'라는 생각이 들었다. 차를 집으로 돌렸다.

그런데 필자가 집에 가까이 왔을 때 몸 상태가 갑자기 나빠졌다. 얼굴은 E. T처럼 변했고, 온몸이 축 늘어졌다. 상태가 처음보다 훨씬 심했다. 더 이상 운전을 할 수 없었다. 비틀거리면서 교회당 2층에 있는 목사관으로 올라갔다. 직감적으로 하나님의 진노인 것을 깨달은 필자는 진심으로 회개하기 시작했다.

"하나님 아버지, 아버지께서 깨닫게 하여 주신 진리를 부인한 죄를 회개합니다. 용서하여 주시옵소서. 건강을 회복시켜 주시면 하나님이 깨닫게 하여 주신 진리를 열심히 전파하겠습니다."

필자가 E. T 같은 얼굴을 한 채로 비틀거리면서 방으로 들어서자, 필자보다 먼저 도착해서 필자의 아내에게 노회 결과를 설명하던 Y 장로와 필자의 아내가 크게 놀라서 어쩔 줄 몰라했다.

Y 장로는 그의 차에 부랴부랴 필자와 아내를 태우고 병원으로 향했다. 집과 병원까지는 차로 약 15분 정도 걸린다. 그런데 차를 타고 약 2분 정도 갔을 때 필자의 눈이 빠른 속도로 흐려지기 시작했다. 아무리 눈을 깜빡거려도 눈이 점점 더 흐려졌다. 불과 1분 정도 만에

아무것도 보이지 않았다! 두 눈이 완전히 실명된 것이다! 하지만 아내가 놀랄까 봐 아내에게 말할 수 없었다. 크게 당황한 필자는 진심으로 죄를 회개했다.

> "하나님 아버지, 아버지께서 깨닫게 하여 주신 진리를 부인한 죄를 회개합니다. 용서하여 주시옵소서. 살려주시면 다시는 그러지 않겠습니다."

기도 후에 눈을 떴다. 사물이 희미하게 보였다. 1분도 안 돼서 모든 사물이 또렷이 보였다. 손으로 얼굴을 만져보니까 얼굴도 정상이 되어 있었다. 몸의 힘도 별 문제가 없었다. 금방 죽거나 최소한 장애인이 될 것 같던 몸이 불과 1-2분 정도를 회개한 후에 완전히 정상이 된 것이다!

병원에 도착한 후에도 몸이 아무렇지 않았다. 병원장은 "음료수 쇼크로 그런 것 같으니까 포도당 주사를 맞고 가라"고 했다. 몇 시간 동안 포도당 주사를 맞고 집으로 돌아왔다. 그때부터 필자 부부는 하나님이 깨닫게 하여 주신 진리를 끝까지 전파할 것을 굳게 다짐했다.

그러나 시간이 흐를수록 믿음이 작은 필자 부부는 다시 마음이 흔들렸다. 이것을 계속 주장하면 살 길이 막막했기 때문이었다.

'지금이라도 나의 주장을 포기하면 안 될까?'

하지만 하나님이 무서워서 맘대로 포기할 수 없었다.

오랜 날을 고민에 고민을 거듭하던 필자 부부는 어느 날 제비뽑기로 한 번 더 하나님의 뜻을 확인하기로 했다.

"하나님, 정말 죄송합니다. 제가 믿음이 없어서 한 번 더 하나님의 뜻을 여쭙는 것을 용서하여 주옵소서."

필자는 '주장 철회', '계속 주장'을 적은 종이를 봉투에 넣고 아내와 함께 간절히 기도한 후에 필자가 제비를 뽑았다. 마음속으로 '주장 철회'가 나오기를 기대했다. 하지만 기대와 달리 '계속 주장'이 나왔다. 믿음이 약한 필자는 기드온의 양털 시험을 근거로 "한 번 더 제비뽑기를 하겠다"는 기도를 한 후에 다시 제비를 뽑았다. 그때도 '계속 주장'이 나왔다. 더 이상 고집을 부릴 수 없게 되었다. 그때부터 우리 부부는 하나님께 완전히 항복하고, 인터넷과 서점을 통하여 필자의 주장을 계속 전파했다.

필자가 필자의 주장을 계속 전파하자 Y 장로는 필자의 앞날을 매우 걱정했다. 어느 날 Y 장로가 필자를 찾아와서 진지하게 제안했다.

"목사님, 목사님이 깨달은 것을 계속 전파하시면 노회는 틀림없이 목사님을 면직시킬 것입니다. 그렇게 되면 목사님은 물론 교회까지 큰 타격을 입습니다. 그렇게 되지 않으려면 우리 교회가 교단을 탈퇴하는 수밖에 없습니다. 성도들이 모두 목사님을 지지하니까 교단을 탈퇴합시다."

"장로님, 교단의 헌법에 의하면 절대로 저를 면직시킬 수 없습니다."

"아닙니다. 면직시킬 겁니다."

"혹시 면직을 시킨다고 해도 교단 탈퇴를 하지 않는 게 좋겠습니다."

이렇게 해서 모든 것을 하나님의 뜻에 맡기게 되었다.

어느 날 가을 노회가 열렸다. 필자가 회의장에 도착하여 보니까 분위기가 무거웠다. 몇 가지 의례적인 안건이 처리된 후에 필자의 책에 관한 문제가 상정되었다.

노회장 S 목사는 부노회장 J 목사에게 사회봉을 넘겼다. 그동안 J 목사가 앞장서서 필자의 책을 비판했기 때문에 S 목사가 J 목사에게 사회를 맡긴 것으로 여겨졌다.

J 목사는 노회원들에게 "그동안 이 문제로 많은 토론을 했으니까 더 이상 토론하지 말고 표결로 처리하는 것이 어떻겠느냐"고 물었다. 노회원들은 그의 의견에 찬동했다. 그때 필자가 발언권을 얻어서 아래와 같이 발언했다.

"한 가지만 묻겠습니다. 저의 주장이 이단입니까, 이단이 아닙니까?"

아무도 답변을 하지 않았다. 그때, S 목사가 발언권을 얻었다. 그는 외국 유학파인데다가 모 신학교의 교수였고, 노회의 원로였기 때문에 노회에서 그의 발언권이 강했다. 그는 아래와 같이 발언했다.

"이화영 목사가 이단인지 아닌지는 모르겠습니다. 하지만 우리 교단 신학교의 교수님이 '이화영 목사의 책에 문제가 있다'고 평가한 이상 우리는 이 목사를 처벌할 수밖에 없습니다."

아무도 S 목사의 발언에 이의를 제기하지 않았다. 필자는 더 이상 말하고 싶지 않아서 침묵했다.

J 목사는 필자에 대한 고소장을 작성한 K 목사에게 고소장을 읽게 했다. 그가 고소장을 읽기 시작했다. 그는 교단의 헌법을 들먹이면서 필자를 강력하게 처벌할 것을 주장했다. 마음이 지친 데다가 헌법책

이 없는 필자는 K 목사가 헌법을 바르게 적용하여 고소하는지를 확인하지 않았다. 하지만 그의 고소를 대충 들어봐도 그가 헌법을 억지로 적용하여 고소하는 것을 짐작할 수 있었다.

고소장을 읽은 후에 필자를 면직시키는 여부를 묻는 표결에 들어갔다. 개표 결과 4-5명만 필자의 면직을 반대했고, 나머지 30여 명 정도가 필자를 면직시키는 데 찬성표를 던졌다.

며칠 후에 필자는 K 목사의 고소장을 검토하여 보았다. 예상한 대로 그가 이단자를 처벌하는 조항을 근거로 고소장을 작성한 것을 알 수 있었다. 이것은 불법이었다. 최소한 K 목사와 노회원들이 자기 모순을 범한 것이었다. 그들이 "이화영 목사는 이단이 아니라"고 주장하면서, 혹은 "이화영 목사가 이단인지, 아닌지 모르겠다"고 주장하면서 필자를 '이단자'로 정죄했기 때문이다. "이화영 목사는 이단이 아니라"고 했으면 당연히 이단자를 처벌하는 법조항이 아닌 다른 법조항으로 필자를 처벌해야 한다. 하지만 다른 조항으로는 필자를 면직시킬 근거가 없기 때문에 그들 스스로 불법과 모순을 범하는 것을 뻔히 알면서도 이단자를 처벌하는 법조항으로 필자를 면직한 것이다. 이렇게 해서 필자는 교단에서 쫓겨났다.

어느 날 필자는 라이프신학교 총장인 예영수 박사의 강의를 듣게 되었다. 그때 필자는 예 박사에게 필자의 저서 《지옥에 가는 크리스천들?》(원제: 이것이 구원이다)을 선물했다. 며칠 후에 예 박사에게서 전화가 왔다. 그는 "책을 아주 잘 썼다"고 칭찬하면서 "목사님이 쓴 다른 책들도 보내 달라"고 했다. 집에 돌아온 필자는 예 박사에게 필자의 다른 저서들을 보냈다.

몇 주 후에 예영수 박사가 다시 전화를 걸어왔다. 그는 "《지옥에 가는 크리스천들?》뿐만 아니라, 다른 책들도 아주 잘 썼다"고 칭찬하면서 "꼭 한 번 만나자"고 했다.

몇 주 후에 필자는 예영수 박사를 찾아갔다. 그는 또다시 책에 관한 칭찬을 한 후에 "도대체 어떤 교단에서 이렇게 잘 쓴 책들을 문제 삼아서 목사님을 쫓아냈느냐"고 물었다. 필자는 "초판을 부실하게 써서 오해가 발생하여 그런 일이 일어났다"고 말했다. 예 박사는 "이 책을 학위논문으로 발표하면 아무도 시비를 걸지 못할 것"이라고 했다.

얼마 후 예영수 박사와 그가 대표회장으로 있는 교단(사단법인 국제교회선교연합회) 임원들은 필자를 그 교단의 목사로 받아 주었다. 필자의 책을 인정하여 주었을 뿐만 아니라, 필자를 목사로 인정하여 준 예영수 박사와 교단 임원들에게 깊은 사의를 표한다.

그 후 필자와 친하게 지내는 어느 목회자가 전화로 필자에게 이렇게 말했다.

"목사님이 예전에 소속했던 노회의 ○○○ 목사가 나에게 '내가 노회원들에게 이화영 목사를 복직시킬 것을 주장했는데 받아들여지지 않았다'고 말했습니다."

몇 달 후에 그 목회자는 필자에게 전화하여 이런 말을 전했다.

"목사님의 복직을 주장한 ○○○ 목사와 그가 시무하는 교회가 그 교단을 탈퇴했습니다."

필자의 복직을 주장한 그 목회자는 필자를 교단에서 쫓아내는 데 앞장섰던 목회자들 중 하나였다.

# 02

구원론 6대 교리

1장

# 제1교리—창세 전 예정

성경이 가르치는 영혼 구원을 교리로 만들려면 반드시 '창세 전 예정 교리'부터 시작해야 한다. 성경이 '하나님의 창세 전 예정'을 분명하게 가르치기 때문이다. '창세 전'은 '천지창조 이전'을 의미한다.

**(엡 1:3-6)** 찬송하리로다 하나님 곧 우리 주 예수 그리스도의 아버지께서 그리스도 안에서 하늘에 속한 모든 신령한 복을 우리에게 주시되 곧 창세 전에 그리스도 안에서 우리를 택하사 우리로 사랑 안에서 그 앞에 거룩하고 흠이 없게 하시려고 그 기쁘신 뜻대로 우리를 예정하사 예수 그리스도로 말미암아 자기의 아들들이 되게 하셨으니 이는 그가 사랑하시는 자 안에서 우리에게 거저 주시는 바 그의 은혜의 영광을 찬송하게 하려는 것이라

본문에서 보는 것처럼 인간의 구원은 하나님의 창세 전 예정으로 시작되었다.

바울 사도는 디모데후서에서도 '창세 전 예정'을 설명했다.

**(딤후 1:9)** 하나님이 우리를 구원하사 거룩하신 소명으로 부르심은 우리의 행위대로 하심이 아니요 오직 자기의 뜻과 영원 전부터 그리스도 예수 안에서 우리

에게 주신 은혜대로 하심이라

본문은 '영원 전(창세 전)에 구원할 자들을 정하신 하나님이 때가 되면 그들을 구원하신다'는 뜻이다.

바울 사도는 로마서에서도 창세 전 예정을 설명했다.

> **(롬 8:29-30)** 하나님이 미리 아신 자들을 또한 그 아들의 형상을 본받게 하기 위하여 미리 정하셨으니 이는 그로 많은 형제 중에서 맏아들이 되게 하려 하심이니라 또 미리 정하신 그들을 또한 부르시고 부르신 그들을 또한 의롭다 하시고 의롭다 하신 그들을 또한 영화롭게 하셨느니라

본문의 '하나님이 구원할 사람들을 미리 아셨다', '하나님이 구원할 사람들을 미리 정하셨다'는 말씀은 '하나님이 구원할 사람들을 창세 전에 정하셨다'는 뜻이다.

지금까지 설명한 것처럼 성경은 시종일관 창세 전 예정을 가르친다. 그러므로 구원 교리는 반드시 하나님의 창세 전 예정부터 서술해야 한다. 그런데도 칼빈주의자들은 하나님의 창세 전 예정을 무시한 채로 인간의 타락부터 구원 교리를 서술하고, 알미니안주의자들은 하나님의 창세 전 예정을 무시한 채로 인간의 자유의지부터 구원 교리를 서술한다.

### ▶칼빈주의 5대 교리

(1) 전적 타락(Total Depravity)

(2) 무조건적 선택(Unconditional Election)

(3) 제한적 속죄(Limited Atonement)

(4) 불가항력적 은혜(Irresistable Grace)
(5) 성도의 견인-궁극적 구원(Perseverance of the Saints)

이처럼 칼빈주의자들은 창세 전 예정을 무시한 채로 인간이 타락한 후에 하나님이 구원할 사람들을 선택하신 것처럼 설명한다.

▶알미니안주의 5대 교리

(1) 자유의지(Free Will)
(2) 조건적 선택(Conditional Election)
(3) 보편적 속죄(Universal Atonement)
(4) 저항할 수 있는 은혜(Obstructable Grace)
(5) 은혜의 상실(Falling From Grace)

이처럼 알미니안주의자들도 창세 전 예정을 무시한 채로 인간이 타락한 후에 하나님이 구원할 사람들을 선택하신 것처럼 설명한다.

양대 구원론자들이 창세 전 예정부터 구원을 설명하지 않는 이유는 단순하다. 성경이 가르치는 대로 창세 전 예정부터 구원을 설명하면 타락 전 선택설을 주장해야 하고, 그 결과 매우 골치 아픈 문제가 생기기 때문에(타락 후 선택설을 주장하는 것이 골치가 덜 아프기 때문에) 양대 구원론자들이 성경을 무시한 채로 인간의 타락부터 구원을 설명하는 것이다.

구체적으로 말하면 "인간이 타락하기 전에 하나님이 구원할 사람들을 선택하셨다"고 주장하면('타락 전 선택설'을 주장하면) 불신자들이 "하나님이 인간의 타락에 대한 책임을 져야 한다"고 공격하는 것을 반박하기 힘들다. 이 때문에 양대 구원론자들이 타락 후 선택설을 주장하는 것이다. 그럼에도 불구하고 양대 구원론자들의 주장은 '성경이 타락 전 선택 교리, 즉 창세 전 예정 교리부터 구원을 설명하는 것을 무시하는 것'이기 때문에 결코 찬동할 수 없다.

다시 강조하거니와 성경은 '창세 전 예정'과 '타락 전 선택'을 명백하게 가르친다. 그러므로 우리는 반드시 '창세 전 예정'과 '타락 전 선택'을 사실대로 증언해야 한다.

문제는 '창세 전 예정(타락 전 선택)을 무리 없이 증언하는 것'이 어려운 데 있다. 과연 무리 없이 창세 전 예정을 설명하는 것이 가능할까?

결론부터 말하면 '창세 전 예정(타락 전 선택)부터 구원 교리를 무리 없이 설명하는 것'이 충분히 가능하다.

**1) 아담의 자유의지를 바르게 깨달으면 '무리 없이 창세 전 예정(타락 전 선택)부터 구원 교리를 설명하는 것'이 가능하다**

창세 전 하나님의 예정과 인간의 타락 전 하나님의 선택을 정확하게 깨달으려면 하나님이 아담에게 주신 자유의지를 바르게 이해해야 한다.

하나님은 인류의 대표(머리)로 창조하신 아담에게 자유롭게 선택할 권리를 주셨다. 이것을 '아담의 자유의지'라 한다.

하나님이 아담을 로봇으로 창조하셨으면 아담에게 "선악과를 먹지 말라"는 명령을 하지 않으셨을 것이다. 로봇은 선악과를 먹지 않도록 프로그램을 만들면 절대로 선악과를 먹지 않을 것이기 때문이다.

웨스트민스터 신앙고백서 9장 1-2절은 아담의 자유의지를 아래와 같이 설명했다.

> "하나님께서 인간의 의지에 본래 자유를 주셨다. 그러므로 그 의지는 선이나 악을 행하도록 외적으로 강요되지 않으며, 혹은 내적으로 어떤 절대 필연적 본성 때문에 선이나 악을 행하도록 결정되어 있는 것도 아니었다. 아담은 그의 타락 이전 무죄 상태에서는 하나님 보시기에 기뻐하실 만한 선을 원하거나 행할 자유와 능력을 가졌다. 그렇지만 그에게는 그 본래의 무죄 상태에서 타락할 가능성도 있었다."[31]

웨스트민스터 신앙고백서가 증언한 대로 하나님이 무조건 아담이 선악과를 따먹도록 예정하신 것이 아니다. 하나님은 아담에게 '선악과를 먹을 것인가', '그것을 먹지 않을 것인가'를 선택할 자유의지를 주셨다.

하나님이 아담을 위하여 만드신 에덴동산에는 각종 나무들이 있었다. 그런데 에덴동산 중앙에 특별한 나무 두 그루가 있었다. 하나는 생명나무였고, 다른 하나는 선악을 알게 하는 나무였다.

> (창 2:9) 여호와 하나님이 그 땅에서 보기에 아름답고 먹기에 좋은 나무가 나게 하시니 동산 가운데에는 생명나무와 선악을 알게 하는 나무도 있더라

> (창 2:17) 선악을 알게 하는 나무의 열매는 먹지 말라 네가 먹는 날에는 반드시 죽으리라 하시니라

---

31) http://cafe.naver.com/forchris2/360

하나님이 선악과를 만드신 목적이 무엇인가? 자유의지를 가진 아담을 시험하기 위해서다.

하나님이 무슨 시험을 하셨는가? 아담이 "선악과를 먹지 말라"는 하나님의 명령을 지키는지를 시험하셨다.

하나님은 아담이 선악과를 먹으면 어떻게 하기로 계획하셨는가? 하나님께 가까이 오지 못하게 하는 벌을 주기로 계획하셨다.

아담이 선악과를 먹지 않으면 어떻게 하기로 계획하셨는가? 영생을 얻는 복을 주기로 계획하셨다(창 3:22-24 참조).

웨스트민스터 신앙고백서 7장 2절은 하나님의 구원 계획을 아래와 같이 설명했다.

> "인류에게 맺어주신 하나님의 첫 언약은 '행위 언약'이다. 이 언약에서 하나님은 아담과 및 아담에게 대표된 그 후손들에게 생명을 약속하셨다. 그 약속은 그들의 완전한 개인적 순종을 조건으로 하신 것이다."[32]

신실한 신학자들도 한결같이 하나님의 행위 언약을 증언했다.

종교개혁자 존 칼빈 목사는 《기독교강요》에서 하나님의 행위 언약에 관하여 아래와 같이 말했다.

> "인간의 최초 상태는 이와 같은 탁월한 은사들로 뛰어난 품위를 지니고 있었다. 때문에 그의 이성과 지성, 사려 분별, 판단은 지상생활을 지배하는 데 있어서 충분하였을 뿐만 아니라, 인간이 이것으로 하나님과 영원한 행복을 찾아 올라갈 수도 있었다. 이러한 완전한

---

[32] http://cafe.naver.com/forchris2/360

상태에서 인간은 자기가 원하기만 하였더라면 자유의지로 영생에 도달할 수 있는 능력을 가지고 있었다."[33]

개혁파 신학자 헤르만 바빙크(Herman Bavinck) 박사는 행위 언약에 관하여 아래와 같이 말했다.

"하나님께서 아담에게 주신 계명은 그 사건의 본질로 보아 계약인 것이다. 곧 아담이 순종하기만 하면 영생을 얻도록 하는 계약인 것이다."[34]

개혁파 신학자 박윤선 박사는 그의 저서 《성경신학》에서 행위 언약에 관하여 아래와 같이 말했다.

"행위 계약에서 하나님은 그때에 아담에게 단 한 가지 계명(선악과를 먹지 말라는 계명)만을 주시고, 그가 그것을 어길 때에는 죽음에 이르도록 규정하셨다. 인류의 대표자였던 아담은 그때에 자기 힘으로 하나님의 계명을 지켜야 영생을 얻도록 되었다. 그것은 행위 계약이다."[35]

### 2) 하나님의 두 가지 구원 계획을 깨달으면 '무리 없이 창세 전 예정(타락 전 선택)부터 구원 교리를 설명하는 것'이 가능하다

하나님은 창세 전에 두 가지 구원 계획을 세우셨다. 즉 아담이 선악과를 먹지 않을 경우를 대비한 구원 계획과 아담이 선악과를 먹을 경우를 대비한 구원 계획을 세우셨다. 그후에 아담이 둘 중 하나를

---

33) 존 칼빈, 신복윤 외 3인 공역, 《기독교강요》(상), 생명의말씀사, 1988년, p.302.
34) 헤르만 바빙크, 박윤선 저, 《창세기》, 영음사, 1990년, pp.97-98 재인용
35) 박윤선, 《성경신학》, 영음사, 1978년, p.71.

선택하게 하셨다. 아래의 성경말씀들이 증거다.

(창 2:8-9) 여호와 하나님이 동방의 에덴에 동산을 창설하시고 그 지으신 사람을 거기 두시니라 여호와 하나님이 그 땅에서 보기에 아름답고 먹기에 좋은 나무가 나게 하시니 동산 가운데에는 생명나무와 선악을 알게 하는 나무도 있더라

(창 2:16-17) 여호와 하나님이 그 사람에게 명하여 이르시되 동산 각종 나무의 열매는 네가 임의로 먹되 선악을 알게 하는 나무의 열매는 먹지 말라 네가 먹는 날에는 반드시 죽으리라 하시니라

(창 3:22) 여호와 하나님이 이르시되 보라 이 사람이 선악을 아는 일에 우리 중 하나같이 되었으니 그가 그의 손을 들어 생명나무 열매도 따 먹고 영생할까 하노라 하시고

(창 3:24) 이같이 하나님이 그 사람을 쫓아내시고 에덴 동산 동쪽에 그룹들과 두루 도는 불 칼을 두어 생명나무의 길을 지키게 하시니라

본문에서 보는 것처럼 하나님은 생명나무와 선악과나무(사망나무)를 만드신 후에 아담과 하와를 시험하셨다.

아담과 하와는 뱀의 유혹을 이기지 못해서 선악과를 먹었다. 그 결과 하나님 앞에서 쫓겨나는 일(죽음)을 당하게 되었다.

하나님은 범죄한 아담과 하와가 생명나무에 접근하지 못하게 하셨다. 악한 그들이 생명나무의 열매를 먹은 후에 영생을 얻으면 더 많은 악을 행할 것이기 때문이었다.

아담과 하와가 선악과를 먹지 않았으면 하님은 그들에게 생명나무의 과실을 먹게 하셔서 그들과 그 후손이 모두 영생을 얻게 하셨을 것이다.

이것은 하나님이 창세 전에 두 가지 구원 계획, 즉 아담과 하와가 타락하지 않을 경우를 대비한 구원 계획과 그들이 타락할 경우를 대비한 구원 계획을 세우신 것을 명백하게 증명한다.

한편 신실한 신학자들의 구원론을 읽어보면 그들은 창세 전에 하나님이 두 가지 구원 계획을 세우신 것을 깨달았는데도 성경의 구원을 더욱 깊이 연구하지 않아서 하나님이 세우신 두 가지 구원 계획을 선포하지 못한 것을 알 수 있다.

앞에 인용했던 종교개혁자 존 칼빈 목사의 글을 다시 한번 보자

"인간의 최초 상태는 이와 같은 탁월한 은사들로 뛰어난 품위를 지니고 있었다. 때문에 그의 이성과 지성, 사려 분별, 판단은 지상생활을 지배하는 데 있어서 충분하였을 뿐만 아니라, 인간이 이것으로 하나님과 영원한 행복을 찾아 올라갈 수도 있었다. 이러한 완전한 상태에서 인간은 자기가 원하기만 하였더라면 자유의지로 영생에 도달할 수 있는 능력을 가지고 있었다."[36]

헤르만 바빙크(Herman Bavinck) 박사의 글을 보자.

"하나님께서 아담에게 주신 계명은 그 사건의 본질로 보아 계약인 것이다. 곧 아담이 순종하기만 하면 영생을 얻도록 하는 계약인 것이다."[37]

박윤선 박사의 글을 보자.

"행위 계약에서 하나님은 그때에 아담에게 단 한 가지 계명(선악과

---

36) 존 칼빈, 신복윤 외 3인 공역, 《기독교강요》(상), 생명의말씀사, 1988년, p.302.
37) 박윤선, 《창세기》, 영음사, 1990년, pp.97-98 재인용

를 먹지 말라는 계명)만을 주시고, 그가 그것을 어길 때에는 죽음에 이르도록 규정하셨다. 인류의 대표자였던 아담은 그때에 자기 힘으로 하나님의 계명을 지켜야 영생을 얻도록 되었다. 그것은 행위 계약이다."[38]

이처럼 칼빈, 바빙크, 박윤선 박사는 한결같이 아담이 선악과를 먹지 않으면 영생을 얻을 가능성이 있었던 것을 인정했다. 이것을 볼 때 그들이 하나님께서 창세 전에 '아담이 타락할 경우를 대비한 구원 계획만 세우신 것'이 아니라, '아담이 타락하지 않을 경우를 대비한 구원 계획도 함께 세우신 것'을 깨달은 것을 알 수 있다. 그럼에도 불구하고 그들은 "하나님이 창세 전에 두 가지의 구원 계획을 세우셨다"고 선포하지 못했다. 매우 안타깝게도 그들은 하나님이 창세 전에 아담이 타락할 경우를 대비한 구원 계획을 세우신 것만 설명했다. 그 결과 그들은 불신자들이 "하나님이 창세 전에 아담이 타락할 경우를 대비한 구원 계획만 세우셨으면 하나님은 아담의 타락에 대한 책임을 져야 한다"고 주장하는 것을 반박하기 힘들게 되었다.

예전에는 창세 전 예정을 주장하는 목회자들이 더러 있었다. 그러나 불신자들과 타락 후 선택설을 주장하는 목회자들이 "하나님이 창세 전에 아담이 타락할 경우를 대비한 구원 계획만 세우셨으면 하나님은 아담의 타락에 대한 책임을 져야 한다"고 주장하는 것을 반박하기 힘들어서 대부분 그 주장을 포기하고 말았다. 이 때문에 대부분의 목회자들이 타락 후 선택설을 주장하는 오류를 범하게 되었다. 타락 후 선택설을 주장하면 "아담이 자유의지를 오용해서 타락했으므로

---

38) 박윤선, 《성경신학》, 영음사, 1978년, p.71.

하나님께는 아담의 타락에 대한 책임이 없다"고 주장할 수 있기 때문이다. 그 결과 대부분의 목회자들이 성경이 명백하게 가르치는 창세 전 예정과 타락 전 선택을 무시해서 성경을 파괴하는 오류를 범하게 되었다. 뱀을 피하려다가 호랑이를 만난 꼴이 된 것이다!

기독교 신학자들은 오랫동안 혼신의 힘을 다하여 금광을 개발하던 사람이 금맥 1센티미터 앞에서 금맥 찾기를 포기한 것과 비슷한 실수를 범했다. 그 결과 하나님이 창세 전에 두 가지의 구원 계획을 세우신 것을 깨닫고도 그것을 선포하지 못하는 실수를 범하고 말았다. 그리하여 그릇된 구원론(창세 전 예정을 무시하거나 외면한 채로 성경이 전혀 가르치지 않는 타락 후 선택설을 주장하는 구원론)을 주장하는 오류를 범하였다. 이 얼마나 안타까운 일인가!

하나님이 두 가지의 구원 계획을 세우시는 것이 가능한 이유는 두 가지다.

첫째, 전능하실 뿐만 아니라, 절대주권을 가지신 하나님에게 두 가지의 구원 계획을 세울 권리가 있는 것이 당연하다.

**(롬 9:20-21)** 이 사람아 네가 누구이기에 감히 하나님께 반문하느냐 지음을 받은 물건이 지은 자에게 어찌 나를 이같이 만들었느냐 말하겠느냐 토기장이가 진흙 한 덩이로 하나는 귀히 쓸 그릇을, 하나는 천히 쓸 그릇을 만들 권한이 없느냐

둘째, 하나님이 아담과 하와에게 자유의지를 주셨기 때문에 아담과 하와가 어떤 선택을 하느냐에 따라서 하나님이 구원 계획을 다르게 적용하시는 것이 얼마든지 가능하다.

하나님이 아담에게 자유의지를 주셨으므로 아담을 위하여 두 가지 구원 계획을 세우시는 것이 당연하다. 하나님이 아담에게 자유의지를 주신 후에 아담이 타락할 경우를 대비한 구원 계획만 세우셨으면 그에게 자유의지를 주신 것이 아무 소용이 없기 때문이다. 다시 말해서 하나님이 아담에게 자유의지를 주신 후에 선악과를 먹지 않을 경우를 대비한 구원 계획을 세우지 않으셨으면 아담은 선악과를 먹지 않아도 영생을 얻을 수 없기 때문이다. 이것을 볼 때도 하나님이 두 가지 구원 계획을 세우신 것을 알 수 있다.

성경에는 아담과 하와의 경우 외에도 하나님이 두 가지 이상의 계획을 세우신 후에 자유의지를 가진 인간이 둘 중 하나를 선택하도록 하신 예가 있다.

> (신 30:19) 내가 오늘 하늘과 땅을 불러 너희에게 증거를 삼노라 내가 생명과 사망과 복과 저주를 네 앞에 두었은즉 너와 네 자손이 살기 위하여 생명을 택하고

> (삼하 24:12-13) 가서 다윗에게 말하기를 여호와께서 이와 같이 말씀하시기를 내가 네게 세 가지를 보이노니 너를 위하여 너는 그중에서 하나를 택하라 내가 그것을 네게 행하리라 하셨다 하라 하시니 갓이 다윗에게 이르러 아뢰어 이르되 왕의 땅에 칠 년 기근이 있을 것이니이까 혹은 왕이 왕의 원수에게 쫓겨 석 달 동안 그들 앞에서 도망하실 것이니이까 혹은 왕의 땅에 사흘 동안 전염병이 있을 것이니이까 왕은 생각하여 보고 나를 보내신 이에게 무엇을 대답하게 하소서 하는지라

위의 본문에서 보듯이 하나님은 두 가지 이상의 계획을 세우신 후에 자유의지를 가진 사람들에게 하나를 선택할 기회를 주셨다. 하나

님은 창세 전에도 이와 같은 계획을 세우셨다.

하나님의 창세 전 구원 계획(창세 전 예정)을 아래와 같이 정리할 수 있을 것이다.

- 천지를 창조하기 전에 두 가지 구원 계획을 세운다. 하나는 아담이 타락하지 않을 경우를 대비한 구원 계획이고, 다른 하나는 아담이 타락할 경우를 대비한 구원 계획이다. 아담이 타락하지 않을 경우에는 아담의 후손을 모두 구원한다. 아담이 타락할 경우에는 창세 전에 구원하기로 예정한 사람들만 구원한다.
- 천지를 창조한다.
- 에덴동산을 창설한 후에 그곳에 생명나무와 선악을 알게 하는 나무를 만든다.
- 인류의 대표인 아담과 하와를 창조한다.
- 아담과 하와에게 자유의지를 준다.
- 아담과 하와에게 "선악과를 먹지 말라"고 명령한다. 만일 아담과 하와가 선악과를 먹지 않으면 아담 부부와 그의 후손들 모두에게 생명과를 먹게 해서 영생을 준다. 그러나 아담과 하와가 선악과를 먹으면 아담 부부와 그의 후손 중 창세 전에 선택(예정)한 사람들만 예수 그리스도를 구주로 믿게 해서 그들에게만 영생을 준다. 나머지 사람들은 모두 영벌에 처한다.

**3) 천사에 관한 예정을 깨달으면 '무리 없이 창세 전 예정, 즉 타락 전 선택부터 구원 교리를 설명하는 것'이 가능하다**

하나님이 천사에 관한 예정을 하신 것은 창세 전 예정과 타락 전 선택을 이해하는 데 큰 도움을 준다.

개혁파 신학자 박형룡 박사는 《교의신학 신론》에서 하나님이 천사의 미래를 예정하신 사실을 아래와 같이 설명했다.

> "하나님이 천사에 관하여 예정하신 것을 생각해 보라. 그러면 그것이 타락 전 선택설을 찬성하는 듯한 것을 알 수 있을 것이다. 천사에 관한 예정은 오직 타락 전 선택설로만 설명할 수 있기 때문이다."[39]

하나님은 천사들을 자유의지를 가진 존재로 창조하셨다. 이 사실이 에스겔서에 나타나 있다.

> (겔 28:12-15) 인자야 두로 왕을 위하여 슬픈 노래를 지어 그에게 이르기를 주 여호와의 말씀에 너는 완전한 도장이었고 지혜가 충족하며 온전히 아름다웠도다 네가 옛적에 하나님의 동산 에덴에 있어서 각종 보석 곧 홍보석과 황보석과 금강석과 황옥과 홍마노와 창옥과 청보석과 남보석과 홍옥과 황금으로 단장하였음이여 네가 지음을 받던 날에 너를 위하여 소고와 비파가 준비되었도다 너는 기름 부음을 받고 지키는 그룹임이여 내가 너를 세우매 네가 하나님의 성산에 있어서 불타는 돌들 사이에 왕래하였도다 네가 지음을 받던 날로부터 네 모든 길에 완전하더니 마침내 네게서 불의가 드러났도다

본문은 타락한 천사들의 우두머리인 사탄을 두로 왕으로 비유한 말씀이다. '네가 옛적에 하나님의 동산 에덴에 있었다'는 표현과 '너는 기름 부음을 받고 지키는 그룹임이여'라는 묘사를 볼 때, 본문이 말하는 두로 왕이 타락한 천사를 비유한 것임을 알 수 있다. 실제 두

---

39) 박형룡, 박형룡 박사 저작전집 2, 신론, 한국기독교교육연구원, 1983년, p.310.

로 왕은 하나님의 동산인 에덴에 있은 적이 없었으며, 그룹(천사의 다른 호칭)일 수도 없는 까닭이다.

본문에 등장하는 사탄은 타락하기 전에 하나님의 동산인 에덴에 있었다. 그는 불 타는 돌들 사이에 자유롭게 왕래하였고, 모든 길에 완전했다. 그런데도 그는 하나님께 반역했다. 그들은 모두 지옥에 떨어지는 처벌을 받았다. 반면에 하나님께 반역하지 않은 천사들은 모두 천국에서 살게 되었다. 이것을 볼 때, 하나님이 천사들에게 자유의지를 주신 것을 알 수 있다. 더 나아가서 하나님이 그들을 위하여 두 가지 예정(두 가지 구원 계획)을 세우신 것을 가르쳐 준다. 하나는 천사가 자유의지를 바르게 사용하여 하나님께 충성하면 영생을 주실 예정을 하신 것이고, 다른 하나는 천사가 자유의지를 그릇되게 사용하여 하나님께 반역하면 영벌(永罰)을 주실 예정을 하신 것이다.

다시 강조하겠다.

하나님은 천사들을 창조할 때 그들에게 자유의지를 주셨다. 천사들 중 대부분은 자유의지를 바르게 이용하여 하나님께 충성하는 길을 선택했다. 반면에 사탄과 그의 부하들은 자유의지를 그릇되게 사용하여 하나님께 반역하는 길을 선택했다. 반역한 천사들은 하나님의 예정대로 모두 영벌(永罰)을 받았다. 충성한 천사들은 하나님의 또 다른 예정대로 모두 영생을 얻었다. 바울 사도는 이 사실을 아래와 같이 증언했다.

(딤전 5:21) 하나님과 그리스도 예수와 택하심을 받은 천사들 앞에서 내가 엄히 명하노니 너는 편견이 없이 이것들을 지켜 아무 일도 불공평하게 하지 말며

바울 사도는 "하나님의 택하심을 받은 천사들이 있다"고 증언했

다. 이것은 '자유의지를 바르게 행사할 경우에 영생을 얻도록 선택(예정)을 받은 천사들이 있다'는 뜻이고, '자유의지를 잘못 사용할 경우에 영벌을 받도록 선택(예정)을 받은 천사들이 있다'는 뜻이다.

종교개혁자 존 칼빈 목사는 《기독교강요》에서 디모데전서 5장 21절을 근거로 아래와 같이 말했다.

> "바울은 택함을 받은 천사에 대하여 말한 바 있는데(딤전 5:21), 이것은 의심할 여지도 없이 버림받은 천사가 있다는 것을 암시하는 것이다."[40]

하나님이 아담과 하와를 예정하신 것도 마찬가지다. 하나님은 자유의지를 가진 아담과 하와를 위하여 두 가지를 예정하셨다. 다시 말해서 하나님의 명령에 순종하면 아담과 그의 후손 모두에게 영생을 주는 예정과 하나님의 명령에 불순종하면 아담과 그의 후손 중 일부만 구원을 받게 하는 예정을 하셨다. 안타깝게도 아담과 하와는 자유의지를 이용하여 하나님께 반역하는 것을 선택했다. 그리하여 아담과 그의 후손 중 일부만 구원을 받게 되었다. 만일 아담이 선악과를 먹지 않는 쪽을 선택했으면 아담과 아담의 후손 전부는 하나님의 또 다른 예정대로 영생을 얻었을 것이다. 우리도 이 땅에 사는 고생을 하지 않았을 것이다. 인류의 대표인 아담의 오판으로 우리까지 이런 고생을 하게 된 것이다!

그런데 천사들을 위한 예정과 인간들을 위한 예정에는 하나의 큰 차이점이 있다. 하나님은 천사들이 타락할 경우에는 타락한 천사들

---

40) 존 칼빈, 신복윤 외 3인 공역, 《기독교강요》(상), 생명의말씀사, 1988년, p.276.

모두를 지옥에 보내는 예정을 하셨으나, 아담이 타락할 경우에는 아담의 후손 중 일부를 구원하여 주는 예정을 하셨다. 이것을 볼 때, 아담과 그의 후손은 천사들에 비하여 하나님의 은혜를 입은 것을 알 수 있다. 하나님이 이렇게 하신 이유가 무엇일까? 성경에 분명히 나와 있지 않아서 정확히 알 수는 없지만 '천사들은 스스로 타락한 반면 아담은 사탄의 유혹에 의하여 타락했기 때문에 하나님이 아담의 후손 중 일부를 구원하여 주기로 예정하신 것은 아닐까'라는 추측이 가능할 것이다. 모두 지옥에 버려도 될 사람들 중 일부라도 구원하여 주는 것은 하나님의 큰 은혜가 아닐 수 없다!

창세 전 예정을 이해하기 위하여 TV드라마를 생각하여 보자. 어떤 TV드라마는 자유의지를 가진 시청자들의 의견을 반영하여 방송을 내보낸다. 이를 위하여 시나리오 작가는 두 가지 이상의 시나리오를 준비한다. 시청자들이 그것들 중 하나를 자유롭게 선택하면 그것을 방송하여 주기 위해서다.

하나님은 창세 전에 두 가지를 예정하신 후에 자유의지를 가진 아담이 두 가지 계획 중에서 하나를 선택하게 하셨다. 불행하게도 아담은 자유의지로 하나님께 불순종하는 길을 선택했다. 그래서 하나님은 창세 전에 예정하신 대로 아담 부부와 그들의 후손 중의 일부만 구원하여 주셨다. 만일 아담이 자유의지를 이용하여 선악과를 먹지 않는 선택을 했더라면 하나님은 창세 전에 예정하신 대로 아담과 그의 후손 모두를 구원하여 주셨을 것이다. 그러므로 하나님께는 아담의 죄에 대한 책임이 전혀 없고, 자유의지를 남용하여 선택을 잘못한 아담에게 전적으로 타락의 책임이 있다.

**4) 사람의 예정 능력을 깨달으면 '무리 없이 창세 전 예정, 즉 타락 전 선택부터 구원 교리를 설명하는 것'이 가능하다**

사람은 하나님의 형상대로 지음을 받은 존재다. 비록 타락한 것 때문에 지식, 감정, 의지가 약화되었지만 사람도 하급동물에 대하여 어느 정도는 예정을 할 수 있다.

어떤 사람이 닭을 키우는 것을 예로 들겠다. 그는 열 마리의 암탉을 키운다. 그중 모이를 잘 먹어서 튼실하게 크고, 다른 닭들을 괴롭히지 않는 다섯 마리는 산란계로 키우고, 나머지는 잡아먹기로 예정한다. 이것을 탓할 사람이 있겠는가? 이렇듯 전지전능하지 않은 사람도 먼 훗날의 일을 예정하는 능력과 권한이 있다. 그런데 어떻게 전지전능한 하나님이 먼 훗날의 일을 예정하는 능력과 권한이 없을 수 있겠는가? 하나님의 전지전능을 믿는 사람은 얼마든지 주님의 창세 전 예정을 믿을 수 있다. 이처럼 창세 전 예정은 상식적으로도 진리다.

어떤 사람들은 창세 전 예정을 의심하면서 아래와 같이 주장한다.

"창세 전 예정은 하나님이 사람을 마음대로 처리하시는 것이기 때문에 나는 하나님의 창세 전 예정에 기분이 나쁘다."

이에 대하여 바울 사도가 잘 대답해 주었다.

> **(롬 9:20-21)** 이 사람아 네가 누구이기에 감히 하나님께 반문하느냐 지음을 받은 물건이 지은 자에게 어찌 나를 이같이 만들었느냐 말하겠느냐 토기장이가 진흙 한 덩이로 하나는 귀히 쓸 그릇을, 하나는 천히 쓸 그릇을 만들 권한이 없느냐

닭이 사람의 예정과 선택에 이의를 제기할 권리가 없듯이 사람도 하나님의 예정과 선택에 이의를 제기할 권리가 없다.

어떤 사람들은 창세 전 예정을 오해해서 아래와 같이 비아냥거리기도 한다.

"하나님께서 창세 전에 예정한 사람들을 반드시 구원하시는 것이 사실이면 사람이 애써서 전도할 필요가 없겠네?"

하지만 이것은 하나만 알고 둘은 몰라서 하는 소리다.

물론 하나님에게는 창세 전에 예정한 사람들 모두를 직접 구원하실 수 있는 능력이 있다. 사람이 전혀 전도하지 않아도 하나님은 창세 전에 예정한 사람들을 모두 구원하실 수 있다. 이것은 예수님이 사울(바울)을 구원하신 사건에서 알 수 있다.

> (행 9:3-9) 사울이 길을 가다가 다메섹에 가까이 이르더니 홀연히 하늘로부터 빛이 그를 둘러 비추는지라 땅에 엎드러져 들으매 소리가 있어 이르시되 사울아 사울아 네가 어찌하여 나를 박해하느냐 하시거늘 대답하되 주여 누구시니이까 이르시되 나는 네가 박해하는 예수라 너는 일어나 시내로 들어가라 네가 행할 것을 네게 이를 자가 있느니라 하시니 같이 가던 사람들은 소리만 듣고 아무도 보지 못하여 말을 못하고 서 있더라 사울이 땅에서 일어나 눈은 떴으나 아무 것도 보지 못하고 사람의 손에 끌려 다메섹으로 들어가서 사흘 동안 보지 못하고 먹지도 마시지도 아니하니라

사울은 매우 무서운 악당이었다. 이 때문에 아무도 그에게 전도할 엄두를 낼 수 없었다. 그런데도 예수님은 그를 단번에 전도하셨다. 이처럼 하나님에게는 창세 전에 예정한 사람들 모두를 직접 전도하

서서 구원하실 수 있는 능력이 있다. 그런데 어째서 하나님이 성도들에게 "전도하라"고 명령하신 것일까? 그 이유는 아래와 같다.

첫째, 성도가 전도한 만큼 복과 상을 주기 위해서 하나님이 성도에게 전도를 명령하신 것이다.

복이 얼마나 좋고, 상이 얼마나 좋은지를 아는 성도는 복과 상을 받기 위하여 죽도록 충성한다. 사도들이 좋은 예다.

하나님은 성도가 전도한 만큼 상을 주신다. 그래서 주님이 성도에게 전도를 명령하신 것이다.

문제는 어떤 성도들이 "성도는 누구나 다 열심히 전도를 해야 한다"고 주장하는 데 있다. 안타깝게도 성경을 오해하기 때문에 이런 주장을 하는 것이다. 성경은 성도가 자기의 은사에 따라서 하나님께 충성하면 되는 것을 가르친다.

> (고전 3:6-8) 나는 심었고 아볼로는 물을 주었으되 오직 하나님께서 자라나게 하셨나니 그런즉 심는 이나 물 주는 이는 아무것도 아니로되 오직 자라게 하시는 이는 하나님뿐이니라 심는 이와 물 주는 이는 한가지이나 각각 자기가 일한 대로 자기의 상을 받으리라

바울은 불신자들에게 전도하는 은사를 받았기 때문에 열심히 전도를 했다. 아볼로는 성도들을 가르치는 은사를 받았기 때문에 열심히 성도들을 가르쳤다. 그렇게 해서 각각 자기의 상을 받았다.

가르치는 은사를 받은 성도는 가르치는 일로 하나님께 충성하면 되고, 전도의 은사를 받은 성도는 전도로 하나님께 충성하면 된다. 성도가 은사를 받은 대로 충성하면 하나님은 그것에 합당한 상을 주신다.

어떤 이들은 "전도는 은사가 아니라"고 주장하면서 "모든 성도들은 반드시 열심히 전도해야 한다"고 주장한다. 하지만 오해다. 성경은 전도를 은사로 가르친다.

(엡 4:11) 그가 어떤 사람은 사도로, 어떤 사람은 선지자로, 어떤 사람은 복음 전하는 자로, 어떤 사람은 목사와 교사로 삼으셨으니

(롬 12:6-8) 우리에게 주신 은혜대로 받은 은사가 각각 다르니 혹 예언이면 믿음의 분수대로, 혹 섬기는 일이면 섬기는 일로, 혹 가르치는 자면 가르치는 일로, 혹 위로하는 자면 위로하는 일로, 구제하는 자는 성실함으로, 다스리는 자는 부지런함으로, 긍휼을 베푸는 자는 즐거움으로 할 것이니라

(고전 12:29-30) 다 사도이겠느냐 다 선지자이겠느냐 다 교사이겠느냐 다 능력을 행하는 자이겠느냐 다 병 고치는 은사를 가진 자이겠느냐 다 방언을 말하는 자이겠느냐 다 통역하는 자이겠느냐

어떤 사람은 목회자의 은사를 받고, 어떤 사람은 구제의 은사를 받고, 어떤 사람은 병 고치는 은사를 받고, 어떤 사람은 가르치는 은사를 받고, 어떤 사람은 복음 전도자의 은사를 받는다. 그러므로 성도는 자신이 받은 은사에 충실하면 된다.

둘째, 불충성한 성도에게 벌을 내리기 때문에 하나님이 성도에게 전도를 명령하신 것이다.

하나님은 전도의 은사를 받고서도 전도를 게을리하는 사람을 악하고 게으른 종으로 여겨 처벌하신다. 가르치는 은사를 받은 사람이 가르치는 일을 게을리하거나, 구제하는 은사를 받은 사람이 구제하는 일을 게을리해도 마찬가지다. 그러므로 성도는 자신이 받은 은사대로 가능한 한 열심히 충성해야 한다.

필자는 교단 목회자들의 회유와 압력에 굴복하여 "지금부터 하나님이 깨닫게 하여 주신 구원론과 성령론을 전파하는 것을 포기하겠다"고 선언한 그날 저녁 때에 죽임을 당할 뻔했다. 황급하게 회개했을 때에 하나님이 살려 주셨다. 그후부터 지금까지 하나님이 깨닫게 하여 주신 성경말씀들을 열심히 전파하고 있다.

지금까지 설명한 것처럼 하나님은 전도의 은사를 받고 열심히 전도하는 성도에게 복과 상을 주시고, 전도의 은사를 받고서도 전도하지 않는 성도에게 저주를 내리시거나 상급을 박탈하신다. 이 때문에 바울 사도가 아래와 같이 말한 것이다.

> (고전 1:21) 하나님의 지혜에 있어서는 이 세상이 자기 지혜로 하나님을 알지 못하므로 하나님께서 전도의 미련한 것으로 믿는 자들을 구원하시기를 기뻐하셨도다

성도가 전도의 미련한 방법으로 복음을 전하면 하나님은 창세 전에 선택한 사람들이 예수님을 믿도록 역사하신다.

> (행 13:48) 이방인들이 듣고 기뻐하여 하나님의 말씀을 찬송하며 영생을 주시기로 작정된 자는 다 믿더라

성도에게는 창세 전에 예정된 사람을 구별할 능력이 전혀 없다. 그러므로 모두에게 전도할 수밖에 없다. 이 때문에 예수님이 아래와 같이 명령하신 것이다.

> (눅 14:23) 주인이 종에게 이르되 길과 산울타리 가로 나가서 사람을 강권하여 데려다가 내 집을 채우라

성도가 아무나 교회에 데려오면 나중에 하나님이 불택자를 가려서 지옥에 보내신다.

> (마 22:11-13) 임금이 손님들을 보러 들어올새 거기서 예복을 입지 않은 한 사람을 보고 이르되 친구여 어찌하여 예복을 입지 않고 여기 들어왔느냐 하니 그가 아무 말도 못하거늘 임금이 사환들에게 말하되 그 손발을 묶어 바깥 어두운 데에 내던지라 거기서 슬피 울며 이를 갈게 되리라 하니라

의사 전도왕으로 유명한 이병욱 박사는 아래와 같이 말했다.

> "삶의 현장에 있는 그리스도인이 '무조건, 무차별, 무시로, 무릎으로, 무엇보다, 무안을 당해도, 무수히(현장 전도 7무 원칙)' 복음을 전하는 일이야말로 무엇보다 귀하고 아름다운 일이라고 생각한다."[41]

지금까지 설명한 것을 정리한 후에 이 장을 마치겠다.

창세 전 예정은 성경의 분명한 가르침이다. 이 진리를 무시한 채로 타락 후 선택설을 주장하는 것은 성경을 왜곡하는 것이다. 타락 후 선택설을 주장하는 칼빈주의 구원론과 알미니안주의 구원론은 즉시 폐기되어야 한다.

---

41) 이병욱, 《의사전도왕》, 규장, 2001년, p.14.

2장

# 제2교리 — 무조건적 선택

앞 장에서 설명한 것처럼 '창세 전 예정 교리'는 '인류의 전부를 구원하여 주느냐, 인류의 일부만 구원하여 주느냐를 하나님이 언제, 어떻게 결정하셨는지'를 설명한 것이다.

'무조건적 선택 교리'는 '아담이 하나님의 명령에 불순종할 경우에 구원하여 줄 일부 사람들을 하나님이 언제, 어떻게 결정하셨는지'를 설명한 것이다.

성경은 아담이 하나님의 명령에 불순종할 경우에 구원하여 줄 사람들을 하나님이 창세 전에 무조건적(일방적)으로 선택하신 사실을 명백하게 선포한다.

> (엡 1:4-5) 곧 창세 전에 그리스도 안에서 우리를 택하사 우리로 사랑 안에서 그 앞에 거룩하고 흠이 없게 하시려고 그 기쁘신 뜻대로 우리를 예정하사 예수 그리스도로 말미암아 자기의 아들들이 되게 하셨으니

에베소서 1장 4절은 '그 기쁘신 뜻대로 우리를 예정하셨다'고 증언했다. 본문을 볼 때, 하나님의 선택이 창세 전에 무조건적(일방적)인

사실을 알 수 있다. 여기에는 인간의 자유의지가 조금도 개입되지 않는다.

무조건적 선택이 있으면 자동적으로 무조건적 유기(遺棄-버리는 것)가 있다. 로마서는 하나님의 무조건적 선택과 유기를 아래와 같이 천명했다.

> **(롬 11:1-8)** 그러므로 내가 말하노니 하나님이 자기 백성을 버리셨느냐 그럴 수 없느니라 나도 이스라엘인이요 아브라함의 씨에서 난 자요 베냐민 지파라 하나님이 그 미리 아신 자기 백성을 버리지 아니하셨나니 너희가 성경이 엘리야를 가리켜 말한 것을 알지 못하느냐 그가 이스라엘을 하나님께 고발하되 주여 그들이 주의 선지자들을 죽였으며 주의 제단들을 헐어 버렸고 나만 남았는데 내 목숨도 찾나이다 하니 그에게 하신 대답이 무엇이냐 내가 나를 위하여 바알에게 무릎을 꿇지 아니한 사람 칠천 명을 남겨 두었다 하셨으니 그런즉 이와 같이 지금도 은혜로 택하심을 따라 남은 자가 있느니라 만일 은혜로 된 것이면 행위로 말미암지 않음이니 그렇지 않으면 은혜가 은혜 되지 못하느니라 그런즉 어떠하냐 이스라엘이 구하는 그것을 얻지 못하고 오직 택하심을 입은 자가 얻었고 그 남은 자들은 우둔하여졌느니라 기록된 바 하나님이 오늘까지 그들에게 혼미한 심령과 보지 못할 눈과 듣지 못할 귀를 주셨다 함과 같으니라

본문에서 보는 것처럼 하나님이 무조건적으로 선택하여 주셔서 구원을 얻은 사람들이 있는 반면, 하나님이 무조건적으로 유기하셔서 우둔해진 사람들도 있다. 이처럼 성경은 철두철미하게 하나님의 무조건적 선택과 유기를 가르친다.

웨스트민스터 신앙고백서 제3장 5-6절은 하나님의 무조건적 선택과 유기를 다음과 같이 설명했다.

"인류 중 영생 얻도록 예정된 자들로 말하면, 창세 전에 하나님께서 그들을 선택하셨다. 이 선택은 그가 그의 영원불변하시는 목적과 그 기쁘신 뜻과 오묘한 계획을 따라 하신 것이고, 그리스도 안에서 그들로 하여금 영원한 영광을 얻도록 하신 것이며, 단순히 그의 거저 주시는 은혜와 사랑으로만 하신 것이고, 미래에 있을 그들의 신앙과 선행에 대한 하나님의 예지와는 아무 상관도 없다."[42]

개혁파 신학자 이상근 박사는《옥중서신 주석》에서 에베소서 1장 4절의 '택하사'를 아래와 같이 해석했다.

"선택: 엑셀레싸토. 부정과거 중성으로서 스스로 제한하셨고, 영원히 택하셨다는 뜻."[43]

바울 사도는 하나님이 무조건적(일방적)으로 구원할 사람들을 선택하신 진리(하나님이 무조건적으로 유기할 사람들을 결정하신 진리)를 증언하기 위하여 몇 가지 예를 들었다.

### 1) 이삭이 태어난 것

**(롬 9:6-9)** 그러나 하나님의 말씀이 폐하여진 것 같지 않도다 이스라엘에게서 난 그들이 다 이스라엘이 아니요 또한 아브라함의 씨가 다 그의 자녀가 아니라 오직 이삭으로부터 난 자라야 네 씨라 불리리라 하셨으니 곧 육신의 자녀가 하나님의 자녀가 아니요 오직 약속의 자녀가 씨로 여기심을 받느니라 약속의 말씀은 이것이니 명년 이때에 내가 이르리니 사라에게 아들이 있으리라 하심이라

---

42) http://cafe.naver.com/forchris2/360
43) 이상근, 옥중서신 주석, 대한예수교장로회 총회교육부, 1975년, p.26.

아브라함에게는 자녀가 여러 명이었다(창 25:1-2). 하지만 하나님은 무조건 이삭을 통하여 태어난 사람들만 아브라함의 진정한 자녀가 될 수 있게 하셨다(롬 9:7-8). 바울 사도는 이 사건을 예로 들어서 "이처럼 하나님은 창세 전에 구원할 자들과 버릴 자들을 무조건 선택하셨다"고 증언했다.

### 2) 에서와 야곱이 태어난 것

(롬 9:11-13) 그 자식들이 아직 나지도 아니하고 무슨 선이나 악을 행하지 아니한 때에 택하심을 따라 되는 하나님의 뜻이 행위로 말미암지 않고 오직 부르시는 이로 말미암아 서게 하려 하사 리브가에게 이르시되 큰 자가 어린 자를 섬기리라 하셨나니 기록된 바 내가 야곱은 사랑하고 에서는 미워하였다 하심과 같으니라

에서와 야곱은 쌍둥이였다. 하지만 하나님은 그들이 태어나기도 전에, 에서와 야곱이 선이나 악을 알기도 전에 무조건 형 에서가 동생 야곱을 섬기도록 결정하셨다(창 25:23). 이처럼 하나님은 창세 전에 구원할 자들과 버릴 자들을 무조건 미리 정하여 두셨다.

### 3) 하나님이 바로의 마음을 완악하게 하신 것

(롬 9:17-18) 성경이 바로에게 이르시되 내가 이 일을 위하여 너를 세웠으니 곧 너로 말미암아 내 능력을 보이고 내 이름이 온 땅에 전파되게 하려 함이라 하셨으니 그런즉 하나님께서 하고자 하시는 자를 긍휼히 여기시고 하고자 하시는 자를 완악하게 하시느니라

이스라엘 백성이 출애굽할 당시에, 하나님은 무조건 바로 왕의 마

음을 완악하게 하여 그가 이스라엘 백성을 괴롭히게 하셨다(출 4:21). 바로 왕은 하나님의 무조건적 선택에 의하여 악역을 맡을 수밖에 없었다. 이처럼 하나님은 창세 전에 구원할 자들과 버릴 자들을 무조건 미리 정하셨다.

### 4) 토기장이가 진흙을 사용하는 것

> (롬 9:20-21) 이 사람아 네가 누구이기에 감히 하나님께 반문하느냐 지음을 받은 물건이 지은 자에게 어찌 나를 이같이 만들었느냐 말하겠느냐 토기장이가 진흙 한 덩이로 하나는 귀히 쓸 그릇을, 하나는 천히 쓸 그릇을 만들 권한이 없느냐

어떤 도예가(토기장이)가 진흙을 파왔다. 그때부터 그는 진흙의 주인이다. 그는 자기의 뜻대로 자신이 파온 진흙 일부를 선택하여 도자기를 만들 수 있다. 하지만 진흙은 도예가의 일을 방해할 능력이 전혀 없다. 이와 같이 하나님도 창세 전에 구원받을 사람과 구원받지 못할 사람을 무조건적으로 선택하셨다. 하지만 피조물인 인간은 창조주 하나님이 하시는 일을 방해할 능력이 전혀 없다.

간혹 TV를 통하여 어떤 도예가가 자신이 만든 도자기를 망치로 사정없이 부수는 장면을 볼 수 있다. 자기가 원하는 작품이 아니라는 이유로 그렇게 하는 것이다. 도자기와 제삼자의 입장에서는 원망스러울 수도 있지만 도예가의 일을 방해할 수는 없다.

대통령이 도자기를 만드는 데 조예가 깊어서 진흙으로 꽃병을 만든다고 가정하여 보자. 그런데 대통령이 자기가 만든 꽃병이 맘에 들지 않아서 망치로 부순다고 하자. 그것을 탓하거나 막을 사람이 있겠

는가? 대통령의 권세가 무서워서 아무도 그렇게 하지 못할 것이다. 오히려 "도자기에 대한 안목이 높은 대통령"이라고 칭찬할 것이다.

창조주 하나님이 피조물을 처리하시는 것도 이와 같다. 하나님이 피조물을 선택하시든, 버리시든 아무도 상관할 수 없다. 혹시 마음속에 불만이 생겨도 함부로 입을 놀릴 수 없다. 함부로 입을 놀리면 아래와 같은 책망을 받을 수밖에 없기 때문이다.

> (롬 9:20-21) 이 사람아 네가 누구이기에 감히 하나님께 반문하느냐 지음을 받은 물건이 지은 자에게 어찌 나를 이같이 만들었느냐 말하겠느냐 토기장이가 진흙 한 덩이로 하나는 귀히 쓸 그릇을, 하나는 천히 쓸 그릇을 만들 권한이 없느냐

개혁파 신학자 박윤선 박사는 《로마서 주석》에서 하나님의 선택을 아래와 같이 설명했다.

> "사람이 구원받는 것은 자기 공로로 됨이 아니고, 다만 하나님의 은혜로 말미암는다는 것이다. 구원 실시에 있어서 하나님의 임의적 행사는 절대적 자율자의 하시는 일이다. 그것을 제한하거나 규정하거나 할 아무런 타율도 없다."[44]

자신이 하나님의 선택을 받은 것을 어떻게 알 수 있을까?

대부분의 사람은 처음에 예수님을 믿을 때는 자신이 선택받은 것을 알기 힘들다. 이런 사람도 신앙생활을 하다 보면 자신이 선택받은 사람인 것을 느낄 수 있다. 자신이 선택받은 것은 자신의 믿음이 진짜 믿음인지를 점검하면 알 수 있다.

---

44) 박윤선, 《로마서주석》, 영음사, 1990년, pp.270-271.

창세 전의 무조건적 선택이 사실이면 창세 전의 무조건적 유기 역시 사실일 수밖에 없다.

웨스트민스터 신앙고백서 제3장 7절은 하나님의 유기를 아래와 같이 설명했다.

> "택함받지 못한 나머지 사람들에 대하여는, 하나님께서 그들을 내버려두어 그들의 죄 때문에 치욕의 형벌과 하나님의 진노를 당하도록 작정하셨다. 그 결과는 그의 영광스러운 공의에 대한 칭송이다. 그가 이렇게 하심은, 은혜를 베풀 수도 있고 아니 베풀 수도 있는, 그의 측량할 수 없는 임의적 계획대로 하신 것이다. 이는 피조물들(여기서는 인간들)에 대한 그의 주권적 능력의 영광을 나타내시기 위한 것이다."[45]

성경은 하나님의 유기를 아래와 같이 증언하고 있다.

> (유 1:4-7) 이는 가만히 들어온 사람 몇이 있음이라 그들은 옛적부터 이 판결을 받기로 미리 기록된 자니 경건하지 아니하여 우리 하나님의 은혜를 도리어 방탕한 것으로 바꾸고 홀로 하나이신 주재 곧 우리 주 예수 그리스도를 부인하는 자니라 너희가 본래 모든 사실을 알고 있으나 내가 너희로 다시 생각나게 하고자 하노라 주께서 백성을 애굽에서 구원하여 내시고 후에 믿지 아니하는 자들을 멸하셨으며 또 자기 지위를 지키지 아니하고 자기 처소를 떠난 천사들을 큰 날의 심판까지 영원한 결박으로 흑암에 가두셨으며 소돔과 고모라와 그 이웃 도시들도 그들과 같은 행동으로 음란하며 다른 육체를 따라 가다가 영원한 불의 형벌을 받음으로 거울이 되었느니라

본문은 '가만히 들어온 사람 몇'을 소개한다. 이들이 누구인가?

---

45) http://cafe.naver.com/forchris2/360

"옛적부터 이 판결을 받기로 미리 기록된 자들"이다. 본문의 '옛적부터'는 '옛날에'를 의미한다.[46] 이 단어는 궁극적으로 '창세 전'을 뜻한다(엡 1:4-6 참조).

본문은 홍해에서 죽임을 당한 애굽인들, 자기의 지위를 지키지 않고 하나님께 반역하여 지옥에 투옥된 천사들, 불과 유황으로 멸망당한 소돔과 고모라 사람들을 소개하고 있다. 이들이 모두 하나님이 창세 전에 버린 자들이기 때문에 예로 든 것이다. 따라서 본문이 말하는 '이 판결'이 지옥에 보내는 심판을 의미하는 것을 알 수 있다. 이처럼 하나님이 창세 전에 무조건 유기한 자들도 있다.

하나님이 사람에게 동물들을 취사 선택할 권리를 주신 것을 생각할 때도 하나님의 선택과 유기를 이해할 수 있다.

사람은 동물을 창조하지 않았다. 그런데도 사람에게는 동물을 무조건적으로 선택하거나, 무조건적으로 유기할 권리가 있다. 그러므로 사람을 창조하셨을 뿐만 아니라 사람에 대한 절대주권을 가지신 하나님께 사람을 무조건 선택하거나, 무조건 유기할 권리가 있을 수밖에 없다.

앞 장에서 천사들을 위한 예정과 인간들을 위한 예정에 차이점이 있는 것을 설명했다.

하나님은 천사들이 타락할 경우에는 타락한 천사들 모두를 지옥에 보내는 예정을 하셨으나, 아담이 타락할 경우에는 아담의 후손 중의

---

46) 팔라이(παλαι):(부사) '이전에', 또는(상관적으로) 이래, 이따금, (형용사로서 생략) '고대의', 어느 동안, 이전에, 아주 오래 동안, 오랜, 지난 시간에 〈눅 10: 13〉부. long ago, in the past, already, all along; 1)옛날에, 이전에 2)오래 전에 디럭스바이블2005, 헬라어사전, 미션소프트.

일부를 구원하여 주는 예정을 하셨다. 이것을 볼 때, 아담과 그의 후손은 천사들에 비하여 하나님의 은혜를 입은 것을 알 수 있다. 하나님이 이렇게 하신 이유가 무엇일까? 성경에 분명히 나와 있지 않아서 정확히 알 수는 없지만 '천사들은 스스로 타락한 반면 아담은 사탄의 유혹에 의하여 타락했기 때문에 하나님이 아담의 후손들 중의 일부를 구원하여 주기로 예정하신 것은 아닐까'라는 추측이 가능할 것이다. 모두 지옥에 버려도 될 사람들 중의 일부라도 구원하여 주는 것은 하나님의 큰 은혜가 아닐 수 없다!

하나님의 선택도 이와 똑같은 이치로 되었다. 그러므로 선택된 사람들은 하나님께 감사하는 것이 마땅하고, 유기된 사람들은 하나님의 선택을 존중하는 것이 합당하다.

물론 유기된 사람들은 하나님을 원망할 수 있다. 고통 속에 사는 사람들 중에는 하나님을 원망하는 이들이 많다. 지옥에 간 사람들도 하나님을 원망할 것이다. 하지만 사람에게는 하나님을 원망할 권리가 없다. 주인의 손에 죽는 닭이 주인을 원망할 수는 있어도 주인을 원망할 권리가 없는 것과 같다.

유기된 사람들이 하나님을 원망하면 하나님의 영광이 훼손될까? 전혀 그렇지 않다. 사람이 아무리 많은 악을 행해도 하나님의 영광은 훼손되지 않는다. 구원받은 성도들이 아무리 많은 의를 행해도 하나님의 영광에 보탬이 되는 것도 아니다. 하나님은 전적인 만족(滿足)을 가진 분이시기 때문이다. 아래의 성경말씀이 이를 증명한다.

(욥 35:6-7) 그대가 범죄한들 하나님께 무슨 영향이 있겠으며 그대의 악행이 가득한들 하나님께 무슨 상관이 있겠으며 그대가 의로운들 하나님께 무엇을 드

리겠으며 그가 그대의 손에서 무엇을 받으시겠느냐

　닭이 사람을 모두 이해할 수 없듯이 사람도 하나님을 모두 이해할 수 없다. 사람이 닭에게 사람을 모두 이해시키려고 하지 않듯이 하나님도 사람에게 하나님을 모두 이해시키려고 하지 않으신다. 그러므로 사람은 자신이 이해할 수 없는 것을 근거로 하나님을 평가하면 안 된다. 사람은 하나님이 성경에 계시해 주신 말씀으로 하나님을 이해하는 것에 만족해야 한다.

3장

# 제3교리 – 전적 타락

천지가 창조되기 전에 현재 사탄으로 불리는 천사장을 우두머리로 삼은 여러 천사들이 함께 타락했다(겔 28:13-17). 사탄은 자유의지를 가진 아담과 하와를 유혹하여 타락시켰다(창 3:1-6; 계 20:2; 유 1:6-9). 아담이 인류의 대표자로서 타락했기 때문에 아담은 물론 아담의 후손이 모두 죄인이 되었다(롬 5:12).

인간은 어떤 상태로 태어날까? 이에 관한 학설이 크게 세 가지로 나눠진다. '인간은 건강한 상태로 태어난다'는 성선설(性善說)이 있고, '인간은 병든 상태로 태어난다'는 성병설(性病說), 혹은 성악설(性惡說)이 있으며, '인간은 죽은 상태로 태어난다'는 성사설(性死說)이 있다. 성선설은 맹자(孟子)가 주장했고,[47] 성병설, 혹은 성악설은 순자(荀子)와[48] 바클레이 등이 주장했고,[49] 성사설은 존 칼빈 목사가 주장했다. 불신자들의 주장은 일고의 가치도 없으므로 논의에서 제

---

47) 웹사이트, 야후 백과사전, 성선설 해설.
48) 웹사이트, 야후 백과사전, 성악설 해설.
49) 바클레이(Barclay),《빌립보서 주석》, 기독교문사, 1983년, pp.78-79.

외하겠다.

기독교의 신학자들은 인간의 타락을 두고 크게 두 가지 학설로 갈라져서 대립하고 있다. 칼빈주의 신학자들은 인간의 전적 타락(성사설)을 주장하는 반면, 알미니안주의 신학자들은 인간의 부분적 타락(성병설)을 주장한다. '전적 타락설(성사설)'은 '타락한 인간에게는 영적 선을 행할 수 있는 힘이 조금도 없다'는 주장이고, '부분적 타락설(성병설)'은 '타락한 인간에게도 영적 선을 행할 수 있는 힘이 어느 정도 있다'는 주장이다.

웨스트민스터 신앙고백서는 인간의 전적 타락(성사설)을 주장했다.

"사람은 죄의 상태에서 타락함으로써 구원에 따르는 어떤 영적 선을 원하는 모든 능력을 전부 상실하였다(롬 5:6, 8:7; 요 15:5). 그러므로 자연인은 선을 행하기를 싫어하며(롬 3:10,12), 죄 안에 죽어 있어서(엡 2:1,5; 골 2:13) 자기의 힘으로는 회심하거나, 회심하기를 준비하지도 못한다(요 6:44, 65; 고전 2:14; 엡 2:2-5; 딛 3:3-5)."[50]

개혁파 신학자 루이스 벌코프(Louis Berkhof) 박사도 인간의 전적 타락을 주장했다.

"인간은 전적으로 타락하였으니, 존재의 모든 면에서 부패하였으며, 어떠한 영적 선을 행하는 일에도 무능하게 되었다."[51]

---

50) http://blog.naver.com/yd0920/120007837528
51) 루이스 벌코프 저, 신복윤 역, 《기독교신학개론》, 은성문화사, 1976년, p.127.

성경은 타락한 인간의 상태를 어떻게 가르치는가?

(엡 2:1-5) 그는 허물과 죄로 죽었던 너희를 살리셨도다 그때에 너희는 그 가운데서 행하여 이 세상 풍조를 따르고 공중의 권세 잡은 자를 따랐으니 곧 지금 불순종의 아들들 가운데서 역사하는 영이라 전에는 우리도 다 그 가운데서 우리 육체의 욕심을 따라 지내며 육체와 마음의 원하는 것을 하여 다른 이들과 같이 본질상 진노의 자녀이었더니 긍휼이 풍성하신 하나님이 우리를 사랑하신 그 큰 사랑을 인하여 허물로 죽은 우리를 그리스도와 함께 살리셨고 (너희는 은혜로 구원을 받은 것이라)

본문에서 보는 것처럼 사람은 태어날 때 영혼이 죽은 상태로 태어난다. 여기서 '죽었다'는 것은 '하나님과 교제가 완전히 끊어졌다'는 뜻이다.

본문의 '죽은'의 헬라어 기본형은 '네크로스(νεκρος)'다. 디럭스바이블 헬라어사전은 '네크로스(νεκρος)'를 아래와 같이 설명했다.

"네크로스(νεκρος): 죽은(문자적 또는 상징적으로); 역시 (명사로서) 〈행 3:15; 롬 6:4〉 형. dead; 1)생명이 없는, 죽은. 2)영적으로 죽은."

'사람이 허물과 죄로 죽었다'는 말씀은 '사람의 영혼이 절대로 선을 행할 수 없을 정도로 완전히 죽었다'는 뜻이다. 이것은 '불신자(자연인)의 영혼은 전적으로 악만 행할 수 있는 상태'라는 뜻이다. 이것을 볼 때 성경이 '자연인의 영혼은 전적으로 부패하고, 전적으로 무능력한 상태에 있다'고 가르치는 것을 알 수 있다.

육체가 죽은 사람이 자신의 힘으로 아무것도 할 수 없듯이, 영이 죽은 사람도 자신의 힘으로 아무것도 할 수 없다. 개혁파 신학자 에

드윈 팔머 목사가 인간의 영혼을 미국의 엠파이어 스테이트 빌딩 꼭대기에서 뛰어내려서 길바닥에 내동댕이쳐진 존재에 비유하면서 "그 사람은 죽었기 때문에 자기가 도움이 필요한 것을 알 수도 없고, 도움을 요청할 수도 없다"고 말한 것이 전적으로 옳다.[52]

의사가 환자를 고치는 데는 환자의 동의와 협력이 필요하지만, 의사가 시체를 살리는 데는 시체의 동의와 협력이 전혀 필요치 않다. 시체는 자기가 살아나는 일에 동의하거나, 힘을 보탤 수 없기 때문이다. 하나님이 죽은 영을 살리는 것도 이와 같다. 죽은 영은 전적인 하나님의 능력만으로 다시 살아난다.

에베소서 2장 1절의 '허물과 죄로 죽은 너희를 살리셨다'는 말씀은 '허물과 죄로 죽은 너희의 영혼을 살리셨다'는 뜻이다. 사람은 예수님을 믿을 때 영혼만 거듭나기 때문이다.

(요 3:6) 육으로 난 것은 육이요 영으로 난 것은 영이니

성령님이 죄로 죽은 영혼을 살리셔서 그 영혼에게 예수님을 믿을 수 있는 믿음을 선물하는 순간에 사람의 영혼 구원이 완성된다.

(엡 2:8-9) 너희는 그 은혜에 의하여 믿음으로 말미암아 구원을 받았으니 이것은 너희에게서 난 것이 아니요 하나님의 선물이라 행위에서 난 것이 아니니 이는 누구든지 자랑하지 못하게 함이라

(엡 2:4-6) 긍휼이 풍성하신 하나님이 우리를 사랑하신 그 큰 사랑을 인하여 허물로 죽은 우리를 그리스도와 함께 살리셨고 (너희는 은혜로 구원을 받은 것이라) 또 함께 일으키사 그리스도 예수 안에서 함께 하늘에 앉히시니

---

52) 박상걸,《성경적 구원론》, 생명의말씀사, 1995년, p.47.

> (히 10:14) 그가 거룩하게 된 자들을 한 번의 제사로 영원히 온전하게 하셨느니라

> (요일 5:18) 하나님께로부터 난 자는 다 범죄하지 아니하는 줄을 우리가 아노라 하나님께로부터 나신 자가 그를 지키시매 악한 자가 그를 만지지도 못하느니라

본문들에서 보는 것처럼 중생한 신자의 영혼은 전적으로 선만 행한다. 이것은 중생한 신자의 영혼에 악을 행할 자유의지가 없는 것을 의미한다. 다시 말해서 중생한 신자의 영혼이 천사처럼 된 것을 의미한다.

중생한 신자(성도)의 육체는 어떤가?

어떤 사람이 예수님을 믿을 때, 영적으로 그의 육체가 예수님과 함께 십자가에 못 박힌다(갈 5:24). 그 후에 성도의 육체는 자유 의지를 가진 상태(연약한 상태)로 다시 살아난다(마 26:41). 이것을 알고 있는 사탄과 악령들은 끊임없이 성도의 육체를 유혹한다. 그 결과 성도는 연약한 육체로 죄를 지을 수밖에 없다(롬 7:18). '죄를 많이 짓느냐, 적게 짓느냐'의 차이가 있을 뿐이다. 이 때문에 성경에 성도의 범죄가 많이 기록되어 있는 것이다.

> (삼하 12:7-9) 나단이 다윗에게 이르되 당신이 그 사람이라 이스라엘의 하나님 여호와께서 이와 같이 이르시기를 내가 너를 이스라엘 왕으로 기름 붓기 위하여 너를 사울의 손에서 구원하고 네 주인의 집을 네게 주고 네 주인의 아내들을 네 품에 두고 이스라엘과 유다 족속을 네게 맡겼느니라 만일 그것이 부족하였을 것 같으면 내가 네게 이것 저것을 더 주었으리라 그러한데 어찌하여 네가 여호와의 말씀을 업신여기고 나 보기에 악을 행하였느냐 네가 칼로 헷 사람 우리아를 치되 암몬 자손의 칼로 죽이고 그의 아내를 빼앗아 네 아내로 삼았도다

(갈 2:11-13) 게바가 안디옥에 이르렀을 때에 책망받을 일이 있기로 내가 그를 대면하여 책망하였노라 야고보에게서 온 어떤 이들이 이르기 전에 게바가 이방인과 함께 먹다가 그들이 오매 그가 할례자들을 두려워하여 떠나 물러가매 남은 유대인들도 그와 같이 외식하므로 바나바도 그들의 외식에 유혹되었느니라

(고전 5:1) 너희 중에 심지어 음행이 있다 함을 들으니 그런 음행은 이방인 중에서도 없는 것이라 누가 그 아버지의 아내를 취하였다 하는도다

다만 중생한 신자는 영으로 육을 통제하면 영으로 육을 통제하지 못하는 불신자보다 더 많은 선을 행할 수 있다. 이 때문에 바울 사도가 아래와 같이 고백한 것이다.

(고전 9:27) 내가 내 몸을 쳐 복종하게 함은 내가 남에게 전파한 후에 자신이 도리어 버림을 당할까 두려워함이로다

물론 중생한 신자가 영으로 육신을 통제하지 않고, 육신의 자유의지를 함부로 사용하면 불신자보다 더 악한 죄를 저지를 수도 있다(고전 5:1-5 참조).

알미니안주의자들이 인간의 전적 타락과 중생한 신자의 영혼이 전적으로 영적 선만 행하는 것을 믿지 못하는 근본적 이유는, 그들이 성경의 구원론 난해 구절들을 오해하기 때문이다. 다시 말해서 그들이 '행함이 없는 믿음으로는 구원을 받을 수 없다'고 가르치는 말씀들이 '행함이 없는 믿음으로는 상을 받을 수 없다'는 뜻이거나, '행함으로는 절대로 영혼 구원을 받을 수 없는 것을 강조한 반어법 교훈인 것'을 모르기 때문에 인간의 전적 타락과 중생한 신자의 영혼이 전적 선행만 하는 것을 믿지 못하는 것이다. 이 때문에 그들이 성경을 억

지로 해석해서 "인간은 자신의 자유의지로 자신의 영혼 구원을 결정한다"고 주장하는 것이다.

지금까지 설명한 것을 정리하여 보자.

성경은 '아담의 영혼과 육체가 자유의지가 있는 상태로 창조된 것'을 가르친다(창 2:16-17).

성경은 '자유의지로 범죄하여 타락한 아담의 영혼이 악만 행할 수 있는 상태가 된 것'을 가르친다(롬 3:10-14).

성경은 '아담의 후손이 대표의 원리에 의하여 영혼이 악만 행할 수 있는 상태가 된 채로(영혼이 죽은 채로) 태어난 것'을 가르친다(롬 3:10-14). 다시 말해서 성경은 '자연인의 영혼에 자유의지가 없는 것'을 가르친다.

성경은 '성령님이 사람의 죽은 영혼(자유의지가 없는 사람의 영혼)을 살려 주셔서 그 영혼에게 구원을 받을 수 있는 믿음을 선물하시는 것'을 가르친다(엡 2:1-9).

성경은 '사람이 중생할 때 영혼이 영원히 절대로 지옥에 가지 않는 영생을 얻는 것'을 가르친다(요 10:28).

성경은 '사람이 중생할 때 영혼이 예수님과 한 몸이 되어서 천국에 들어가는 것'을 가르친다(엡 2:4-6).

성경은 '중생한 신자가 영혼으로는 절대로 죄를 짓지 않고, 육신으로만 죄를 짓는 것'을 가르친다(요일 5:18; 롬 7:25).

성경은 '중생한 신자가 육신으로 짓는 범죄가 복과 상을 받는 것에만 영향을 끼치는 것'을 가르친다(히 1:1-2:18).

성경은 '중생한 신자의 영혼은 의를 행할 수 있는 의지만 있는 것'

을 가르친다(히 10:14; 롬 7:25). 다시 말해서 성경은 '중생한 신자의 영혼에 자유의지가 없는 것'을 가르친다.

성경은 '중생한 신자의 육신은 영적인 죄를 범할 수 있는 의지만 있는 것'을 가르친다(롬 7:25). 다시 말해서 성경은 '중생한 신자의 육신에 영적 선을 행할 자유의지가 없는 것을 가르친다.

어떤 사람이 예수님을 믿을 때 그의 영혼이 천사처럼 된다. 천사에게 죄를 지을 의지가 없듯이 중생한 신자의 영혼에도 죄를 지을 의지가 없다. 중생한 신자의 영혼에게는 선을 행할 의지만 있다. 이 때문에 중생한 신자의 영혼이 결코 정죄함을 당하지 않는 것이고, 죄와 싸워서 항상 이기고 넉넉히 이기는 것이다.

중생한 신자는 신앙생활에 힘쓴 만큼 영이 성장되어서 육을 제압할 수 있고, 육을 제압한 만큼 선을 행할 수 있다. 이 때문에 바울 사도가 "중생한 신자들은 그리스도의 장성한 분량에 이르기까지 영을 성장시켜야 한다"고 선포한 것이다(엡 4:13).

불신자의 선행을 어떻게 이해해야 할까?

불신자도 선을 행한다. 하지만 불신자의 선행은 역적의 선행으로 비유할 수 있다. 역적도 선을 행할 수 있다. 하지만 역적은 아무리 선하게 살아도 왕에게 의인으로 인정을 받을 수 없다. 이 때문에 왕은 아무리 착한 역적이라도 반드시 처벌하는 것이다.

불신자는 아무리 착하게 살아도 영적으로 하나님의 역적이다. 이 때문에 하나님이 불신자를 반드시 지옥에 보내시는 것이다. 다만 불신자가 선을 행하면 하나님은 그의 처벌을 감하여 주신다. 그러므로 불신자도 할 수 있는 한 착하게 살아야 한다.

중생한 신자의 악행을 어떻게 이해해야 할까?

중생한 신자도 악을 행한다. 하지만 중생한 신자의 악행은 자녀의 악행으로 비유할 수 있다. 자녀도 범죄할 수 있다. 때로는 역적보다 더 악한 죄를 지을 수도 있다. 그럼에도 불구하고 부모는 자녀를 버리지 않는다. 물론 간혹 비정상적 사고방식을 가진 부모가 자녀를 버리기도 하지만, 정상적 사고방식을 가진 부모는 절대로 자녀를 버리지 않는다.

중생한 신자는 영적으로 하나님의 자녀다. 중생한 신자도 악을 행할 수 있다. 때로는 불신자보다 더 악하게 살 수도 있다. 그럼에도 불구하고 하나님은 여전히 중생한 신자를 자녀로 대우하신다. 하나님이 정상적 사고방식을 가진 분이기 때문이다. 물론 하나님은 중생한 신자가 악을 행한 만큼 땅에서 저주를 받게 하시고, 하늘에서 상을 박탈당하게 하신다. 그럼에도 불구하고 하나님은 절대로 자녀를 지옥에 보내지 않으신다.

## 4장

## 제4교리 – 제한적 속죄

칼빈주의자들과 알미니안주의자들이 첨예한 대립을 보이는 교리 중 하나가 예수님의 죽음에 관한 교리다.

개혁파 신학자 김병훈 교수(합동신학대학원대학교)는 예수님의 죽음에 관한 신학적 논란을 아래와 같이 소개했다.

> "'예수님의 죽음은 모든 인류의 각각의 사람들을 위한 것인가요? 아니면 선택하신 사람만을 위한 것인가요?' 이 질문은 오랜 기간에 걸쳐 논란이 되었던 주제이며, 지금도 그것으로 인하여 개혁파 신학과 알미니우스 신학이 서로 구분되는 논제들 중 하나입니다. 장로교회가 따르는 개혁파 신학은 오직 영원한 생명으로 선택한 사람만을 위하여 그리스도께서 십자가 위에서 죽으셨음을 말합니다. 이와 달리 감리교회와 성결교회가 따르는 알미니우스 신학은 모든 인류 각각의 사람을 위하여 죽으셨음을 말합니다. 전자의 견해는 제한속죄론이라 일컬어지며, 후자의 견해는 보편속죄론이라 일컬어집니다."[53]

알미니안주의자들이 보편적 속죄교리의 근거로 내세우는 대표적
성경구절들은 아래와 같다.

> (요 3:16-17) 하나님이 세상을 이처럼 사랑하사 독생자를 주셨으니 이는 그를 믿는 자마다 멸망하지 않고 영생을 얻게 하려 하심이라 하나님이 그 아들을 세상에 보내신 것은 세상을 심판하려 하심이 아니요 그로 말미암아 세상이 구원을 받게 하려 하심이라

> (요일 2:2) 그는 우리 죄를 위한 화목제물이니 우리만 위할 뿐 아니요 온 세상의 죄를 위하심이라

요한복음과 요한일서는 요한 사도가 기록했다. 그는 요한복음 3장 16절에서 "하나님이 세상을 사랑하셔서 독생자를 주셨다"고 증언했으며, 요한일서 2장 2절에서 "예수님은 우리뿐만 아니라 온 세상의 죄를 위한 화목제물이 되셨다"고 증언했다. 이것을 볼 때 요한복음 3장 16절의 '세상'과 요한일서 2장 2절의 '온 세상'이 같은 뜻인 것을 알 수 있다. 알미니안주의자들은 이 구절들을 근거로 "예수님이 온 세상(온 인류)을 위하여 십자가를 지셨으므로 예수님을 믿어서 구원을 받는 것은 인간의 책임이라"고 주장한다. 과연 그럴까?

성경기자들은 '세상'이라는 단어를 여러 가지 의미로 사용했다. 이것을 명확하게 깨달아야만 성경의 구원을 바르게 이해할 수 있다. 지금부터 성경기자들이 사용한 '세상'이라는 단어를 세밀하게 분석하여 보자.

마태복음 5장 13절 '너희는 세상의 소금이니'의 '세상'은 '불신자 전체'를 의미한다. 마태복음 24장 3절 '세상 끝'의 '세상'은 '인류의 역

---

53) 김병훈, 예수님의 죽음에 관한 질문에 대한 답변 중, 합동소식, 2007년, p.3.

사'를 의미한다. 마가복음 9장 3절 '세상에서 빨래하는 자'의 '세상'은 '땅'을 의미한다. 과연 요한복음 3장 16절 '하나님이 세상을 이처럼 사랑하사'의 '세상'과 요한일서 2장 2절 '온 세상의 죄를 위하심이라'의 '세상'은 어떤 의미로 사용되었을까?

요한일서 2장 2절의 '온 세상'이란 말의 헬라어는 관사를 제외한 기본형이 '홀로스 코스모스(ολος κοσμος)'다. 성경기자들은 '온 세상(홀로스 코스모스)'이란 말을 '인류 전체'의 뜻으로 사용하지 않고, '많은 사람'의 뜻으로 사용했다. 아래의 본문을 보라.

**(롬 1:8)** 먼저 내가 예수 그리스도로 말미암아 너희 모든 사람에 관하여 내 하나님께 감사함은 너희 믿음이 온 세상에 전파됨이로다

본문에 '온 세상(홀로스 코스모스)'이라는 말이 나온다. 이 말의 헬라어 원문은 요한일서 2장 2절의 '온 세상(홀로스 코스모스)'과 동일하다. 바울 사도는 "로마 성도들의 믿음이 온 세상(홀로스 코스모스)에 전파되기 때문에 감사한다"고 했다. 과연 그 당시 로마 성도들의 믿음이 인류 전체에게 전파되었을까? 그럴 리가 없다. 본문이 기록될 당시 로마 성도들의 믿음은 로마와 그 주변국 일부 사람들에만 전파되었고, 그것도 주로 성도들에게만 전파되었을 뿐이다. 그런데도 바울 사도는 "너희 믿음이 온 세상(홀로스 코스모스)에 전파되어서 감사한다"고 했다. 이것을 볼 때 본문의 '온 세상(홀로스 코스모스)'은 '인류 전체'를 의미하는 것이 아니라, '많은 사람'을 의미하는 것을 알 수 있다.

아래의 성경말씀에 기록된 '온 세상(홀로스 코스모스)' 역시 '많은 사람'을 의미한다.

(요일 5:19) 또 아는 것은 우리는 하나님께 속하고 온 세상은 악한 자 안에 처한 것이며

본문의 '온 세상'에 사용된 헬라어 역시 요한일서 2장 2절의 '온 세상'에 사용된 것과 같은 '홀로스 코스모스'다. 요한 사도는 "우리는 하나님께 속하고 온 세상은 악한 자 안에 처했다"고 했다. '우리'와 '온 세상'이 정확하게 구분되어 있다. '온 세상'에 '우리'가 포함되어 있지 않다. 성도들은 하나님께 속하고, 불신자들은 사탄에게 속하기 때문에 '온 세상(불신자들)'에 '우리(신자)'가 포함되지 않는 것이 당연하다. 본문을 볼 때도 '온 세상(홀로스 코스모스)'이 인류 전체를 의미하지 않고, 많은 사람을 의미하는 것을 알 수 있다. 이것만으로도 알미니안주의자들이 '온 세상'이란 표현을 근거로 "예수님은 인류 전체를 위하여 죽으셨으므로 예수님을 믿고 안 믿고는 사람의 책임이라"고 주장하는 것이 오류임을 알 수 있다.

성경기자들은 '세상(코스모스)'이란 단어 역시 '인류 전체'가 아닌, '많은 사람'의 뜻으로 사용했다.

(요 12:19) 바리새인들이 서로 말하되 볼지어다 너희 하는 일이 쓸데없다 보라 온 세상이 그를 따르는도다 하니라

본문에 '온 세상'이라고 번역된 단어는 요한복음 3장 16절에 사용된 '세상'과 동일한 단어인 '코스모스'다. 예수님 당시에 많은 사람들이 예수님을 따라다니기는 했지만, 인류 전체가 예수님을 따라다닌 것은 아니었다. 그런데도 바리새인들은 "세상이 예수를 따른다"고 했다. 따라서 바리새인들의 말이 '인류 전체가 예수님을 따른다'는 뜻이 아니라, '많은 사람이 예수님을 따른다'는 의미인 것을 알 수 있다. 이

처럼 성경기자들은 '세상' 역시 '인류 전체'의 뜻으로 사용하지 않고, '많은 사람'의 뜻으로 사용했다.

요한복음 3장 16절의 '세상'은 '인류 전체'가 아니라, '많은 사람들'을 의미한다. 그러므로 본문을 근거로 "예수 그리스도는 인류 전체를 위하여 죽으셨으므로 예수님을 믿고 안 믿고는 사람의 책임이라"고 주장하면 안 된다. 알미니안주의자들이 하나님께서 창세 전에 구원할 사람들과 유기할 사람들을 불변적으로 예정하신 것을 깨달으면 더욱더 보편적 속죄를 주장할 수 없을 것이다.

예수님이 창세 전에 선택한 사람들만을 위하여 십자가에서 죽으신 사실을 증언하는 성경말씀을 함께 검토하여 보자.

### 1) 특정한 사람들만 예수님을 믿는다

요한복음 3장 16절의 '그를 믿는 자마다 영생을 얻게 하려 하심이라'는 말씀의 '자마다'는 원문이 '파스 호(πας ο)'다. '파스(πας)'는 '모든'을 뜻하는 형용사고, '호(ο)'는 '사람', 또는 '물건'을 뜻하는 정관사다.[54] 한글성경은 '파스 호'를 대부분 '모든 질병(마 10:1)', '모든 사람(마 10:22)', '모든 선지자(마 11:13)' 등으로 번역했다. 그러므로 요한복음 3장 16절의 '파스 호'도 '모든 사람'으로 번역하는 것이 자연스럽다. 요한복음 3장 16절은 '예수님을 믿는 모든 사람은 영생을 얻는다'는 뜻이다. 이 말씀은 '예수님을 믿지 않는 모든 사람은 멸망을 당한다'는 뜻이기도 하다.

어떤 사람이 예수님을 구주로 믿을 수 있을까? 성경이 가르치는

---

54) 디럭스바이블 2005, 헬라어사전, 미션소프트.

것을 보면 오직 창세 전에 하나님이 선택한 사람들만 예수님을 구주로 믿을 수 있다(행 13:48; 엡 1:4-5; 롬 8:30). 창세 전에 하나님의 선택을 받지 못한 사람들은 절대로 예수님을 구주로 믿을 수 없다(마 13:10-16). 따라서 요한복음 3장 16절의 '모든 사람'은 '창세 전에 선택한 모든 사람'을 의미할 수밖에 없다. 이것을 볼 때도 성경이 제한적 속죄를 가르치는 것을 알 수 있다.

참고로, 디도서 2장 11절의 '모든 사람에게 구원을 주시는 하나님의 은혜' 역시 '창세 전에 선택한 모든 사람에게 구원을 주시는 하나님의 은혜'를 뜻한다.

### 2) 예수님은 자기 백성을 죄에서 구원하러 오셨다

아래의 성경말씀은 예수님이 특정한 사람들만을 위하여 이 땅에 오신 것을 증언하여 준다.

> (마 1:20-21) 이 일을 생각할 때에 주의 사자가 현몽하여 이르되 다윗의 자손 요셉아 네 아내 마리아 데려오기를 무서워하지 말라 그에게 잉태된 자는 성령으로 된 것이라 아들을 낳으리니 이름을 예수라 하라 이는 그가 자기 백성을 그들의 죄에서 구원할 자이심이라 하니라

본문은 예수님이 인류 전체를 구하러 오신 것이 아니라, 자기 백성을 구원하러 오신 것을 가르친다. 따라서 아래의 성경말씀이 가리키는 '세상' 역시 '인류 전체'가 아니라, '창세 전에 선택한 하나님의 백성 전체'를 의미하는 것을 알 수 있다.

> (요 1:29) 이튿날 요한이 예수께서 자기에게 나아오심을 보고 이르되 보라 세상 죄를 지고 가는 하나님의 어린양이로다

(요일 4:14) 아버지가 아들을 세상의 구주로 보내신 것을 우리가 보았고 또 증언하노니

요한복음 1장 29절의 '세상 죄'는 '하나님이 창세 전에 선택한 사람들의 죄'를 의미한다(엡 1:4-5). 요한일서 4장 14절의 '세상의 구주'는 '하나님이 창세 전에 선택한 사람들의 구주'를 의미한다.

예수님을 배반한 가룟 유다는 제한적 속죄를 가장 분명하게 증명하여 주는 사람이다.

가룟 유다는 열두 사도 중 하나였다. 하지만 그는 하나님의 자녀가 아니었다. 그는 태어날 때부터 마귀의 자녀였다. 예수님은 이 사실을 아래와 같이 선언하셨다.

(요 17:6) 세상 중에서 내게 주신 사람들에게 내가 아버지의 이름을 나타내었나이다 그들은 아버지의 것이었는데 내게 주셨으며 그들은 아버지의 말씀을 지키었나이다

(요 17:12) 내가 그들과 함께 있을 때에 내게 주신 아버지의 이름으로 그들을 보전하고 지키었나이다 그중의 하나도 멸망하지 않고 다만 멸망의 자식뿐이오니 이는 성경을 응하게 함이니이다

이처럼 사람들 중에는 창세 전부터 '하나님의 것'으로 정해진 사람도 있고, 창세 전부터 '멸망의 자식'으로 정해진 사람도 있다. 가룟 유다는 창세 전부터 멸망의 자식으로 예정된 사람이었다. 이 때문에 예수님이 가룟 유다를 구원하기 위한 어떤 조치도 취하지 않으신 것이다. 예수님은 가룟 유다가 예수님을 배반하는 죄를 짓는 것을 아시면서도 그를 변화시키려는 어떤 노력도 하지 않으셨다!

예수님은 '하나님의 자녀', 혹은 '자기 백성들'을 그들의 죄에서 구원하러 오신 분이시다(마 1:21 참조). 이 때문에 예수님이 제한적 속죄를 하실 수밖에 없는 것이다.

### 3) 예수님은 교회를 위하여 자신을 주셨다

아래의 성경말씀 역시 예수님이 특정한 사람들만을 위하여 희생하신 것을 증언한다.

> **(엡 5:25)** 남편들아 아내 사랑하기를 그리스도께서 교회를 사랑하시고 그 교회를 위하여 자신을 주심같이 하라

본문에서 보듯이 예수님은 인류 전체를 위하여 자신을 주신 것이 아니라, 오직 교회만을 위하여 자신을 주셨다. 그러므로 제한적 속죄가 옳다.

### 4) 하나님은 미리 아신 자들만 부르신다

아래의 성경말씀 역시 하나님이 특정한 사람들만 구원하여 주시는 것을 증언한다.

> **(롬 8:29-30)** 하나님이 미리 아신 자들을 또한 그 아들의 형상을 본받게 하기 위하여 미리 정하셨으니 이는 그로 많은 형제 중에서 맏아들이 되게 하려 하심이니라 또 미리 정하신 그들을 또한 부르시고 부르신 그들을 또한 의롭다 하시고 의롭다 하신 그들을 또한 영화롭게 하셨느니라

하나님이 누구를 부르셨고, 누구를 의롭다 하셨고, 누구를 영화롭게 하셨는가? 미리 정하신 자들만 부르셨고, 부르신 자들만 의롭다

하셨고, 의롭다 하신 자들만 영화롭게 하셨다. 이 말씀은 '하나님은 창세 전에 선택하신 자들만 부르셨고, 그들만 의롭게 하셨고, 그들만 영화롭게 하셨다'는 뜻이다. 본문을 볼 때도 제한적 속죄가 성경의 가르침인 것을 알 수 있다.

### 5) 영생을 주시기로 작정된 사람들만 예수님을 믿는다

아래의 성경말씀 역시 특정한 사람들만 영생을 얻는 사실을 증언한다.

> (행 13:48) 이방인들이 듣고 기뻐하여 하나님의 말씀을 찬송하며 영생을 주시기로 작정된 자는 다 믿더라

누가 믿었는가? 영생을 주시기로 작정된 자들만 믿었다. 반면 영생을 주시기로 작정되지 않은 사람들은 한 사람도 믿지 못했다. 영생을 주시기로 작정된 사람들 중에 몇 명이 믿었는가? 한 사람도 빠짐없이 다 믿었다.

그랜드종합주석은 본문을 아래와 같이 해석했다.

> "영생을 주시기로 작정된 자는 다 믿더라. 이것은 '영생으로 작정된 자들만큼은 다 믿었다'는 뜻으로서, 여기서 '작정된 자'는 하나님에 의해 '선택된 자(엡 1:4)', 하나님께서 구원하시기로 미리 정하신 '예정된 자(롬 8:29)'를 가리킨다."[55]

한글성경에 '작정된'으로 번역된 헬라어는 '테타그메노이(τεταγμενοι)'다. 이 단어는 '탓소(τασσω)'란 동사의 '분사, 완료, 수동태, 주격,

---

[55] 그랜드종합주석, 사도행전, 성서교재간행사, 1993년, p.309.

남성, 복수'다.

디럭스바이블 헬라어사전은 '탓소(τασσω)'가 아래와 같은 뜻으로 사용되는 것을 설명했다.

> "탓소: 질서 있는 방법으로 정돈하다, 즉 임명하다, (어떤 지위나 운영으로) 배열하다, 명하다, 결정하다, 정하다 (행 22:10) 동. to arrange; 1)정돈하다, 배치하다, 차례차례 놓다, 배열하다, 장소를 정하다, 지정하다, 서로 정하다."

사도행전 13장 48절을 직역하면 아래와 같다.

"영생으로 들어가기로 결정된(배치된) 사람들은 모두 믿었다."

### 6) 천국의 비밀은 특정한 사람들에게만 가르쳐 준다

아래의 성경말씀은 예수님이 특정한 사람들에게만 천국 비밀을 가르쳐 주신 사실을 증언한다.

> (마 13:11-15) 대답하여 이르시되 천국의 비밀을 아는 것이 너희에게는 허락되었으나 그들에게는 아니되었나니 무릇 있는 자는 받아 넉넉하게 되되 없는 자는 그 있는 것도 빼앗기리라 그러므로 내가 그들에게 비유로 말하는 것은 그들이 보아도 보지 못하며 들어도 듣지 못하며 깨닫지 못함이니라 이사야의 예언이 그들에게 이루어졌으니 일렀으되 너희가 듣기는 들어도 깨닫지 못할 것이요 보기는 보아도 알지 못하리라 이 백성들의 마음이 완악하여져서 그 귀는 듣기에 둔하고 눈은 감았으니 이는 눈으로 보고 귀로 듣고 마음으로 깨달아 돌이켜 내게 고침을 받을까 두려워함이라 하였느니라

창세 전에 선택하지 않은 사람이 진리를 깨달아서 구원받는 것을 허용하지 않기 위하여 예수님은 일부러 선택받지 못한 자들이 알아들을 수 없는 비유로 설교하셨다. 반면에 예수님은 하나님이 선택한 제자들에게만 따로 비유를 설명하셔서 그들이 비유의 뜻을 깨달을 수 있게 하여 주셨다. 예수님이 선택받지 못한 사람들은 듣기는 들어도 깨닫지 못하게 하신 것을 볼 때(마 13:14), 선택받지 못한 가룟 유다 역시 예수님의 설교를 들어도 알아듣지 못하게 조치하셨기 때문에 그가 예수님을 믿지 못한 것을 알 수 있다.

마태복음 15장의 말씀을 볼 때도 하나님이 특정한 사람들에게만 천국의 비밀을 가르쳐 주시는 것을 알 수 있다.

> (마 15:10-14) 무리를 불러 이르시되 듣고 깨달으라 입으로 들어가는 것이 사람을 더럽게 하는 것이 아니라 입에서 나오는 그것이 사람을 더럽게 하는 것이니라 이에 제자들이 나아와 이르되 바리새인들이 이 말씀을 듣고 걸림이 된 줄 아시나이까 예수께서 대답하여 이르시되 심은 것마다 내 하늘 아버지께서 심으시지 않은 것은 뽑힐 것이니 그냥 두라 그들은 맹인이 되어 맹인을 인도하는 자로다 만일 맹인이 맹인을 인도하면 둘이 다 구덩이에 빠지리라 하시니

개혁파 신학자 헨드릭슨 박사는 《마태복음 주석》에서 본문을 아래와 같이 해석했다.

> "그런데 현재의 이 구절에서 예수께서는 '천부께서 심으시지 않은 것'에 대하여 말씀하신다(마태복음 11장 25-27절의 주석을 보라). 그런 종자들은 마귀가 심은 가라지를 상기시킨다(마 13:25, 39). 그것들은 뽑혀서 불에 던지우도록 운명지어져 있다. 이 일은 최후의 심판 때에 일어날 것이다. 또한 이런 부류의 사람들에게 신뢰를 두

고 있는 사람들도 그들과 함께 뽑혀질 것이다. 바로 이런 이유로 그리스도께서는 제자들에게 '그냥 두어라'(직역하면 '가게 두어라')고 말씀하신 것이다. 이 명령은 이렇게도 옮길 수 있을 것이다. '그들에게 관여하지 말라.' '그들에게 신경 쓰지 말라.' '그들과 완전히 단절하라.'"[56]

### 7) 하나님이 예수님께 오게 하여 주신 사람들만 예수님을 믿는다

(요 6:65) 또 이르시되 그러므로 전에 너희에게 말하기를 내 아버지께서 오게 하여 주지 아니하시면 누구든지 내게 올 수 없다 하였노라 하시니라

본문에서 보는 것처럼 아무나 예수님을 믿는 게 아니다. 하나님이 예수님께 맡긴 사람들만 예수님을 믿는다. 그러므로 제한적 속죄가 옳다.

### 8) 속죄제물은 특정한 사람들만을 위하여 죽는다

구약시대의 속죄일에 죽은 짐승은 제한적 속죄가 성경의 가르침인 것을 증언한다. 속죄일에 관한 성경사전의 설명은 아래와 같다.

> "속죄일: 전 국민의 죄를 속하는 대제일(大祭日). 거룩한 의식 중 가장 중요한 것임. 이스라엘(온 회중)의 모든 죄가 속죄되는 날이기 때문이다(레 16:16, 17, 21, 22, 30, 33, 34)."[57]

속죄일이 되면 대제사장은 짐승을 잡아서 그 피를 하나님께 바친

---

56) 헨드릭슨 저, 이정웅 역, 《마태복음》(중), 아가페출판사, 1985년, p.368.
57) 디럭스바이블 2005, 성경사전, 미션소프트.

다(레 23:26-32). 이렇게 할 때 이스라엘 땅에 사는 사람들은 모두 죄를 용서받는다. 심지어 이스라엘 땅에 살고 있던 이방인들조차도 모두 죄를 용서받는다(민 15:22-26). 하지만 다른 나라에 사는 이방인은 한 사람도 죄를 용서받지 못한다. 이처럼 하나님은 속죄일의 짐승이 제한적 속죄를 하도록 만드셨다.

속죄일이 시행될 당시의 이스라엘 땅에 사는 인구가 500만 명이라고 가정하여 보자. 속죄일에 제물로 바쳐지는 짐승은 이스라엘 땅에 사는 사람들 500만 명만을 위하여 죽는다. 속죄일에 짐승이 죽어서 피를 흘리면 이스라엘 땅에 사는 사람들 500만 명의 죄는 모두 용서받는다. 하지만 다른 나라에 사는 이방인들은 한 사람도 죄를 용서받지 못한다. 이처럼 하나님은 철두철미하게 제한적 속죄를 시행하셨다.

속죄일에 죽은 짐승의 피는 이스라엘 땅에 사는 사람들 500만 명의 죄만 씻어줄 능력이 있었을까? 아니면 더 많은 사람들의 죄를 씻어줄 능력이 있었을까? 상식적으로 생각해도 속죄의 피가 500만 명의 죄를 씻어주는 능력이 있었다면, 더 많은 사람들의 죄를 씻어줄 능력이 있었던 것을 알 수 있다. 속죄일에 죽은 짐승의 피는 온 세상의 모든 사람의 죄를 씻어주고도 남을 능력이 있었다. 그런데도 하나님은 속죄제물이 이스라엘에 사는 사람들만을 위하여 죽도록 하셨고, 그들의 죄만 용서하여 주셨다.

속죄일에 죽은 짐승은 하나님이 선택한 사람들을 위하여 예수 그리스도가 십자가에서 죽으실 것을 상징한다(히 9:12; 요 1:29). 따라서 속죄일에 죽은 짐승이 이스라엘 백성만을 위하여 죽은 것과 같이, 예수님 역시 선택한 사람들만을 위하여 죽으셨을 수밖에 없다. 그러므로 제한적 속죄가 옳다.

조엘 비키 박사는 제한적 속죄를 아래와 같이 설명했다.

> "그리스도의 보혈이 모든 사람들을 위하여 충분하다 할지라도 오직 택자들에게만 유효하다."[58]

하나님께 죄인을 제한적으로 속죄하실 권한이 있을까? 두말할 필요조차 없이 하나님께는 충분히 그럴 권한이 있다. 하나님은 절대자시고, 창조주시기 때문이다. 창조주가 피조물을 자신의 뜻대로 처리하는 것은 당연하다.

현재 세계 최대 강대국은 미국이다. 여기서 우리가 '미국의 어떤 국책 연구기관이 죽은 사람들을 모두 살릴 수 있는 약을 만들었다'고 가정하여 보자. 그런데 '미국이 온 세상의 죽은 사람 3분의 1만 살렸다'고 가정하자. 미국에 그렇게 할 권리와 능력이 있을까? 당연히 최강대국인 미국에는 그럴 권리와 능력이 있다.

대통령의 사면권 역시 마찬가지다. 대통령은 자기 나라의 모든 죄인을 사면하여 줄 수 있는 특권이 있다. 그럼에도 불구하고 대통령은 자신이 선택한(원하는) 죄인만 사면하여 준다. 어느 때는 많은 국민이 미워하는 사람도 살려준다. 사람들이 대통령의 사면에 이의를 제기할 수 있지만, 아무도 대통령의 권한을 침해할 수는 없다. 사면권은 대통령의 고유 권한인 까닭이다. 우리는 이 사실을 대한민국의 제5공화국 시절에 KAL858기 폭파범이 대통령의 사면으로 석방을 받은 것으로 확인할 수 있다. 그때 수많은 사람들이 대통령의 사면권 행사에 이

---

58) 조엘 비키 저, 신호섭 역, 《칼빈주의》, 지평서원, 2010년, pp. 175-176.

의를 제기했다. 그들은 "수많은 사람을 죽인 흉악범을 살려 주는 것이 옳지 않다"고 항의했다. 하지만 아무도 대통령의 사면권을 침해할 수 없었다.

하나님의 제한적 속죄도 마찬가지다. 사람들이 하나님의 제한적 속죄에 대하여 이의를 제기할 수는 있지만 제한적 속죄에 어떤 영향도 끼칠 수 없다.

**9) 보편속죄론은 예수님을 사기꾼 내지는 교활한 여우로 만드는 악한 교리다**

예수님은 "내가 영생을 준다"고 선언하셨고, "영생을 얻은 사람은 영원히 멸망하지 않는다"고 선포하셨다(요 10:28). 그런데도 알미니안주의자들은 "영생을 얻은 사람도 지옥에 갈 수 있다"고 주장한다. 보편속죄론이 옳으면 예수님은 희대의 사기꾼이 될 수밖에 없다! 이 얼마나 무서운 일이란 말인가!

또한 예수님은 "사람은 먼지만큼 작은 죄를 지어도 지옥에 간다"고 선포하셨고, "사람은 죽을 때까지 지옥에 갈 죄를 지을 수밖에 없다"고 선언하셨고, "하나님처럼 온전하게 살아야 천국에 갈 수 있다"고 천명하셨다(마 5:21-48). 이것은 사람이 죄를 완벽하게 회개해서 천국에 가는 것이 완전히 불가능한 것을 의미한다. 주님의 말씀은 결국 '선하게 살아서(회개해서) 천국에 갈 사람은 아무도 없다'는 뜻이다.

만일 예수님이 "내가 너희를 위하여 속죄제사를 드렸으니까 이제부터는 너희가 신앙생활을 잘해서 천국에 가라"고 하신 것이 사실이면 예수님의 속죄제사가 무의미할 수밖에 없다. 이것은 마치 여우가 두루미를 초청한 후에 접시에 맛있는 수프를 담아놓고 "마음껏 먹으라"고 약을 올린 것과 같다. 보편속죄론이 옳으면 예수님은 교활한 여우가 될 수밖에 없다! 이 얼마나 끔찍한 일이란 말인가!

**10) 예수님은 하나님이 창세 전에 버리기로 예정한 사람들을 위하여 속죄의 피를 흘리실 이유가 없고, 그러실 필요도 없다**

하나님이 창세 전에 버리기로 예정한 사람들을 위하여 예수님이 속죄의 피를 흘리는 것은 헛수고를 하는 것이다. 그러므로 예수님이 창세 전에 버리기로 예정한 사람들을 위하여 속죄의 피를 흘리실 이유가 없고, 그러실 필요도 없는 것이다.

여기서 "하나님은 세상의 모든 사람이 구원받기를 원하신다"고 오해하기 쉬운 성경본문들을 검토하여 보자.

(1) 고린도후서 5장 20절 해석

> **(고후 5:20)** 그러므로 우리가 그리스도를 대신하여 사신이 되어 하나님이 우리를 통하여 너희를 권면하시는 것같이 그리스도를 대신하여 간청하노니 너희는 하나님과 화목하라

이 구절만 보면 하나님이 만민에게 화목을 권유하시는 것같이 보인다. 하지만 본문의 문맥을 자세히 보면 본문이 예수님을 믿는 성도들을 대상으로 기록된 것을 알 수 있다. 바울 사도는 이미 예수님을 믿고, 성령세례(성령침례)까지 받은 고린도교회 성도들에게 "너희는

하나님과 화목하라"고 했다.⁵⁹⁾ 그러므로 "바울 사도가 세상의 모든 사람들에게 '너희는 하나님과 화목하라'고 권면했다"고 주장하면 안 된다.

### (2) 에스겔 33장 11절 해석

**(겔 33:11)** 너는 그들에게 말하라 주 여호와의 말씀이니라 나의 삶을 두고 맹세하노니 나는 악인이 죽는 것을 기뻐하지 아니하고 악인이 그의 길에서 돌이켜 떠나 사는 것을 기뻐하노라 이스라엘 족속아 돌이키고 돌이키라 너희 악한 길에서 떠나라 어찌 죽고자 하느냐 하셨다 하라

본문을 피상적으로 보면 인류 전체에게 주신 말씀으로 오해하기 쉽다. 하지만 문맥을 살펴보면 하나님이 인류 전체에게 이 말씀을 하신 것이 아님을 충분히 알 수 있다. 본문은 범죄한 이스라엘 백성에게 "육체적인 죽음을 당하지 않도록 조심하라"는 경고의 말씀일 뿐이다.

### (3) 마태복음 23장 37-38절 해석

**(마 23:37-38)** 예루살렘아 예루살렘아 선지자들을 죽이고 네게 파송된 자들을 돌로 치는 자여 암탉이 그 새끼를 날개 아래에 모음같이 내가 네 자녀를 모으려 한 일이 몇 번이더냐 그러나 너희가 원하지 아니하였도다 보라 너희 집이 황폐하여 버려진 바 되리라

본문을 피상적으로 보면 예수님이 "암탉이 그 새끼를 날개 아래 모음같이 내가 네 자녀를 모으려 한 일이 몇 번이냐"고 말씀하신 것을

---

59) 고린도교회 성도들이 모두 성령세례(성령침례)를 받은 것은 필자의 저서 《이것이 성령세례다》를 참조하기 바란다.

근거로 "예수님은 세상의 모든 사람들이 영생 얻기를 원하셔서 이 말씀을 하셨다"고 주장하기 쉽다. 하지만 본문은 하나님이 이스라엘 백성의 육신의 죽음(예루살렘의 멸망으로 인한 죽음)을 면하게 하려고 애쓰신 것을 의미할 뿐이다. 이는 마치 하나님이 출애굽한 이스라엘 사람이 광야에서 멸망당하지 않도록 이 모양 저 모양으로 애쓰신 것과 같다.

그랜드종합주석은 본문을 바르게 해석했다.

> "메시아의 초청을 거부하고 메시아를 박해하였으며, 끝내는 십자가에 못 박아 버리는 등, 조상들이 채우기 시작한 죄의 잔을 마무리하여 다 채운 유대인들에 대한 멸망의 선언으로, 이는 예수께서 A.D. 70년에 있을 예루살렘 멸망을 염두에 두고 하신 말씀이다."[60]

### (4) 베드로후서 3장 9절 해석

**(벧후 3:9)** 주의 약속은 어떤 이들이 더디다고 생각하는 것같이 더딘 것이 아니라 오직 주께서는 너희를 대하여 오래 참으사 아무도 멸망하지 아니하고 다 회개하기에 이르기를 원하시느니라

하나님이 구원하기 원하시는 사람들이 누구인가? '너희들'이다. '너희들'이 누구인가? 베드로 사도의 서신을 받은 성도들(이미 영의 구원을 받은 성도들)이다. 그러므로 베드로후서 3장 9절을 근거로 "하나님은 세상의 모든 사람이 구원받기를 원하신다"고 주장하면 안 된다.

---

60) 그랜드종합주석, 마태복음, 성서교재간행사, 1992년, p.588.

### (5) 디모데전서 2장 4절 해석

> **(딤전 2:4)** 하나님은 모든 사람이 구원을 받으며 진리를 아는 데에 이르기를 원하시느니라

본문을 언뜻 보면 하나님은 세상의 모든 사람이 구원받기를 원하시는 것처럼 보인다. 하지만 본문을 자세히 살피면 본문이 그런 뜻이 아닌 것을 충분히 알 수 있다. 본문의 문맥은 아래와 같다.

> **(딤전 2:1-4)** 그러므로 내가 첫째로 권하노니 모든 사람을 위하여 간구와 기도와 도고와 감사를 하되 임금들과 높은 지위에 있는 모든 사람을 위하여 하라 이는 우리가 모든 경건과 단정함으로 고요하고 평안한 생활을 하려 함이라 이것이 우리 구주 하나님 앞에 선하고 받으실 만한 것이니 하나님은 모든 사람이 구원을 받으며 진리를 아는 데에 이르기를 원하시느니라

본문의 1절과 4절에 '모든 사람'이란 말이 있다. 알미니안주의자들은 본문을 근거로 '하나님은 세상의 모든 사람이 구원을 받기 원하신다'고 보편적 속죄론을 주장한다. 하지만 이 주장은 성경의 원문과 문법을 무시한 일방적 주장일 뿐이다.

개혁파 신학자 리더보스 목사는 본문의 '모든 사람'을 아래와 같이 바르게 해석했다.

> "여기서 '모든 사람'(판타스 안드로푸스)이란 인류 전부를 지칭하는 말이 아니다. 이는 하나님이 택하신 자들 전체를 총칭하는 명칭이다. 왜냐하면 '사람'이라는 단어 앞에 관사가 붙어 있지 않으므로 '모든'이란 형용사는 어느 한 공동체에 속하는 자들 전체를 총괄적으로 지칭하는 것이지, 계수적으로 한 사람도 빠짐 없는 인류 전체를 지

칭하는 것은 아니기 때문이다."[61]

헬라어 문법에 의하면 '모든 사람' 앞에 관사가 없으면 '어떤 공동체에 속하는 모든 사람'을 의미하고, '모든 사람' 앞에 관사가 있으면 '세상의 모든 사람'을 의미한다. 그러므로 '모든 사람' 앞에 관사가 없는 디모데전서 4장 2절은 '하나님은 창세 전에 선택한 모든 사람이 구원받기를 원하신다'고 해석해야 옳다.

'모든 사람'이란 말 앞에 관사가 있는 경우의 문장과 없는 경우의 문장을 알아보자.

먼저 '모든 사람' 앞에 관사가 없는 경우다.

> (마 5:15) 사람이 등불을 켜서 말 아래에 두지 아니하고 등경 위에 두나니 이러므로 집 안 모든 사람에게 비치느니라

본문의 헬라어 원문에는 '모든 사람' 앞에 관사가 없다. 그러므로 본문은 '등불을 켜서 등경 위에 두면 집 안에 있는 모든 사람에게 비친다'고 해석해야 한다. 본문을 '등불을 켜서 등경 위에 두면 세상의 모든 사람에게 비친다'고 해석하면 억지 해석이 된다.

아래의 성경말씀에는 '모든 사람' 앞에 관사가 있다.

> (눅 6:26) 모든 사람이 너희를 칭찬하면 화가 있도다 그들의 조상들이 거짓 선지자들에게 이와 같이 하였느니라

위 본문의 헬라어 원문에는 '모든 사람' 앞에 관사가 있다. 그러므로 본문의 '모든 사람'은 '세상의 모든 사람'을 뜻한다. 본문은 '세상의 모든 사람들이 너희를 칭찬하면 너희에게 화가 있다'는 뜻이다. 세

---
61) 그랜드종합주석, 디모데전서, 성서교재간행사, 1993년, p.1034 재인용.

상의 모든 사람들이 어떤 신자를 칭찬하면 그 신자가 악한 자들이 좋아하는 행동을 했기 때문에 그런 일이 일어나는 것이다. 진짜 신자는 악한 자들에게 미움을 받을 수밖에 없다. 그러므로 '모든 사람' 앞에 관사가 없는 디모데전서 2장 4절의 '모든 사람'을 '세상의 모든 사람'으로 해석하여 '하나님은 세상의 모든 사람들이 구원받기를 원하신다'고 주장하면 안 된다. 본문은 문법에 따라서 반드시 '하나님은 선택받은 모든 사람들이 구원받기를 원하신다'고 해석해야 한다.

　디모데전서 2장 4절 "하나님은 모든 사람이 구원을 받으며 진리를 아는 데에 이르기를 원하시느니라"를 조금 더 깊이 생각하여 보자. 본문은 바울 사도의 글이다. 바울 사도는 로마서 9장에서 무조건적 선택을 가르쳤고, 에베소서 1장에서 창세 전 예정을 가르쳤다. 그런 그가 "하나님은 세상의 모든 사람이 구원받기를 원하신다"고 주장한 것이 사실이면 스스로 모순을 범한 것이 분명하다. 그가 모순을 범하지 않으려면 창세 전에 무조건적으로 구원할 사람들을 선택한 사실을 가르치지 않아야 한다.

　그가 창세 전에 무조건적 선택을 가르친 이상 제한적 구원을 가르쳐야 정상이다. 이 때문에 그가 디모데전서 2장 4절에서 '제한적인 모든 사람'을 의미하는, 관사가 없는 헬라어를 사용한 것이다. 그러므로 "바울 사도는 '하나님은 세상의 모든 사람이 구원을 받기를 원하신다'고 가르쳤다"고 주장하는 것은 바울 사도를 자기모순을 범하는 바보로 취급하는 잘못을 저지르는 일이고, 더 나아가서 바울 사도를 감동하여 성경을 기록하신 하나님을 모순을 범하는 바보로 취급하는 죄를 짓는 일이다.

다시 강조하거니와 "바울 사도는 '하나님은 세상의 모든 사람이 구원을 받기를 원하신다'고 가르쳤다"는 주장은 헬라어 문법을 무시한 억지 주장이다. 따라서 보편적 속죄교리를 거부할 수밖에 없는 것이고, 제한적 속죄교리를 증언할 수밖에 없는 것이다.

한번 더 강조하겠다. 하나님은 오직 선택한 사람만 구원받기를 원하신다. 하나님은 선택하지 않은 사람들은 철저하게 구원의 도리를 깨닫지 못하게 하시고(마 13:10-15), 선택한 사람들은 반드시 구원의 도리를 깨닫게 하신다(마 13:16). 예수님은 창세 전에 선택한 사람들만(자기 백성들만)을 위하여 죽으셨다(마 1:21). 하나님은 미리 아신 자들만을 영화롭게 하신다(롬 8:30). 이처럼 하나님은 철두철미하게 제한적 속죄를 시행하신다.

성경 어디에도 보편적 속죄를 가르치는 곳은 없다. 그러므로 사람들이 하나님의 천지창조를 이해하지 못해도 우리가 줄기차게 하나님의 천지창조를 선포해야 하는 것처럼, 사람들이 제한적 속죄를 이해하지 못해도 강력하게 하나님의 제한적 속죄를 증언해야 한다. 또한 진화론이 아무리 그럴듯해도 단호하게 거부해야 하듯이, 보편적 속죄론이 아무리 그럴듯해도 단호하게 거부해야 한다.

5장

# 제5교리 – 불가항력적 은혜

하나님은 창세 전에 무조건적으로 선택한 사람들의 영을 구원하기 위하여 선택한 사람들에게 적절한 때에 불가항력적 은혜를 주셔서 그들이 예수님을 구주로 믿게 하여 주신다.

웨스트민스터 신앙고백서 제10장 1절은 불가항력적 은혜를 아래와 같이 설명했다.

"하나님께서 생명에 이르게 하고 예정하신 모든 사람만을 그가 정하시고 받아들이실 때에, 그의 말씀과 성령을 통하여 저희가 본성품으로 사는 죄와 죽음의 상태에서 예수 그리스도로 말미암아 은혜와 구원으로 부르시기를 기뻐하셨다. 또한 그들의 마음이 하나님의 일을 알 수 있도록 영적으로 또한 구속적으로 계몽하시며, 돌과 같이 굳은 마음을 제하여 버리시고, 살과 같이 부드러운 마음을 주셨다. 그들의 의지를 새롭게 하사 그들로 하여금 선한 것을 행할 수 있게 하는 그의 전능하신 힘으로서 예수 그리스도에게 효과 있게 이끄시되, 그들은 하나님의 은혜로서 자발적으로 가장 자유롭게 나오게 된다."[62)]

아래의 성경말씀은 하나님의 불가항력적 은혜를 증언한다.

> **(사 9:7)** 그 정사와 평강의 더함이 무궁하며 또 다윗의 왕좌와 그의 나라에 군림하여 그 나라를 굳게 세우고 지금 이후로 영원히 정의와 공의로 그것을 보존하실 것이라 만군의 여호와의 열심이 이를 이루시리라

본문은 예수님께서 구주로 오실 것을 예언한 말씀이다. 본문은 '만군의 여호와께서 열심을 다하여 예수님을 땅에 보내실 것'을 증언했다(7절). 이 말씀은 '누가 하늘에 올라가서 예수님을 모시고 오는 것이 아니라'는 뜻이고(롬 10:6-8), '때가 차면 하나님이 예수님을 보내실 것이라'는 의미다(갈 4:4).

하나님의 열심에 의하여 이 땅에 오신 예수님은 창세 전에 선택한 백성을 구원하여 교회를 세우신다(7절). 예수님이 교회를 세우시는 일을 방해할 사람이 없고, 도와줄 사람도 없다. 오직 전능한 하나님이 홀로 죽은 영을 살리셔서 교회를 세우신다. 또한 하나님은 인간이 죽은 영을 살리는 일에 힘을 보태는 것 자체를 절대로 허용하지 않으신다(엡 2:8-9). 이런 이유로 선택자의 영을 구원하시는 하나님의 은혜를 일컬어서 '불가항력적 은혜'라고 하는 것이다.

'불가항력적 은혜'는 '절대주권적 은혜'라고 표현할 수도 있다. 바울 사도는 절대주권적 구원의 은혜를 아래와 같이 증언했다.

> **(롬 9:16)** 그런즉 원하는 자로 말미암음도 아니요 달음박질하는 자로 말미암음도 아니요 오직 긍휼히 여기시는 하나님으로 말미암음이니라

> **(롬 11:6-7)** 만일 은혜로 된 것이면 행위로 말미암지 않음이니 그렇지 않으면

---

62) http://blog.naver.com/yd0920/120007837528

은혜가 은혜 되지 못하느니라 그런즉 어떠하냐 이스라엘이 구하는 그것을 얻지 못하고 오직 택하심을 입은 자가 얻었고 그 남은 자들은 우둔하여졌느니라

성경을 보면 하나님이 아담의 원죄로 죽은 영혼을 살려 주신 후에 그 영혼이 예수님을 믿을 수 있도록 믿음을 선물하여 주셔서 영혼을 구원하여 주시는 것을 알 수 있다(엡 2:1-9). 독자들이 이것만 이해해도 하나님의 불가항력적 은혜를 깨달을 수 있을 것이다. 죽은 육체가 살아나는 데 죽은 사람 자신이 아무런 도움을 줄 수 없는 것처럼, 죽은 영혼이 살아나는 데도 죽은 사람 자신이 아무런 도움을 줄 수 없다. 죽은 영혼을 살리는 것은 전적으로 하나님의 단독사역이다.

모든 성도는 예수님을 믿는 것이 하나님의 불가항력적 은혜로 되는 것을 반드시 깨달아야 한다. 그래야만 하나님의 구원의 은혜에 진심으로 감사할 수 있기 때문이다.

사람은 스스로의 힘으로(스스로 깨달아서) 예수님을 믿어서 영혼 구원을 받는 것이 아니다. 하나님이 예수님을 믿게 하여 주시기 때문에 예수님을 믿어서 영혼 구원을 받는 것이다. 성경은 이 사실을 아래와 같이 가르친다.

(롬 10:5-10) 모세가 기록하되 율법으로 말미암는 의를 행하는 사람은 그 의로 살리라 하였거니와 믿음으로 말미암는 의는 이같이 말하되 네 마음에 누가 하늘에 올라가겠느냐 하지 말라 하니 올라가겠느냐 함은 그리스도를 모셔 내리려는 것이요 혹은 누가 무저갱에 내려가겠느냐 하지 말라 하니 내려가겠느냐 함은 그리스도를 죽은 자 가운데서 모셔 올리려는 것이라 그러면 무엇을 말하느냐 말씀이 네게 가까워 네 입에 있으며 네 마음에 있다 하였으니 곧 우리가 전파하는 믿음의 말씀이라 네가 만일 네 입으로 예수를 주로 시인하며 또 하나님

께서 그를 죽은 자 가운데서 살리신 것을 네 마음에 믿으면 구원을 받으리라 사람이 마음으로 믿어 의에 이르고 입으로 시인하여 구원에 이르느니라

모세의 율법은 "율법을 행하면 구원을 받는다"고 선포한다. 사람들에게 율법을 지켜서 구원을 받을 수 없는 것을 깨닫게 하여 주기 위하여 이렇게 선포하는 것이다.

반면 하나님의 은혜는 아래와 같이 선언한다.

"누가 하늘에 올라가겠느냐 하지 말라. 누가 무저갱에 내려가겠느냐 하지 말라. 말씀이 네게 가까워 네 입에 있으며 네 마음에 있느니라. 네가 만일 네 입으로 예수를 주로 시인하며 또 하나님께서 그를 죽은 자 가운데서 살리신 것을 네 마음에 믿으면 구원을 받으리라."

우리가 하늘에 올라가서 예수님을 모시고 온 것이 아니고, 우리가 무덤에 묻히신 예수님을 부활시킨 것도 아니다. 하나님이 홀로 예수님을 보내셨고, 예수님을 부활시키셨고, 우리에게 예수님이 누구신지를 가르쳐 주셨고, 우리가 예수님을 구주로 믿게 하여 주셨다. 이것을 볼 때도 하나님이 창세 전에 하나님의 선택을 받은 사람이 예수님을 믿을 수밖에 없는 환경을 만들어 주셔서 모든 선택자가 구원을 받게 하여 주시는 것을 알 수 있다. 이 때문에 '영혼 구원'을 '하나님의 불가항력적 은혜'라고 하는 것이다!

한편, 인간은 하나님이 주시는 영혼 구원의 은혜를 절대로 거부할 수 없다. 죽은 영혼은 하나님의 은혜(죽은 영혼을 살리시는 은혜)를 거부할 힘이 전혀 없기 때문이다.

하나님의 불가항력적 은혜를 가장 극명하게 보여주는 사례가 바울

사도의 회심이다. 바울은 적극적으로 예수님을 무시하고, 무자비하게 교회를 박해하는 사람이었다. 그런데도 예수님은 그에게 직접 나타나셔서 그가 예수님을 믿을 수밖에 없도록 하셨다(사도행전 9장 참조). 이것을 볼 때도 불가항력적 은혜가 성경의 가르침인 것을 알 수 있다.

다시 강조하겠다. 하나님은 창세 전에 구원하기로 예정한 사람을 반드시 구원하여 주신다. 창세 전에 구원받기로 예정된 사람은 하나님의 불가항력적 은혜를 받아서 한 사람도 빠짐없이 반드시 영의 구원을 받는다. 성경은 이 사실을 아래와 같이 가르친다.

> **(행 13:48)** 이방인들이 듣고 기뻐하여 하나님의 말씀을 찬송하며 영생을 주시기로 작정된 자는 다 믿더라

본문에서 보는 것처럼 영생을 주시기로 작정된 사람은 한 사람도 빠짐없이 모두 예수님을 믿어서 반드시 영생을 얻는다. 하나님의 불가항력적 은혜 때문에 이런 일이 일어나는 것이다. 그러므로 "예수님은 인류 전체를 위하여 죽으셨기 때문에 예수님을 믿어서 구원을 받는 것은 사람의 책임일 뿐"이라는 주장이 허구일 수밖에 없다.

6장

# 제6교리 — 단회적 구원

성경은 사람이 예수님을 구주로 믿는 순간에 영원히 안전한 영의 구원을 받는 사실을 증언한다. 다시 말해서 사람이 예수님을 믿는 순간에 그의 영이 영원히 성화되고 영원히 영화되는 것, 즉 사람이 예수님을 믿는 순간에 영이 예수님과 한 몸이 되어 천국에 들어가는 것을 가르친다. 또한 중생한 신자의 영은 영원히 죄를 짓지 않는 사실을 가르친다. 다시 말해서 사람이 예수님을 믿는 순간에 영의 구원이 영원히 완성되는 것을 가르친다. 그러므로 신자의 영은 절대로 지옥에 가지 않는다.

(히 10:14) 그가 거룩하게 된 자들을 한 번의 제사로 영원히 온전하게 하셨느니라

(엡 2:4-6) 긍휼이 풍성하신 하나님이 우리를 사랑하신 그 큰 사랑을 인하여 허물로 죽은 우리를 그리스도와 함께 살리셨고 (너희는 은혜로 구원을 받은 것이라) 또 함께 일으키사 그리스도 예수 안에서 함께 하늘에 앉히시니

(요 10:28) 내가 그들에게 영생을 주노니 영원히 멸망하지 아니할 것이요 또 그

들을 내 손에서 빼앗을 자가 없느니라

(롬 8:30) 또 미리 정하신 그들을 또한 부르시고 부르신 그들을 또한 의롭다 하시고 의롭다 하신 그들을 또한 영화롭게 하셨느니라

(요일 5:18) 하나님께로부터 난 자는 다 범죄하지 아니하는 줄을 우리가 아노라 하나님께로부터 나신 자가 그를 지키시매 악한 자가 그를 만지지도 못하느니라

(고후 2:14) 항상 우리를 그리스도 안에서 이기게 하시고 우리로 말미암아 각처에서 그리스도를 아는 냄새를 나타내시는 하나님께 감사하노라

(롬 8:37) 그러나 이 모든 일에 우리를 사랑하시는 이로 말미암아 우리가 넉넉히 이기느니라

사람은 오랫동안 예수님을 믿어야만 영의 구원을 받는 것이 아니고, 일평생 영의 성화를 이룬 후에 죽을 때에 영의 구원을 받는 것도 아니고, 신앙생활을 잘해야만 영의 구원을 받는 것도 아니다. 예수님을 믿는 순간에 영의 구원이 영원히 완성된다. 이 때문에 필자가 '단회적 구원'이란 말을 사용한 것이다.

중생한 신자가 죽을 때 그의 영이 예수님과 한 몸이 되어서 즉시 천국에 가는 것은 땅의 천국에 살던 영이 하나님의 보좌가 있는 곳으로 이동하는 것에 불과하다. 엄밀하게 따지면 영적 세계에는 시간과 공간이 없기 때문에 육신의 한계를 가진 인간에게 영이 이동하는 것처럼 여겨지는 것일 뿐이다. 이것을 생각할 때도 구원이 순간적으로 완성되는 것을 알 수 있다.

"중생한 신자도 선하게 살아야 천국에 간다", "선하게 살지 않는 신자는 죽은 후에 연옥에서 시련을 받은 후에 천국에 간다", "중생한

신자의 영도 약간은 죄를 짓지만 결국에는 구원을 받는다"는 주장은 성경의 구원론 난해 구절들을 제대로 깨닫지 못하여 생긴 무리한 주장일 뿐이다.

개혁파 신학자 캔덜 박사는 《한 번 구원은 영원하다》에서 단회적 구원을 아래와 같이 설명했다.

> "어떤 교인들은 나중에 천국에 가서 자기들이 예수님을 믿은 순간부터 영원히 번복될 수 없는 구원을 받았음에도 평생을 자신의 구원 여부를 놓고 마귀와 대화를 나누며 살았다는 것을 알면 퍽 안타까울 것이다. 많은 사람들이 천국에서 그런 불안과 염려가 불필요했음을 알게 될 것이다."[63]

신자의 영은 이미 구원받았고, 영원히 구원받았다. 영의 구원에는 '이미'와 '아직' 사이의 긴장이 전혀 없다.

다만 우리는 아래와 같이 말할 수는 있을 것이다.

> "영생을 얻은 신자는 이미 영원히 안전한 영의 구원을 받았다. 다만 아직 복이나 상을 받는 구원을 받지는 못했다."

> "영생을 얻은 신자는 이미 영원히 안전한 영의 구원을 받았다. 다만 아직 육체의 부활을 받지는 못했다."

영의 구원을 받은 신자의 육체는 죗값으로 죽은 후에 예수님의 재림 때 자동적으로 부활한다. 그러므로 신자의 영의 구원과 육체의 부활 사이에도 전혀 긴장이 없다.

---

63) R. T. 캔덜 저, 이중수 역, 《한 번 구원은 영원하다》, 양무리서원, 2001년, p.78.

7장

# 맺는 말

하나님이 필자에게 가르쳐 주신 구원의 핵심 진리는 다섯 가지입니다.

- 첫째, 사람은 예수님을 믿는 순간에 영생을 얻는다.

- 둘째, 영생을 얻은 신자는 영원히, 절대로 지옥에 가지 않는다.

- 셋째, 중생한 신자는 시험에 들어서 죄를 많이 지어도, 그리고 육신이 약해서 죄를 회개하지 못해도 반드시 천국에 간다. 하나님은 범죄한 신자의 육체에 벌을 내리시고, 그에게 줄 상을 박탈해서라도 반드시 그의 영을 구원하여 주신다.

- 넷째, 중생한 신자의 선행은 하나님의 영광을 드러내고, 복과 상을 받는 데만 영향을 끼친다.

- 다섯째, 중생한 신자의 영혼과 육체는 각각 다르게 활동한다.

성경에는 '행함으로 영혼 구원을 받는다'는 가르침이 전혀 없고, '은혜로 영혼 구원을 받는다'는 가르침만 있습니다. 하지만 불행하게도 사도시대 이후부터 지금까지 어느 누구도 예수님이 반어법을 사용하셔서 영혼 구원을 설명하신 것과 성경기자들이 '행함으로 상을 받는 것'을 '행함으로 구원을 받는다'고 표현한 것을 깨닫지 못했습니다. 이 때문에 많은 기독교인들이 성경에 '행함으로 영혼 구원을 받는다'는 가르침이 있는 것으로 오해하고, 지옥의 공포에 시달릴 수밖에 없었습니다. 더 나아가서 수많은 사람들이 본의는 아니지만 하나님을 사기꾼, 궤변가, 바보로 만드는 죄를 짓고, 성경책을 거짓말 책 또는 궤변서로 만드는 죄를 범하였습니다.

이제 하나님이 본서를 통하여 100퍼센트 하나님의 은혜로 영혼 구원을 받는 도리가 성경이 가르치는 유일한 구원론인 것을 가르쳐 주셨습니다. 신자의 선행은 오직 복과 상을 받는 데만 영향을 끼치는 것도 가르쳐 주셨습니다. 그토록 오랜 세월 동안 대부분의 기독교인들을 괴롭혀 온 구원론의 난제가 하나님의 은혜로 드디어 풀린 것입니다! 그러므로 본서를 충분히 연구한 성도들은 구원의 확신을 얻어서 행복한 신앙생활을 할 것이고, 하나님께 바르게 충성하여 풍성한 복과 상을 받을 것입니다!

본서를 통하여 구원의 확신을 얻은 김명순 전도사님이 저에게 보내온 메일은 저의 마음을 대변한 것으로 여겨집니다.

"얼마 전에 인터넷으로 ○○○ 목사님의 간증을 보았습니다. 그 목사님이 한때 너무 목회가 힘들어서 '하나님, 나 죽고 싶습니다. 내가 죽으면 지옥 가지 않고 천국 가게 해 주세요'라고 기도하셨다는 말씀을 듣고는 '저렇게 큰 교회 목사님도 구원의 확신이 없구나!' 하는 생각에 충격과 함께 가슴이 아팠습니다. 생각 같아서는 큰 트럭에

이 책을 가득 싣고, 전국 방방곡곡에 있는 교회를 찾아다니며 목사님들께 선물해 드리고 싶지만, 생활 형편 때문에 그렇게 하지 못하는 게 참으로 안타깝습니다.

목회하고 있는 제 친구 몇 명에게도 목사님의 책을 소개했습니다. 저희 교회 목사님은 이 책을 긍정적으로 보시는 것 같습니다. ○○○ 목사님께는 이번 주 금요일 집회에 가서 그 교회 성도를 통하여 이 책을 전할 예정이고, ○○○ 목사님은 이번 토요일에 비서실로 가서 이 책을 전할 예정이고, ○○○ 교수님은 내일 택배로 이 책을 보내드리려고 합니다."

2012년, 대한민국의 대통령 선거 때, 20대의 33.3%가 박근혜 후보에게 투표했습니다. 하지만 그때의 분위기는 20대의 90% 이상이 박근혜 후보를 반대하는 것만 같았습니다. 박근혜 후보를 지지하는 33.3%의 20대가 대부분 침묵했기 때문입니다. 그들이 침묵한 이유는 박근혜 후보를 반대하는 사람들이 다수였기 때문에 섣불리 박근혜 후보를 지지하는 것을 밝히면 왕따를 당하거나, 공격을 받기 때문이었습니다.

본서에 대한 지금까지의 반응을 볼 때, 본서를 읽는 신자들의 90% 이상이 본서에 찬동하는 것 같습니다. 하지만 본서를 통하여 성경의 구원을 바르게 깨달은 사람들 대부분은 본서를 공개적으로 인정하거나 드러내놓고 본서를 전파하지 못하고 있습니다. 공개적으로 본서를 인정하거나 드러내놓고 본서를 전파하면, 본서를 읽지 않은 목회자들과 성도들로부터 왕따를 당하거나 박해를 받을 가능성이 크기 때문입니다. 이런 상황에서 본서를 공개적으로 인정하고 전파하는 목회자들과 성도들은 대단한 믿음을 가진 사람이 아닐 수 없습니다. 행한 대로 갚아 주시는 하나님이 그분들에게 큰 상을 주실 것입니다!

본서의 초판에 관하여 저와 충분히 토론하기를 거부하고, 성급하게 본서의 초판을 배척한 목회자들에게 위대한 종교개혁자 마틴 루터 신부님이 신성 로마제국 황제와 천주교 지도자들 앞에서 했던 말을 들려주고 싶습니다.

"황제 폐하와 여러 높으신 분들이 간단한 답을 요구하시니, 번잡한 이유 없이 간단히 말씀드립니다. 저는 성경과 명백한 이성에 의해 납득되지 않는 한 교황이나 종교회의들의 권위를 받아들일 수 없습니다. 왜냐하면 이들은 서로 모순되는 일들이 많기 때문입니다. 저의 양심은 하나님의 말씀에 사로잡혀 있습니다. 따라서 저는 아무것도 철회할 수 없으며, 또 철회하지도 않을 것입니다. 왜냐하면 양심을 거스르는 일은 옳지도 않고, 안전하지도 않기 때문입니다. 저는 달리 어떻게 할 도리가 없습니다. 여기에 제가 서 있나이다. 하나님이여! 저를 도우소서. 아멘!"[64]

독자 여러분에게 부탁합니다. 제가 구원론 난해 구절들을 바르게 깨달아서 행위구원론을 개혁한 것이 사실이라도 행위구원론자들을 비난하지 마시기 바랍니다. 그들이 고의적으로 행위구원론을 주장한 것이 아니기 때문입니다. 독자 여러분이 목회자였어도 십중팔구 똑같은 주장을 했을 것입니다.

제가 성경의 구원론 난해 구절들을 바르게 깨달았으면 장로교인들

---
64) 이대희 저, 《내 인생을 바꾼 기도습관》, 브니엘, 2008년, pp. 26-27.

은 칼빈주의 구원론과 웨스트민스터 신앙고백서의 환상에서 벗어나야 하고, 감리교인들은 알미니안주의 구원론과 감리교회 교리장정의 환상에서 벗어나야 하고, 천주교인들은 천주교회 구원론과 토머스 아퀴나스의 신학대전의 환상에서 벗어나야 합니다. 그것들에 진리도 많이 포함되어 있지만, 행위구원론이라는 중대한 비진리가 포함되어 있기 때문입니다. 천주교인들은 그들의 교리를 성경에 준하는 진리로 떠받드는 오류를 범하지 말아야 합니다. 장로교단의 목회자들은 웨스트민스터 신앙고백서를 성경에 준하는 문서로 떠받드는 오류를 범하지 말아야 합니다. 특히 장로교단 목회자들이 강도사 인허와 목사안수를 받을 때 "나는 웨스트민스터 신앙고백서를 따를 것을 서약한다"고 다짐하는 의식은 즉시 사라져야 합니다. 그 의식은 "나는 비진리인 행위구원론을 가르치겠다"고 선서하는 것이기 때문입니다. 아울러 루터주의자들이 성경의 구원론 난해 구절들을 무시하면서 일방적으로 은혜구원론을 주장하는 폐단도 즉시 없어져야 합니다. 기독교 신학자들의 각성을 촉구합니다.

1800년이 넘게 통용되어 온 천주교의 구원론과 400년이 넘게 통용되어 온 기독교의 3대 구원론에 대한 일대 개혁을 시도한 저는 헤르만 헤세(Hermann Hesse)의 《데미안》의 한 구절이 생각납니다.

"새는 알을 깨고 나온다. 알은 곧 세계다. 새로 태어나려는 자는 한 세계를 파괴해야만 한다."

새로 태어나는 자가 기존의 세계를 파괴할 때, 기존의 세계가 아픔을 느낄 수도 있을 것입니다. 종교개혁이 일어났을 때 많은 천주교인들이 아픔을 느낀 것이 하나의 증거입니다. 이처럼 제가 기존의 구원론들을 파괴하는 것 때문에 아픔을 느끼는 분들이 있을 수도 있을 것입니다. 그럼에도 불구하고 새로 태어나는 일을 중단하는 것은 결코 하나님의 뜻이 아닙니다. 이 때문에 종교개혁자들이 끝까지 종교개혁을 수행한 것이고, 제가 계속해서 새롭게 깨달은 구원론을 전파하는 것입니다.

새로 태어나는 자가 기존의 세계를 파괴할 때, 기존 세계의 저항을 받을 수도 있을 것입니다. 종교개혁이 일어났을 때 많은 천주교인들이 개혁자들에게 저항한 것이 하나의 증거입니다. 이처럼 제가 기존의 구원론들을 파괴하는 것 때문에 저에게 저항하는 분들이 있었습니다. 초기에는 저항이 매우 심해서 제가 교단에서 추방을 당하기까지 했습니다. 그럼에도 불구하고 새로 태어나는 일은 계속되어야 합니다. 이것이 하나님의 뜻이기 때문입니다. 그래서 종교개혁자들이 끝까지 종교개혁을 수행한 것이고, 제가 구원론 개혁을 계속 진행하는 것입니다.

참으로 감사한 것은 제가 부족한 부분을 보완해서 유튜브에 공개한 후에는 본서의 구원론에 저항하는 분들이 거의 없고, 칭찬과 격려를 하는 분들이 많은 점입니다. 특히 성경을 많이 연구한 목회자님들과 성도님들이 적극적으로 본서의 구원론을 수용하는 것이 고무적입니다. 이 모두가 하나님의 큰 은혜가 아닐 수 없습니다.

기존의 기독교의 구원론들을 개혁한 저는 한편으로 로마의 명장 스키피오 아프카누스(Scipio Africanus)가 로마에 패전한 시리아의 항복 사절들에게 한 말을 참고하고 있습니다.

"우리 로마인은 알고 있다. 우리는 신들의 주신 것을 실현하는 존재에 불과하다는 것을. 따라서 신들이 로마에 준 것이 행운이든 불행이든, 그것은 우리의 힘으로 말미암은 결과가 아니라는 것을 알고 있다. 따라서 결과가 좋게 나와도 교만해지지 않고, 나쁘게 나와도 절망하지 않을 수 있다."[65]

또한 저는 교향곡의 아버지로 불리는 프란츠 요제프 하이든(Franz Joseph Haydn 1732-1809)이 한 말을 명심하고 있습니다.

1808년, 하이든은 자신이 작곡한 〈천지창조〉가 비엔나에서 연주되고 있을 때, 휠체어를 타고 연주장에 입장했습니다. 연주가 끝나자마자 관객들이 모두 일어나서 하이든에게 뜨거운 박수를 치기 시작했습니다. 그때 하이든이 깜짝 놀라서 위를 가리키며 외쳤습니다.

"내가 아닙니다! 내가 아닙니다! 이 곡은 나로부터 나온 것이 아니라, 하나님께로부터 나온 것입니다! 그분께만 영광을 돌리시오!"

또한 저는 바울 사도의 말씀을 마음에 새기고 있습니다.

(고전 3:6-7) 나는 심었고 아볼로는 물을 주었으되 오직 하나님께서 자라나게 하셨나니 그런즉 심는 이나 물 주는 이는 아무것도 아니로되 오직 자라게 하시는 이는 하나님뿐이니라

본서에 부족한 부분이 있으면 전적으로 저의 어리석음의 소치(所致)고, 탁월한 부분이 있으면 무조건 하나님의 지혜의 결과입니다. 그러므로 본서에 대한 혹평(酷評)은 필자가 받아야 하고, 고평(高評)은 하나님이 받으셔야 합니다.

할렐루야!

---

65) 시오노 나나미 저, 김석희 역, 《로마인 이야기》 2권, 한길사, 1995년, p.374.

| 성경주의 구원론 |

# 지옥에 가는 크리스천들? (3)

**초판 1쇄 발행** | 2018년 9월 17일
**2쇄 발행** | 2020년 11월 30일

**지은이** | 이화영
**펴낸이** | 임만호
**펴낸곳** | 도서출판 크리스챤서적
**주 소** | 서울 강남구 선릉로112길 36 창조빌딩 3F (우: 06097)
**전 화** | 02) 544-3468~9
**F A X** | 02) 511-3920
**e-mail** | holybooks@naver.com
**등록번호** | 제10-22호
**등록일자** | 1979년 9월 13일

**책임편집** | 장민혜
**디자인** | 이선애
**제 작** | 임성암
**관 리** | 양영주

Printed in Korea
ISBN 978-89-478-0345-8 04230
      978-89-478-0333-5 (세트)

정가 12,000원

※ 잘못된 책은 교환하여 드립니다.